黑道教父杜月笙

云中鹤 著

人民日报出版社

图书在版编目(CIP)数据

黑道教父杜月笙 / 云中鹤著. —北京 : 人民日报出版社, 2011.4
ISBN 978-7-5115-0381-7

Ⅰ. ①黑… Ⅱ. ①云… Ⅲ. ①杜月笙(1888~1951)-传记 Ⅳ. ①K828.9

中国版本图书馆 CIP 数据核字(2011)第 053175 号

书　　名: 黑道教父杜月笙
作　　者: 云中鹤

出 版 人: 董　伟
责任编辑: 朱　岩
封面设计: 品创设计
版式设计: 李艳春

出版发行: 人民日报出版社
社　　址: 北京金台西路 2 号
邮政编码: 100733
发行热线: (010) 65369527 65369512 65369509 65369510
邮购热线: (010) 65369530
编辑热线: (010) 65369523
网　　址: www.peopledailypress.com
经　　销: 新华书店
印　　刷: 北京晨旭印刷厂

开　　本: 1/16
字　　数: 280 千字
印　　张: 25.5
印　　次: 2011 年 4 月第 1 版　　2011 年 4 月　第 1 次印刷

书　　号: ISBN 978-7-5115-0381-7
定　　价: 39.80 元

序 XU

二十世纪上半叶的上海是冒险家的梦天堂，是角斗士的竞技场，是强者登堂入室的地方……而在这弱肉强食、高手林立的十里洋场中，真正能够叱咤风云数十年、横扫旧时上海滩黑白两道，甚至做到青史留名的，唯有一人，他就是杜月笙。

杜月笙的一生，可谓富有传奇色彩的一生。他降生在一座破草屋，早年父母双亡，自幼孤苦无助。当他以一个败家子、小混混的形象登上绚丽多彩的上海滩时，谁也不会想到，这个看起来瘦弱的不堪一击的小瘪三居然在日后凭借着自己的权谋手段，凭借着自己对“权势”两字的热烈追求，成为了大上海的青帮老大，成为上海滩上唯一一个能同时横扫华、英、法三界的大亨人物，甚至成为了中外当权者都欲借其力而献媚扶助的“上海王”。他在其间一步步的发迹历程，以及他飞黄腾达的原因更是令人浮想联翩，耐人寻味。

这位能够书写出如此辉煌人生的杜先生其实就是一位厚黑高手，他之所以能够一步步取得成功，让人难以望其项背，就是因为他比别人更厚、更黑、更圆。

杜月笙天智聪颖，又勤奋努力，他最初是为了一日三餐厚着脸皮四处求人，后来又点头哈腰的投靠黄金荣。白日冷眼观察，晚上静心分析，可谓韬光养晦，隐忍后发。并最终抓住机会，卖友求荣，实现了从弱到强，从无到有，先当孙子，再当大爷的华丽转变。

羽翼渐丰后，他又用狠开道，用谋驭人。左手四处拉关系，给人当儿子，右手又到处杀人放火，巩固并壮大自己的势力。几经生死沉浮，最后成为上海滩最具影响力的黑帮大亨。其间经历过无数的曲折和挫折，面对这些，杜月笙利用各种谋略和手腕，利用自己高超的厚黑技艺一步步巩固自己的地位，并逐渐走向成功的辉煌。他的传奇经历，真可谓波澜壮阔，曲折迷离，令人不得不拍案叹服。

杜月笙的一生，也可谓是最富有争议的一生。他外表文质彬彬，一副书生气息，可却心狠手辣，杀人如麻；他机灵诡诈，翻手为云，覆手为雨，却又极讲义气，为朋友敢于赴汤蹈火；他涉世圆转，巧于应变，但在民族大义面前，却能拿出大义凛然的爱国忠心，付出无数血汗；他在险恶的商业竞争中明敲暗诈，机关算尽，无所不用其极，却在捐款救灾时出手阔绰，大方不已；明明是流氓出身，他却能和国学大师，军阀政要称兄道弟；他一面是上海滩的黑帮老大，一面却又是国民政府的少将参议；他虽然好色无比，却对自己的女人重情重义……他集种种矛盾为一身，却能转化自如，游刃有余，不禁让人仰慕、钦佩。

杜月笙处世圆通，他不但出入黑白两道，游刃于商界、军界和政界，而且将触角伸向金融、工业、新闻报业、教育等众多领域，这在当时的中国，都可以说是绝无仅有的。

杜月笙的一生叱咤风云，闯得猛，玩得火，斗得凶，这位上海滩的传奇人物，口头禅是“我的箭头指向上海滩，我的疆界要越过十里洋场！”他在上海滩呼风唤雨，雄霸一时，最后居然还能名正言顺的统领中国境内所有黑帮，不愧为中国黑道的第一教父。

他的故事留给后人的不仅仅是一段传奇，一个猜想，一片印记，他留给后人的是一段能让人们回味无穷、不断咀嚼的历史。

让我们共同走进这本书，去结识这位旧上海滩上的超级大亨……

contents 目录

第一章：涉　势

第二章：附　势

第三章：蓄　势

第四章：借　势

第五章：得　势

第六章：壮　势

第七章：安　势

第八章：夺　势

第九章：抗　势

第十章：谋　势

第十一章：用　势

第十二章：失　势

第一章　涉势

杜月笙从小混迹街头，孤苦无依，15 岁时只身来到上海，开拓自己的“事业”。大上海处处充满诱惑，是一个多姿多彩、波谲诡秘的花花世界，涉世之初的杜月笙在这中西并存、五方杂处的染缸里，充满了对金钱的欲望和权力的追逐，他不安现状竭力寻求发展，费尽心机挤进青帮行列……他在一步步寻找属于自己的一席之地。

第一回

命孤苦鬼节降草屋　家败落赌棚蒙羞辱

在中国的历史记载中，大凡有大人物降世时，总会伴随着发生一些奇特的自然现象。比如天空突然风雨大作、电闪雷鸣，亦或是瑞光满屋，紫气萦绕等等。这些神乎其神的记载自然使人们对这些大人物产生了一种敬畏和猎奇心里，从而更加凸显了这个人物在历史中的重要性。

但有一个人的降生与这些人不同，他降生时既没有风雨，也没有瑞光，但他却在一个特殊的节日里来到了这个世界。这个特殊节日叫做中元节，也就是民间俗称的鬼节。而这个人就是日后叱咤上海滩的中国黑道第一教父——杜月笙。

1888 年 8 月 22 日（清光绪十四年），杜月笙出生在上海浦东高桥镇杜家宅一座低矮狭窄的破旧草房中。杜月笙本名其实叫做“月生”，发迹后才易名为“镛”，“月生”改“月笙”作字。因在鬼节出生，小时常被人唤作：杜小鬼儿。

他的幼年境遇可以用两个字来形容：悲惨，如果再加两个字那就是“非常悲惨”。他两岁丧母，四岁丧父，在七岁时继母又“神秘失踪”，所以杜月笙逐渐成了既没父母又没兄弟姐妹的孤儿，他流落街头，加入了高桥镇野孩子的行列，整天在茶馆赌溜走，捞到什么便吃什么。

跟现今许多因为从小缺乏父母关爱而成为不良青少年的孩子一样，杜月笙成了一名当时的“问题少年”。他 12 岁的时候，就开始结交一帮朋友。那是一群游手好闲的少年，他们有的偷，有的摸，有的赌。在他们的带领下，杜月笙开始偷偷地把自家老屋里的东西拿出去卖掉，再用这些钱去赌博。

家里的坛坛罐罐以及桌椅板凳，只要是能换钱的，他都敢拿。偷卖杜家老宅的旧物使他可以继续去赌，到后来，这赌钱就真成了杜月笙一生的嗜好。由于他的败家的表现已经达到了一种超凡脱俗、登峰造极的境界，所以无论是他的邻居，还是他的亲戚都在背后议论，最后一致认为他是小鬼降世，克死父母，并且他一辈子都不会有出息。

事实上，杜月笙在小时候就有一种与其它孩子不同的特质：善于思考，即便是在败家的具体行动上。

一天，杜月笙用老宅里的一杆秤当了 15 个铜板，又走进了一家赌场。他这一次的手气出奇地好，连押三次宝都赢了，结果工夫不大，就赚了 75 枚铜板。

杜月笙高兴地花了 30 个铜板在小饭馆里要了一桌酒菜，饭饱酒足之余，杜月笙突然就明白了一件事情，那就是：只要人聪明、办事得法，再加上运气，就会有“一本万利”的事，既然可以有“一本万利”的事，小瘪三

杜月笙少年照片(右一)

也完全可以在短时间内迅速飞黄腾达，成为“人上人”。

这对杜月笙来说无疑是一个惊人的发现，而杜月笙超过许多人的地方，就在于他会以最快的速度把自己的发现运用于实践，而且绝不怕头破血流。

吃完饭，杜月笙怀揣着另外那45枚铜枚，又来到了那间赌棚。他迫不及待地要验证自己的发现。但这次他却输了，而且输得很惨。他不但把刚才赢来的那45枚铜板全部输掉了，就连他当了秤换来的15个铜板的本钱也一齐输了进去。

眼看着庄家把他最后的一个铜板也收了过去，杜月笙有些发蒙，他的双眼发红，紧盯着庄家收钱的手。这一进一出对他的打击实在太大了，他怎么也想不明白：为什么刚刚还在赌棚里春风得意、在小饭馆里大快朵颐的自己，又在顷刻之间便一无所有、跌进谷底了呢?

在稍加思索之后，杜月笙终于决定孤注一掷了。围在赌桌前吆五喝六的一班赌客们吃惊地回转身来，看着这个刚才因为赌光了钱而被他们拨拉到一边去的小瘪三。

杜月笙分开一时间不明所以的赌客，从后面重新又挤到赌桌前，旁若无人地往赌桌边上一坐，盯住了庄家，说：“我再押五个铜板。”在这个细长的还挂着一丝孩子气的脸上，竟然透出一股寒气。一时之间，竟让满场的人都屏息静气地给他闪开一块地方，注视着他与庄家的赌注。

这次，杜月笙并没有按规矩把赌资放在桌上，因为他已经没有钱了，他就是想赤手空拳地再赌一把。庄家看了他一眼，却并没有要求他把钱拿出来。一则是庄家印象里这个小伙子每次都能拿出钱来；二是刚才杜月笙的表现多少有些把他给镇住了。

于是，庄家开始在赌棚中间的这张桌上和杜月笙押宝。全场死寂，杜月笙能感到冷汗从自己攥紧的手心里冒出来。他赌输了，于是他拔腿就跑，但赌棚里的打手很快抓住了他。

赌棚里的打手极为气愤，伸手将他抓住。一巴掌扇下去，杜月笙顿觉眼冒金花。

“日你妈的，就你这样子也敢到老子这里来叫空!”“把他衣服扒下来，撵出去，不要耽误时间啦。”……

打手们三下五除二，将杜月笙的小褂子、小裤子统统扒了下来。然后，在他的屁股上重重地扇了一巴掌，吆喝一声：“滚吧!”

杜月笙浑身赤裸，觉得身上微微有些凉意。赌徒们看着他说笑了几句，便又都专心致志地埋头去赌了。

杜月笙不想出门，眼巴巴地看着打手，想讨回一件衣服。打手眼一瞪：“快滚!”无奈的他只好走出门去。

他磨蹭着，在地上寻找着。他想，此时要是有块破布，或者是一张废纸能遮遮屁股就好了，但地上只有斑斑的痰迹和凌乱的烟屁股。

此时正是初秋季节，外面的阳光很灿烂。杜月笙觉得浑身暖洋洋的，一阵微风过后，树上的树叶哗哗直响。他快走两步，想找两片大树叶遮遮身，但他又停下了。树叶又能挡住什么呢?其实，真处在狼狈中，穿衣服也是没有什么意义的。

于是，杜月笙停下来，转过身，看了看赌棚，猛地冲上前，对准赌棚的门狠狠地撒了一泡尿，骂道：“我叫你们将来都跪着叫我爹!”

每个人都有自己不同的童年境遇，一个人独特的经历往往会磨练人的性格，自然会铸就未来不同的人生。

从这件敢于在众多打手的眼皮底下，赤手空拳地赌一把的事情上可以看出：少年时的杜月笙已经开始表现出了他日后借以闯荡上海滩的重要素质，那就是一种傲视群雄、蛮横霸道的狠劲。他敢于去做任何事，只要对自己有好处，他都可以横下心去尝试。

第二回

求生计卖果拾旧习　寻出路木行把心依

杜月笙被赶出赌棚之后，依旧本性难改，过着败家仔的“潇洒生活”。但当他 14 岁的时候，他忽然觉得自己在高桥镇再也呆不下去了。这并不是因为他突然产生了洗心革面的决心，而是在这一年多的时间里，家里的破烂全给他卖光了，他发现自己已经到了无物可卖、山穷水尽的地步。于是，杜月笙踏上了征程，开始为了一日三餐而四处奔波。

这时的上海已经成为了一座歌舞升平的“艳都”，繁华正降临在这座被外国势力割据的城市上空。杜月笙早就对传说中的大上海心驰神往，所以他来到了上海。“管他呢，先见见世面再说”。这是杜月笙最初的想法，但他最终发现，要想吃饱饭，还得玩实干啊。于是，他开始了在上海十六铺“鸿元盛”水果店当起了学徒。

正所谓“狗改不了吃屎”，杜月笙依然改不掉赌博的恶习，最后他被炒了鱿鱼。后来他又到了师兄王阿国的“潘源盛”水果店当店员。

上面说过，杜月笙是个善于思考的人，他也是个不安于现状的人，他在灯红酒绿的大上海看到的事情多了，他的欲望也开始膨胀起来。这时他突然明白了一个著名的道理：给别人打工永远挣不了大钱。想要在上海出人头地，没有自己的一番事业是不行的。在他三番五次的恳求下，王阿国给了他一个水果摊，将一些卖不掉的烂水果送给他，帮他圆这个发财梦。

卖水果的同时，杜月笙苦心练成了一项过人的技巧——削梨。他那飞快的刀法，神奇的技艺折服了同行，征服了顾客，于是这段经历使他获得了第一个“响当当”的称号——“水果月笙”。

杜月笙不是一个能够安心练习某种技术的人，但他练成了，为什么？原因很简单，由于没有本钱，他卖的水果都是烂的，所以他必须把烂梨削成一件“艺术品”，否则，他连吃饭都成问题。

现实总是这样地逼迫人们作出改变，杜月笙要想征服现实，也必须先成为现实的奴隶，于是他练削梨，不但削的很好，还削出了水平，削出了艺术。

话虽如此，虽然卖水果能够解决杜月笙的吃饭问题，但离他心中那潇洒过活的目标却相差太远。“凭什么那些财佬们各个汽车进汽车出，西装革履，不但有财有势，而且妻妾成群”，想到这里他不禁牙根恨恨，心中痒痒。于是，他又一次寻求改变，但这一次他却走了一条歪门邪道，和一些小瘪三做起了“抛顶宫”的勾当来。

所谓“抛顶宫”说到底就是几个人配合，在人群拥挤的时候，把人家的礼帽抢走。但这充其量是种小打小闹，发不了大财。

一天，杜月笙见生意清淡，闲着没事，于是想到了和他最为知心的在浴德池当扦脚师傅的“扦脚阿二”。杜月笙与阿二已有10来天没见面了，他身上很久没洗澡也痒痒，于是，就收起摊子，漫步到浴德池去找阿二聊聊，顺便洗个澡。

谁知他在浴德池找来找去，就是找不到阿二，到茶房一打听，方知阿二已有个把星期没来上班了。杜月笙一听，以为阿二的哮喘病又发了，担心他的病情，他二话不说，拔脚冲出浴德池，三步并成两步往阿二家中跑去。

阿二也是个单身汉，就居住在浴德池的附近。杜月笙不多一会儿就赶到了阿二的住处。但是这里房门紧闭，杜月笙忙敲房门，好久不见动静。杜月笙又赶忙去见房东太太，打探阿二的情况。

“阿二啊，我也不知道他上哪儿了，只记得上星期来交过房租，并把下月的房租也提前交了，可能这些日子也不会回来。”

“你看他的身体怎么样？”

“人挺有精神，不像有病。”

“你多长时间没见到阿二了？”

“好几天了！”

杜月笙一听阿二没生病心定了些，但一听到阿二多日不归，又有些不安。他辞别了房东太太，怀着忐忑不安的心情回家去了。

杜月笙一到家中，饭也不做，和衣就倒在床上，胡乱猜着阿二的下落。他心想，上海乱得很，要是阿二有个什么三长两短的，如何是好啊？想来想去，心里不是个滋味。他正在烦恼时，忽然有人敲门，开门一看，原来是楼下的小三，手拿着一封信。杜月笙接过信，跑回房内去了。

他取出信一看落款，心中一喜，是阿二写来的。他急急地读起来，方知阿二现在已在青岛了。

杜月笙一口气读完信，又喜又惊。喜的是阿二有了着落，惊的是，平常不太有声响的阿二干事倒也干净利索，竟然到青岛谋事去了。他不禁自叹不如。

这天夜里，杜月笙难以入眠：上海滩实在难混啊！我在上海摆了这么长时间水果摊，还混不出一个模样来。阿二这个人样子比我差多了，而这次他却比我想得远，干得漂亮……

原来，阿二见上海混不出世面，就决定去闯闯世界。他见有人去闯关东，所以上星期没同任何人打招呼，独个登上了去大连的船。想不到，船靠了青岛后，黄海上刮起了暴风，船就在青岛避风。阿二上岸后，见青岛不错，就决定先在青岛闯闯。关东闯不成闯了山东。阿二在信中说，青岛这地方好混。目前，他正在一家木行内当伙计。

杜月笙一夜辗转，等到鸡鸣头遍，披衣起身。他用冷水一洗脸，顿时脑清目明。心想："我何不像阿二一样，到外头去混混，去闯世界去！"想到这里，杜月笙决定歇业一天，到城隍庙去求城隍老爷指点迷津。

大清早杜月笙就赶到了城隍庙，抢烧了一炷头香，祈求城隍老爷保佑发达。烧完香，他去湖心亭喝茶吃点心，然后在老城隍庙内游玩一阵。当他再次走到庙门口时，只看到庙前有一个拆字摊，摊前人头挤攒，围着一大群人，生意极好。他又见摊旁挂着一幅名幡，上书三个字：张半仙。

"嗬！好气派。其他拆字摊都号称某铁嘴某铜嘴的，他却自称半仙，可见他的算命本领非同一般！"杜月笙心中不由一动，"何不请这位半仙先生指点我的前程呢？"于是，他挤到摊前，从半仙的纸签中摸出两个纸卷，看也没看就递给张半仙。

这位张半仙半闭着眼，接过纸卷，慢声慢气地问："先生要求何事？"

"先生，我要出门做生意，请问何方吉利，何方不利，前程如何？"

张半仙将卷子打开，看了两眼纸卷中的字，然后闭上双眼，口中念念有词。突然，半仙圆睁双眼，大叫一声："出门东北方，必有贵人帮。好自为之，前途无量。"

杜月笙听了喜出望外，赶忙摸出一块银元，双手捧给半仙，说了声"多谢"，然后喜滋滋地回家去了。

但是，一回到家中，杜月笙又犯起愁来，老大的一个东北方该往何处呢？到底东北方向的哪一个地方才是有贵人帮呢？他左思右想，突然想到了青岛。这正是东北方向，好友阿二又在那里，到了那儿又有个照应。主意已定，杜月笙也顾不得休息，赶快到轮船码头购买去青岛的船票，又匆匆打点行李，一直忙到半夜。

第二天，天刚蒙蒙亮，他就起了床，快步向码头走去，稍待了一会儿，就登船去青岛了。

到达青岛后，杜月笙找到了好友。虽然前后不到半个月，此时，阿二已在这家木行中当账房先生了，大有一番管家风度。阿二见好友来到，格外高兴，答应介绍他在木行中做工。

阿二将杜月笙引荐给老板。老板见他清秀灵活，很是高兴。交谈之后，老板又觉得他口齿伶俐，反应又快，是块搞推销的料，当下就聘他为木行的推销员。

杜月笙高兴极了，这是他的拿手好戏，因为他有一张能说会道的嘴，和一副精明而灵活的头脑。结果，杜月笙由于他推销有方，钻营有术，为老板不断扩充地盘，承揽了一大批新建洋房所需之材。木行的生意日渐兴隆，老板对杜月笙更是另眼相待，视为心腹之人，言听计从，业务上的事全由他一人说了算。

这个木行老板也是个精明人，但就是有一个缺点——贪色。姨太太有六七房，其中七房姨太二十刚出头，知书达礼，还会说一口流利的上海话。老板最宠她。她也操纵着木行的大权。

第三回

迷女色难耐欲中火　空妄想情场是非多

8月15日这天，七姨太和老板在公馆设宴招待木行的有功人员，共度佳节。下午6时，杜月笙等人应邀前往老板府邸。

一路上，阿二已对杜月笙说及七姨太的相貌人品，并要杜月笙注意言谈，不要说大话夸海口，并断言七姨太今天肯定要注意杜月笙，而且还会出其不意地难为他，因为她可能要试探一下他的真正能力。杜月笙把阿二所说的要注意的方面一一记在心中。

同行们在老板公馆的客厅里聚齐，见老板和七姨太还没来到，就坐下来喝茶聊天。约摸过了刻把钟，老板才从屋里出来。大家寒暄几声后，老板吩咐一声："开宴吧!"

杜月笙刚坐定，只觉得身后飘来一阵阵香风，刚想回头看时，坐在旁边的阿二已站立了身子，同时杜月笙也觉得衣服被阿二拉了一下。这时，他还没有反应过来，就听到阿二说："夫人，您好!"

杜月笙一听，知道是七姨太来了，赶忙站起身来。谁知杜月笙猛一回头，四目相对，当即怔住了：好一个七姨太，赛过七仙女！她身段凹凸有致，身材苗条，身穿上等长旗袍差不多是裱在身上，露出了全部的线条，下身半隐半露着迷人的大腿，红润的嘴唇好像两片带露的花瓣，微凹的嘴角边隐约挂着一丝笑意，一头乌黑光洁的秀发梳成了几十条细碎均匀的小发辫，发辫分披两肩，束起来套入背后的辫套中，耳边拖垂着两串长长的耳坠，颈项上围着一圈用彩珠银牌连缀而成的项串。这真是一个妩媚的女人，杜月笙愈看愈心身愉悦……简直是着迷了。

这七姨太似乎也着了魔，杏眼含笑，直瞟着杜月笙。杜月笙被七姨太的妩媚秋波一击，顿时变得舌笨口拙，甚至忘记了也应该对七姨太笑笑，以表示礼貌。

"夫人，这就是我的兄弟，新近从上海到这儿来干活儿的!"

七姨太被阿二的几句话说得如梦初醒，赶忙收起失态之状，嫣然一笑，说道："就是这位杜先生，快请坐，请坐！哦，大家请坐，多喝酒，多喝点酒!"

众人一听，忙说："夫人请坐，夫人请坐!"

席间，杜月笙只觉得七姨太的秋波在自己脸上荡漾，火辣辣的有些不自在，心怕有什么举止不当失了饭碗，正想不如找个理由告退，可是猛然耳边响起张半仙的话："出门东北方，必有贵人帮!"不由他心中一沉，莫非她就是自己的“贵人”？想到这他随之又一喜，心也定了，话也多了。一时间，他在席上的妙语横生，逗得主宾们前合后仰，笑声不断。

然而，在谈笑之中，杜月笙边说边用眼光去寻找七姨太，顿时两个眉来眼去，无言之情在秋波中传递，钟情万分。酒至半酣，杜月笙不禁欲火中烧，无法控制住自己，情不自禁地夹起一筷子菜来，站起身，面对着七姨太，说：“今晚，我太高兴了，我，我敬……”

话到此时，杜月笙只觉得小腿上被人猛踢了一下，顿时一惊，一哆嗦，酒也醒了大半。原来，阿二已看出了一些苗头，他生怕杜月笙惹出是非，紧要关头用脚悄悄地猛踢了他一下。这一脚把月笙正将丢掉的魂儿踢了回来，他赶忙把菜往嘴里一塞，连菜带话一起咽了下去。他举起酒杯，对大家说：“团圆之夜，良宵难忘，我祝大家顺心发达，干杯！请!”

七姨太一听，笑出了声，忙说：“干杯！祝大家时时顺心，事事如愿!”

说完，对着杜月笙又一个秋波抛来，弄得杜月笙的心像有蚂蚁在爬，痒痒的。

为什么七姨太这么眷顾着杜月笙呢？原来，她早就听老板提起杜月笙生意做得好，并且一听他是从大上海来的心里更是有好感了。杜月笙一进入客厅，躲在帘后的七姨太就注意到他的一举一动了。

杜月笙眉清目秀，老板哪里及得上半点。看着看着，七姨太心头就蒙上了一层莫名其妙的感情之纱。现在，七姨太呢？虽也是心急情切，大有与杜月笙相见恨晚之情，但她毕竟老成持重，不露声色，而心中的计划却悄然而成。她见杜月笙失态之状已经收回，赶忙敬完酒，自己就先回房中休息了。

过了几天，老板去济南看望父母、发妻以及子女，将木行的事一一托给阿二和杜月笙。老板走后的当天下午，杜月笙悄悄来到七姨太的房间。两人搁置心中已久的欲火开始点燃。七姨太那裹在旗袍里的躯体充满了魅惑力，杜月笙觉得全身都在膨胀，他猛地扑过去，一把抱起七姨太，噔噔噔几步奔到里屋，把七姨太往床上一放，像剥玉米皮一般三下五除二就把七姨太身上的衣服剥了个精光。20多岁女人那充满桃酥香气的胴体，就那么一览无余地展现在他面前……

从此，两人经常密约，欢度良宵。然而，七姨太对这并不满足，而是想与杜月笙私奔做长久夫妻，因为木行老板年老色衰，七姨太虽然得到宠爱，但是并不喜欢他。

一天，她对杜月笙说：“我不想呆在青岛了，你上海有路吗?”

杜月笙一听，心领神会，沉思了一会儿，说：“路是有的，我原来只是一个摆水果摊的，养不活你啊。”

七姨太忙说：“这个你放心，只要你有路，其余的一切我包了!”于是，两人细密地商讨了出走的计划。

一天晚上，七姨太席卷了木行的巨款和自己所有的金银细软，准备和杜月笙一起离开青岛到上海。他俩把一切都准备好了后，租了一辆人力车，一上车就匆匆向码头而去。

哪知，杜月笙与七姨太的这份姻缘并非预料的那么顺利，正当他们准备走的时候，木行老板回来了。

他们刚刚转过中汇大楼，迎面飞奔而来一辆马车，马车到了他们近前，戛然而止，从车上跳下木行老板和几个随从。七姨太一看，吓得不知如何是好，杜月笙知道躲不开，只好让车夫停住，静等老板走近前来。原来，老板已在济南得知了此事，气得一夜没睡，第二天天不亮便返回青岛，到得家中，扑了个空，一问才知七姨太刚走，于是他抄近路而来截住了他们。

这时，他铁青着脸，几步冲上近前，对着杜月笙啪啪两巴掌，口里大骂：“你这个混蛋！好个王八蛋，竟敢占用我的女人，胆子真可以包天了!”

杜月笙没有说话，静静地站在那里不动，这时见事情败露，七姨太在车上低声抽泣，老板一见，更是气不打一处来：“你这个贱货，在家给我养汉子，回去我再收拾你!”

说着，他转向杜月笙，“你这个畜生，我念你过去给我效力，我也不罚你，你马上给我滚蛋回上海，我不想看见你。如果再撞见你，扒了你的皮!快滚吧!”

杜月笙回过头，看了一眼如泪人一般的七姨太："夫人，对不起！别怪月笙无情义，我没有本事啊！"

七姨太此时已是哭得泣不成声，她抬起泪眼看了看她的心上人，算是对他的送别。杜月笙一转身，就消失在了木行老板和七姨太的视野之中。就这样，杜月笙又回到了他的上海滩十六铺。

当杜月笙说出"我没本事"这四个字的时候，其内心的伤感可想而知。他知道，一个男人，如果没有权势和地位，在社会上永远是说不起话的。从他和七姨太分别，确切的说是从他那初次情感纠葛中被淘汰的那一刻起，杜月笙才真正认识到权势对于男人的重要性。他今后的道路可以说都是为了一个"势"字而打拼，为了一个男人的尊严去努力实现。但他却走上了一条令后世人唾弃的道路，一条肮脏不堪的不归路——黑道。

第四回

识阿姐受雇烟花弄　入八股机灵称霸王

杜月笙回上海后，仍支撑起他的水果店来，但情场上的失意使他开始嗜赌如命。

掷骰子、押单双、推牌九、搓麻将，他无所不干，一度迷恋于34门押其一的赌法，赌注也由小渐大。渐渐地，到了他一天不吃不喝可以，一日不赌却难以度过的境地了。

杜月笙与小瘪三们相依为命，日子过得很苦，但是他是个富有心计的人，常常出些坏主意教唆小瘪三们混饭吃。身边无钱，他就喝令他的瘪三伙伴把裤子脱下来，让他拿去当了下赌场；输光了赎不回来，让他们穿自己的裤子出去，自己却躺在被窝里睡觉。

一天，杜月笙又带着几个哥们儿在十六铺码头游荡。计从心来，他让一个叫阿狗的拿了一瓶装着自来水的酒瓶，挤在人堆里。轮船一到码头，人特别拥挤。阿狗跑到一对衣着华丽的男女身旁，将酒瓶往地上猛地一砸，“砰”地一声，炸得粉碎。

随后，阿狗随手拉住那个女的衣角，大声嚷道：“好啊，你把我的酒给碰碎了，你不赔，小爷儿今天跟你拼了！”

接着，杜月笙立刻窜了过来，围着这对男女，捋起袖子，软硬兼施地说：“先生，你有话好讲嘛，何必摔酒瓶，这个小师傅替人做生意这酒哪赔得起？先生，你看怎么办吧？”

他边说边往那个女的身上靠去。那女的吓得浑身发抖，惊慌不迭地从手提包里拿出几张钞票丢下，拖着男的就走。

杜月笙拾起钞票，微微一笑，用手指沾着唾沫数了数，“啪”地一声在

旧上海地位较高的妓女合影

手背上一弹，抽出一张给阿狗，随后扬长而去。

大概杜月笙的演技就是从那时起达到了炉火纯青的境界，这为他今后在各种场合上的交际奠定了坚实的基础。无论面对的是哪种人，在他这个“影帝”面前充其量也只能当个配角而已。

十六铺的乞丐、流氓数不胜数，而那些打扮得妖形怪状的风骚“野鸡”，挤在人群里拉客的也不算少。

在昏天黑地的上海滩，妓院很多，分为三四等。头等为“书寓”，妓女能弹会唱，善说会道，妓女称做“先生”，只陪酒，不留宿。二等为“长三”，妓女七成能喝，陪酒只收三块钱，茶围也收三块，所以叫做“长三”。三等之下为“幺二”，陪酒只收二块钱，茶围收一块钱，所以叫“幺二”。最低级的是俗称“野鸡”，即烟花间妓女，除了抽大烟外，就是撩衣解扣，只能靠与男人媾欢出卖肉体为生。

杜月笙从小就贪玩，父母早逝没人管，早就试过男女之事，这次青岛之行更让他体会到了人间至境的快乐，现在除了赌外，拈花惹草也是他生活的内容之一了。但是他只是一个朝不保夕，吃了上顿没下顿的小摊主，不要说“书寓”，连“长三”、“幺二”也不敢问津，他只有到烟花间乱搞。

这天，他来到烟花间，一个约摸30岁上下的女人，看见杜月笙那股灵活劲儿，便笑眯眯地走过来，拍拍他的肩膀：“喂，小兄弟，生意做得不错呀。”

杜月笙见一个胭脂花粉涂得血红的陌生人，尴尬地笑了笑，说：“太太，有事要帮忙?”

那女人道：“我是小东门的大阿姐，想请你到我店里帮点忙。”

“大阿姐”是小东门烟花间的老鸨，颇有点小名气，杜月笙曾听人谈起过。他心想：“自己现在正是落魄的时候，能找个地方落脚就不错了，管它是烟花间还是燕子窝!”于是便也有心去那儿。

上海滩几年多来的世面已将杜月笙磨炼得鉴貌辨色，八面玲珑，见人说人话，见鬼说鬼话。他当即一口应允，拍拍胸脯，说：“没问题!”

闻言，大阿姐从袋里掏出几张钞票，对杜月笙说道：“好，小兄弟，你先去洗个澡，剃个头，换身衣裳，就来找我。”杜月笙只是简单的在身上撩了几下水，就急忙穿好衣服来找大阿姐。大阿姐这时三十出头，旗袍内部丰满欲坠的双胸凸显了这个女人成熟的味道……就这样，大阿姐对杜月笙进行了一次“坦诚相对”的“面试”，杜月笙再一次尝到了这种欲罢不能的美妙滋味。

大阿姐经营的烟花间是最低一级妓院，专在码头、街面上拉客为生。来往的嫖客以地痞、流氓为多，也有些乡下佬。杜月笙来到这后，就在花烟间里打杂，代妓女拉皮条，为嫖客跑腿买烟什么的。

这时，上海滩的妓女有个不成文的规矩，结拜“十姐妹”的风气甚盛。所谓“十姐妹”并非都是女的，而是九个妓女加一个男的或十个妓女加一个男的，这个男的必是黑社会中有势力人物，妓女与其结拜，就是为了求得他们的一些庇护，而不至于受到嫖客的欺负，作为回报她们对结拜的兄弟是白玩不收钱。

大阿姐在黑社会里颇吃得开，与三教九流来往甚密。杜月笙浪迹于这种场所，很快与一批流氓恶棍混得烂熟。他羡慕这些人各霸一方，作威作福，更感到如果没有靠山，没有势力难以在这种蛇蝎出没的地方捞到便宜。只要有势力，干什么都能发财。于是，有心去做一个敢作敢为的大恶棍。

一天，吃过中饭，杜月笙到客堂里向大阿姐请安，见大阿姐正陪着一个小伙子闲聊。这人生得浓眉大眼，虎头虎脑，牛高马大，20岁刚出头，穿一身黑香云纱衫裤，说话粗声粗气，杜月笙一瞧便知这是地盘上的角色。于是，他恭恭敬敬地打了个招呼：“先生，您好!”

“新来的?”那人斜视了一眼这位陌生的伙计。

大阿姐忙上前介绍：“这是我的干儿子，叫月笙。泉根，今后你可要多照应照应。”

“多大啦?”

杜月笙如实回答了自己的年龄。

这位叫泉根的走上来，扳了扳月笙的肩膀，又用力试试他的腰板，半晌才吐了一句：“好。这小子将来会有出息的!”

这个外号“花园泉根”的青年，是十六铺一霸，原名顾嘉棠，住在上海赵家桥，过去曾在北新泾种花，所以得了一个“花园泉根”的绰号。他是十六铺流氓集团“小八股党”中的一名打手，在流氓中以“四大金刚”诨号出名，在十六铺一带颇有名气。

在人鱼混杂的上海滩，自从建立租界后，外商轮船在十六铺码头停泊。贩卖鸦片的生意特别兴隆，一些燕子窝的老板与土商做鸦片生意时常遭到抢劫。因此，他们愿出高价请一批流氓保镖。“小八股党”独霸十六铺，专干此买卖。顾嘉棠看中了杜月笙，于是几天之后就把他拉进了“小八股党”。

很快，杜月笙在“小八股党”里也称王称霸，抖了起来。每当有商轮靠码头，杜月笙就带了几个小流氓蜂拥而上，如果是些没有向“小八股党”孝敬过的商家，他们就将一些燕子窝里的小伙计一拦，霸道地打开切口：“你们都是背了招牌有店、有家、有依靠的，我们是白天喝西北风，晚上吃露水的，识相的让让路。”

久在码头上跑，这些店伙计也知这批小流氓不好惹，都自认倒霉，识相地跑了，或者成为了“小八股党”的布施者。

杜月笙聪明，鬼主意多，于是又用这个办法，时常对一些运瓜果、蔬菜的农民敲诈索要，赚得不少赌资酒钱。

第五回

冒巡捕事败惹大祸 急救人九妹献玉身

杜月笙为了获利，敢于大胆的冒险，甚至不顾后果。他后来的成功与这种性格是密不可分的。俗话说："饿死胆小的，撑死胆大的。"这个世界就是这样，许多人的成功都是其具有不同常人的冒险精神有着密切的关系。

杜月笙越混越得意，胆子也越来越大。但俗话说：常在河边走，哪能不湿鞋？杜月笙即使再敢于冒险，自然也有栽跟头的一天。

1911 年 4 月 28 日，《民主报》刊登了一则新闻，题目是"捕房解冒探索诈之杜月笙立案请讯"。事情的经过是这样的：

小东门福生街有家人和客栈，店面颇阔，生意非常兴隆。来往汉口、上海的客商常在此歇脚，炒些货物运往内地。这些客商来上海一久，自然沾上烟、赌、嫖之病，在客店里抽上几口大烟过过瘾。人和客栈老板姓陈，见有利可图，便让茶房去轮船上接点小货补些烟土。

杜月笙在十六铺混久了，知晓其中内情，便想敲些竹杠多赚些外水。这天，杜月笙带着小流氓闯进了人和客栈。杜月笙昂着脑袋，踏进客栈，煞有介事地往账台上一靠，眯着眼睛对账房说："我是巡捕房的，听说有客人在店里抽大烟，私售洋烟，这可是犯法的，难道你不晓得吗？"

账房先生也是浦东人，见来者不善，慌忙敬上一支“白金龙”香烟，同时赔着笑脸对他打招呼：“大爷，您请坐。我们店规规矩矩，只住客，不贩大烟。”

杜月笙用手挡开账房先生伸来的香烟，冷冰冰地回答道：“朋友，你说的是真的？我看见你们茶房在码头上接货，特地来拜访的。”

这时进来一位茶房，账房故意地问他：“刚才这位大老爷说咱们店里接过小货，你知道吗？”

茶房操着宁波口音搭讪地道：“先生，你莫不是弄错了？”

杜月笙将脸一沉，把手一挥：“阿四，上楼去看看。”

账房先生心里有鬼，自知这帮瘟神不可冒犯，慌忙上前拦住，低声下气地说：“大爷，自家人何必做的这么绝情。有话好说！”

这话正合了杜月笙的心意，他伸出手掌一扬：“5 块大洋，算是我们兄弟的茶水钱，否则巡捕房里走一趟！”

“好说，好说！”账房先生急忙数了 5 块钱，塞在杜月笙手里。

杜月笙把大洋向空中一抛，伸手一拢，轻巧地往袋里一塞，说声“再见”，头也不回推门便走。

我们的“影帝”再一次完成了一次完美的表演，但这一次表演却不能像以往那样征服观众，因为他忽视了账房先生的智商。

待杜月笙一走，账房先生如送走了瘟神松了一口气，连忙急急上楼，把刚刚发生的事情告诉陈老板。陈老板也是十六铺滚过来的，不知哪门小角色冒充巡捕上门来敲竹杠。他立刻写了一张禀帖，要账房拿些大洋，叫过茶房来：“你马上去巡捕房走一趟，查查刚才这帮人的来历！”

巡捕房的包打听与三教九流都有来往，见到人和客栈老板送来的钱和信，收下钱后，马上派人查找，不一会儿就知道了杜月笙的底细。

巡捕房立刻发了一张传票到小东门的烟花间。这时，杜月笙正在十姐妹的九妹房中与一丝不挂的九妹分享胜利的喜悦与“激情”。

“咣——”地一声门被踢开了，两名巡捕冲了进来，用乌黑的枪口对着杜月笙，说：“你冒充巡捕敲诈勒索，你被捕了！”

巡捕们的架势让杜月笙一时有些慌乱，他与九妹迅速穿上衣服，茫然不知所措。正在这时，大阿姐闻言赶来了，问清怎么回事后，对两位巡捕又是作揖又是说好话。两位巡捕就是不说话，硬是要带人走。

最后，好说歹说，两位巡捕同意由九妹免费侍候之后再说。结果，九妹为了杜月笙不被抓走，使出了看家本领，把两位巡捕“服侍”得舒舒服服。

巡捕同意由大阿姐为杜月笙作保暂不带人，随后，大阿姐又给了巡捕房一些好处，这件事才算应付过去了。但是，陈老板仍不罢休，通知了《民主报》的记者，将杜月笙敲诈勒索的丑闻登了报纸。

第六回

八仙桥巧遇陈世昌　寻靠山进庙投青帮

大上海是一个多姿多彩、波谲诡秘的花花世界，一口青红皂白、五花八门的大染缸，处处充满诱惑，处处洋溢罪恶，这中西并存、五方杂处的染缸，正在急剧的进行溶化与混合。超速的发展与瞬息万变的复杂环境，逼着置身上海的杜月笙，为了应变而促成自己本身的变化。涉世之初的杜月笙充满了对金钱的欲望和权力的追逐，他总是不安现状竭力寻求发展，寻求那属于自己的时机。

天，他溜出小东门，径直往西走去。

走了七八里，来到了八仙桥。八仙桥属法租界面，是上海的商业重镇。一些高楼矗立，戏院寥寥无几，但是，以赌、嫖二行出名，各式各样的赌馆星罗棋布。八仙桥往南的宝带门外，便是一片东倒西歪的破旧木屋，里面全是风光旖旎的烟花间，一些小市民在辛苦疲劳之后，就在这些低级的游乐场里鬼混和消闲。

杜月笙穿着一身崭新的打扮，眯着好奇的眼睛，顾盼着四周，走着看着，杜月笙觉得，眼前才是真正的花花世界。他觉得自己好像长大了，一举手、一投足之间，要有市井少年的气派，于是他一扫高桥镇上的“瘪三”意识，测度着自己，突然他想：“我再也不能再像叫花子那样，要有志气在上海滩做番大事业。”

旧上海青帮徽章

但是如何去实现这一人生宏愿呢？他脑子一转，决定还是要从赌做起。

于是，他往赌摊信步走去。转一条巷子，突然，杜月笙觉得眼前一家赌摊老板颇有些面熟，细一想，记起此人是曾在大阿姐烟花间见过面的“套竿子福生”。他连忙上去，双手一拱，笑盈盈地招呼：“陈老板好！”

“套竿子福生”真名叫陈世昌，住在小东门。此人平生胸无大志，干的是赌、嫖两档营生。陈世昌开赌比较特别，他从烟花间妓女吃花酒那里学会的抽竹竿，变化成了套竿子赌具。一个铁筒，插上 32 只牌九，下尖上方，作签子状；或 16 支分成五四三二一不等的五色丝线铁签；摊主与赌客，各人插5支，赌牌九，则配出两副大牌，比较大小，赌颜色即比谁的颜色多。摊主一手抱签筒，一手挽竹篮。竹篮里装的是花生糖果。这赌摊可以赌果品，也可以赌现钱。这种流动性的赌摊是赌行中最次等的。陈世昌在上海滩虽不显眼，但他天天摆摊也还算日了过得去。

陈世昌见是杜月笙，连忙招呼："月笙，好久不见，现在可发财了吧?"

"哪里，哪里，刚刚失风，跌了跟头。"杜月笙直言不讳，把他如何被人和客栈老板吃瘪，现在出来散心的事，详细诉说了一遍。

陈世昌慧眼识人，哈哈一笑，说道："月笙，你靠大阿姐成不了气候，你要在上海滩混，就得拜老头子、找靠山。有事，不要说师兄弟可以帮帮忙，就是闹出点大漏子，有势力的老头子哪个不是上通天、下通地的码子，到那时，闲话一句不就掩盖过去了!"

经陈世昌这么一说，杜月笙恍然大悟。在上海滩，只要有势力，干什么都发财，不形成自己强大的势力发了财也保不住。

杜月笙问道："陈老板能不能指条门路?"

陈世昌见杜月笙精明强悍，敢作敢为，便有意拉拢他，说："月笙，投身青帮怎么样?"

杜月笙凡事觉得新鲜，正想在这个号称阴阳地界的上海滩找个稳妥的靠山，免得遇事吃亏上当，于是，迫不及待问："怎么投法?"

陈世昌眨眨眼睛，神秘地露了一句："三日后开香堂。那天半夜，你在八仙桥小庙等我。"

杜月笙看着他那副神秘的样子，点了点头，虽然不知道陈世昌会给他介绍一个什么样的靠山，青帮是什么，但是，望着扬长而去的陈世昌，想着今后不会受什么欺负，他有说不出的兴奋。

三天后的深夜，月落星稀。从小东门到八仙桥的小庙路上，不时出现三三两两的夜行人。他们一个个面容严肃，埋头疾走。

杜月笙在行人中发现了在恒大水果行里的伙计袁珊宝。二人相视一笑，心照不宣。他俩早已准备好了拜师红帖，袋里放着一个敬师的红包。在进香室以前，按照帮里的规矩，他们都只能算是“倥子”，拜师后才能成为青帮中的小师傅。

这青帮是上海滩势力较大的帮会，青帮势力仅次于洪门，是上海滩的第二大帮会，相传有300余年。青帮起源有许多的说法，但实际上是在清朝雍正初年为承运漕粮而形成的。然而，帮中人却把历史渊源推向明朝，以明永乐朝的文渊阁大学士金幼孜为第一代祖师。第二代祖师是罗传。罗传曾收徒三人：翁、潘、钱。乾隆年间，此三人为清廷运粮，奉准钦命，准备招徒1326名，带粮船1990只，因名义上系帮助清廷，故称青帮。

运粮之后，翁、潘、钱照军功例，被授予武职，于是公开奉罗传为祖师，立下3堂6部24辈，制定10大帮规，使青帮发展为严密帮会组织。

3堂是：翁佑堂、潘安堂、钱保堂。6部为：引见部、传道部、掌印部、用印部、司礼部、监察部。24辈按：“清静道德、文成佛法、仁伦智慧、本来自信、元明兴礼、大通悟学”排列，一字一辈。

好一个青帮，三堂六部跟朝廷的机构设置如出一辙，不但如此，青帮还有一套严密的规矩作为规范和约束门徒的工具，简单来说就是10大帮规。

10大帮规为：一、不准欺师灭祖，二、不准扰乱帮规，三、不准蔑视前人，四、不准江湖乱道，五、不准扒灰放笼，六、不准引水带跳，七、不准奸盗邪淫，八、不准以卑为尊，九、不准开闸放水，十、不准欺软凌弱。

辛亥革命前，上海滩的青帮以“大”字辈当家，陈世昌是“通”字辈，杜月笙拜陈世昌为老头子，按顺序列为青帮中的“悟”字辈，是很低的辈分了。

当杜月笙、袁珊宝走到小庙时，陈世昌与邀来撑场面的青帮前一辈人物已到齐了。庙祝将双扇庙门关住，大殿里香烟缭绕，烛火摇曳。神龛前放着一列营纸黑字牌位。

等了一会儿，一个引见师带着一队“倥子”直趋庙门。杜月笙跟着他们来到庙门后，引见师伸手在门上轻轻敲了三下，一会儿便听见里面有人高声问：“你是何人？”

按青帮规矩，在开香堂仪式中，任何人都不能答错一个字。引见师不慌不忙地道名报姓："我是张某某，特来赶香堂。"

"此地抱香而上，你可有三帮九代?"

"有!"

"你带钱来了吗?"

"129文，内有一文小钱。"

答对了。庙门"吱呀"一声敞开，引见师便把10来个"倥子"领到了神案之前。杜月笙偷眼一瞧，只见神台上放着17位祖师的牌位，正当中的一位是："敕封供上达下摩祖师之禅位。"

这时，陈世昌正端坐在一张靠背椅上，陈世昌是这群"倥子"的命师，他的两旁，排着两行赶香堂的前辈。

随即，有人端来一盆水，从本命师起，按着辈分次序，一一净手。净手代表淋浴，水只有一盆，手倒有好几十双，轮到杜月笙洗时净水几乎变成了烂泥浆。然而，他却不但没认为脏，反而满腔虔敬地洗了又洗。

按照规矩，净好手后，还要斋戒，又一大碗海水被人端过来了，接着大家又从本命师依次转下去，一人一口，喝时嘴巴不许碰到碗边，喝过净水，就算斋戒过了，从此可以专心致志地迎接神祖了。

这时，抱香师走出行列，高声唱着请祖诗："历代祖师下山来，红毡铺地步莲台；普渡弟子帮中进，万朵莲花遍地开。"

在难听的歌声中，杜月笙随着其他人在各祖师牌位前磕头烧香，这时庙门被关紧，抱香师宣布："本命师参祖!"

这时，陈世昌离座就位，面向坛上，先默默念了一首自己都不明白的诗，然后自报家门道："我陈世昌，上海县人，报名上香。"他报完之后，又行了一个三磕头。在他的背后，在场的人纷纷如法炮制向着神坛磕头。

到此，杜月笙精神一振，跟随着引进师参拜命师，参拜在场的本门爷叔。

参见完毕，杜月笙又学着众人的样子，把预先准备的拜师帖和贽敬呈递上去。拜师帖是一幅红纸，正面当中一行字："陈老夫子"，右边写三代简历，自己的姓名、年龄、籍贯，左边由引见师领先签押，附写上了年、月、日。

拜师帖的反面，写着一句誓词："一祖流传，万世千秋，水往东流，永不回顾！"

递上拜师帖之后，赞礼师分给各人三支香，"倥子"们捧香下跪，恭听传道师介绍帮内历史。介绍完毕，陈世昌俯望着跪着的"倥子"问道："你们进帮，出于情愿，还是人劝？"

众人回答："出于情愿！"

于是，陈世昌厉声教训道："既是自愿，要听明白，本青帮不请不带，不来不怪，来者受戒，进帮容易出帮难，千金买不进，万金买不出！"

杜月笙和其他人诺诺连声："是，是！"

陈世昌收齐了拜帖，突然威严地喊了一声："小师傅们受礼！"然后，他又冷冷地随即扫了众人一眼，便滔滔不绝地讲起青帮帮规及帮内各种切口、暗号、动作、手势……最后，他说："你们掌握了这些，无论走到什么码头，只要青帮人在，亮出牌号，就能得到帮助。但如用错，被视为冒充，也会招来杀身之祸。今后你们都是'悟'字辈的人了。"

杜月笙及其10余位"同参兄弟"便成为青帮正式成员了。而他的"机会"也从此刻起牢牢的掌握在了自己的手中。

第七回

狂嫖赌身陷迷离境　患难交相救把家倾

多个朋友多条路，这话一点也不假，杜月笙之所以每次都能化险为夷就是因为他身边有几个肯为他卖命的朋友。杜月笙的过人之处就是善于收买人心，虽然他付出的并不一定是真挚的感情，但他相信，这些交情、这些人以后都会为己所用，所以，他尽量在外人眼中把自己塑造成一个有情有义的形象，以便日后获得回报。

加入青帮之后，杜月笙自恃有了靠山，于赌、嫖两事更加肆行无忌。有时在赌棚赌红了眼，麻将连搓三日两夜还不肯停手。

杜月笙天天要去赌钱，从事赌博，不但需要金钱，而且浪费时间。可杜月笙的少年体力强，精神旺，赌兴又特别浓，一上桌子就不想下来。于是，潘源盛水果行便时常找不到杜月笙的人。有时候，他会接连失踪八九天。

念及当年一道做过学徒，看在师兄弟的分上，王阿国隐忍不发，只是趁杜月笙红肿双眼呵欠连天地回来时，婉言向他规劝："做事是做事，白相是白相，凡事总要有个限度。"但这些话杜月笙哪能听进？

旷工的次数与日俱增。王阿国的劝告也越来越多，话也越来越重。杜月笙向来是受不住闲话，服软不服硬的。王阿国劝他动之以情，晓之以礼，叫他赔出性命来，他也没话可讲。然而，王阿国要是搭起老板的架子来，那他就绝不会服从的。况且，杜月笙正因为嫖、赌用尽了钱财，束手无策，心中的焦躁比王阿国更胜十倍。所以他就等着和王阿国翻脸。

杜月笙开始挪用店里的款项。只要有钱从他手里过，他就先拿去赌。赌赢了，回来把亏空填上；输了，就把希望寄托在下一次，等着翻本，等着捞。可亏空越来越大。

杜月笙觉得，麻将和挖花输赢有限，不如来牌九，赢得快，这一来，杜月笙输得更惨，什么法子也翻不过本来了。潘源盛那边，亏空太大，他自己觉得不能再去了。于是，他离开了王阿国，躲着他，不和他见面。

这一段时间，杜月笙跟着他的老头子陈世昌，沿街去套签子。两三个月后的一天，杜月笙突然在八仙桥遇见了同参兄弟袁珊宝。

杜月笙觉得自己太寒伧了，他想躲开这位同参兄弟。袁珊宝也看见了师父、师兄，他忙过来打招呼。他首先问了老头子和师娘的好，然后趁陈世昌忙着做生意，悄悄拉了一下杜月笙的衣袖，来到一处墙角。

“你为什么不回潘源盛?”

“这……”杜月笙急得说不出活来，张了半天嘴，才说道，“我用空了店里不少钱，王阿国一定把我恨之入骨，我何必再回去自讨没趣呢?”

“天地良心。”袁珊宝替王阿国喊起冤来，忙不迭地说，“王阿国天天都在惦记你，常说：‘这杜月笙也不知跑哪去了，自从他一走，我们店里少了个跑街的，生意越来越差。’至于你欠店里的钱，这么久了，我还从未听他提到过一个字。”

几近绝望的杜月笙，听了袁珊宝的这几句话，觉得有一股暖流流进了心田。他觉得，王阿国真是情深似海，恩重如山，自己应当知恩图报。

拉着袁珊宝的手，他们一起来到老头子陈世昌面前，对老头子说：“王阿国对我友情深重，不咎既往，我想还回水果行干老本行。”

“去吧，跟着我你是不会有大出息的。不过，要干好!”

“师父放心，我保证。”

听说杜月笙又回来了，王阿国欢天喜地地从店里迎出来。为了表示重新做人，有一个多月的时间，杜月笙下定决心，戒除嫖赌，连外出都极少。他自己要求不再跑街，只替王阿国看店。

俗话说，江山易改，本性难移。两个月没到，杜月笙又觉得寂寞无聊，日子难以打发了。在一个下雨的夜晚，他故态复萌，悄悄溜了出去，先在一家赌场里赌了一夜。天亮时，又钻进一家妓院，钻进别的嫖客刚刚离开的热被窝。

狂赌猛嫖几日后，杜月笙突然病倒了。这次的病，来得猛，几天功夫，杜月笙已不能下床。

好在王阿国极讲情义，整日请医抓药，整治不休。袁珊宝也知道了，见无人侍奉，就把杜月笙背到自己的小屋里，就近照料。可是，杜月笙一连半个月发高烧，说胡话，一直昏迷不醒。医生说他有性命之忧。

有一天，趁着杜月笙醒来，袁珊玉和王阿国一起问道："月笙哥，你在高桥乡下，还有什么亲戚没有?"

杜月笙此时神智已清，虽然身体虚弱，还是明白，自己一定是不行了。两位好朋友的意思，一定是自己死了后，该向谁报告这凶耗。回想自己幼年丧母失父，饥寒交迫，他不由满心酸楚，泪流滚滚。

"月笙哥，不必伤心，我们是怕你在病中思念亲人。"

杜月笙强忍住泪水，想道：父母双亡，继母不知流落何方?

唯一的胞妹也不知道给谁了，听说外婆已经过世，老娘舅早已就看他不顺眼。至于自己的伯父和堂兄，从小到大，面都不曾见过几回，自己的死活跟他们有何相干呢?

想来想去，杜月笙想不起一个关心自己的亲人。他觉得，悠悠天地间，自己如同是一只断了线的风筝，将不知跌落在哪片荒草丛中。不觉间，泪水又涌出来。王阿国一见，也跟着流泪了。

此时，杜月笙突然说："要么，你们去告诉我的姑妈。我姑父在高桥乡下种田，名叫万春发。他家有个儿子，叫万墨林，今年10岁。前阵子我听人说，也到小东门来了，在一家铜匠铺里学生意。”

十六铺总共只有几家铜匠铺，袁珊宝很快找到了万墨林。万墨林太小，不敢独自回高桥，他说出了家里的地址。袁珊宝托一位经常往来上海浦东的朋友，带了封信。

三天后，杜月笙的姑母，迈动着小脚，颤颤巍巍地赶到十六铺。她一见躺在床上气息奄奄的杜月笙，扑上去便是一场大哭。

多亏了这位骨肉情深、心地慈祥的万老太太，她为了救治侄儿杜月笙的病，不惜喧宾夺主，请袁珊宝让出房间，打张地铺，日以继夜，整整服侍了杜月笙 100 天。

医生不肯开处方，万老太太便到处求神拜佛，搜求单方。不知是谁向她建议，蛤蟆粪是治他这种病的灵药。上海人所说的蛤蟆粪，其实是癞蛤蟆所产的蝌蚪。据说其性奇寒大凉。

杜月笙接连几天服下这味怪药后，居然寒热尽去，渐渐从死神的阴影中逃了出来。杜月笙大病初愈，身体衰弱，就在袁珊宝的房间里，又休养了半个多月。

袁珊宝是个最重义气的人，他对杜月笙百依百顺，唯命是从。有时候，杜月笙熬不住了，又要去赌，袁珊宝总会拿出钱来，全力支持。即使是衣袋空空，也面无难色。所以，终杜月笙一生，他都把袁珊宝看做同生死、共患难的朋友。

第二章 附势

杜月笙投靠了大名鼎鼎的黄金荣，为自己的未来选择了一个“明主”。杜月笙更是一个会投机的人，他善于察言观色，精心侍候师母，黑夜擒贼具有胆量，渴望发财的梦也越做越大。眼界日高的杜月笙，总是不甘心在小道上混，那双欲火喷闪的眼睛，无时无刻不在捕捉着飞黄腾达的机会。杜月笙是个有心计的人，他努力揣摩每件事情的来龙去脉、前因后果，从而做出最有利自己的选择，所以他每次都能把师傅和师母交代的肮脏事既办得圆满，同时又能挣满腰包，他的地位自然在黄公馆也就水涨船高。

第八回

游公馆歆慕黄大亨 华总探发迹巡捕房

杜月笙尽管入了青帮，找了靠山，但是入帮并不能解决吃饭问题。杜月笙从小东门出来后，天天在外和瘪三们混在一起，最后没饭吃时，就跑到恒大水果街的袁珊宝那里混口饭吃。

俗话说得好："瓦片儿也有翻身的一天"，就在混到山穷水尽无路可走时，杜月笙遇到了救星，好运气终于来了。

一天，他在闲逛时碰到了一个老相识，此人叫黄振亿。他看见杜月笙游手好闲，不免为之可惜。于是他对杜月笙说："月笙，你这样下去不是事体，假使你有心向上，我荐你到一个地方去，好吧？"

杜月笙懒洋洋的，抬起头来望他一眼，问声："啥场子呀？"

"八仙桥同孚里，"黄振亿压低声音神秘地说，"黄金荣黄老板的公馆。"杜月笙一听黄金荣三个字，突然愣了愣神。

其实，早在几个月前，马祥生就给他讲了黄金荣的传奇故事。那还是刚入青帮的时候，杜月笙对陈世昌充满了敬佩，站在旁边的袁珊宝对陈世昌的训话，眼里闪着新奇的光泽。

但是，马祥生却好像并不在乎这回事。突然，他偷偷凑到杜月笙的耳边，操着常州口音道："月笙，陈老头子只有牛皮功夫，不过是上海滩的小角色而已！"

杜月笙大吃一惊，呆呆地望着马祥生。马祥生闭着一只眼，开着一只眼，深讳莫测地说："过几天，兄弟带你去同孚里黄公馆去开个眼界。"

心想着自己最近躲在小东门的烟花间憋得太久了，一听有开眼界的事情，杜月笙马上点了点头，答应同去。果然没过几天，马祥生来了，带着杜月笙去同孚里黄公馆见世面。

这个同孚里黄公馆的主人，就是声势显赫的上海大亨黄金荣。这时，黄金荣是法租界响当当的华捕总探目。黄公馆是幢灰色洋房，但是气派豪华，就好像是上海滩上有钱人的总统府。杜月笙涉世未深看着这幢高不可攀的宫殿，对在黄公馆里当差的马祥生肃然起敬了。

在路上，杜月笙迫不及待地问起黄金荣的来历。

马祥生在黄公馆里打杂，耳闻些内情，自然要在师兄弟面前显显能耐了。他唾沫四扬，滔滔不绝地讲起了他所知道的一个个传说。

黄金荣的发迹同样富有传奇色彩。

黄金荣在孟将堂做杂活时，仍然是过着半饥半饱的生活，后来，他母亲又托人把他送到城隍庙一家裱画店当学徒。这家裱画店开设在豫园路环龙桥下堍，名叫"萃华堂裱画店"。

黄金荣做学徒期间很认真。每月拿月规钱400文。做了3年学徒，出师后，师傅又留他站了两年柜台，他虽然能任劳任怨，但是收入也不多，生活仍然清苦，谈不上供养母亲和弟妹，母亲仍靠洗衣服维持生活。黄金荣在

黄金荣巡捕装照

萃华堂一共度过了5个年头，除学了些正规的裱画手艺以外，还学会了一些以假充真、偷梁换柱的技巧。

不久，法租界扩充管辖地区，捕房公开招考华人巡捕，黄金荣闻讯立即报名投考，结果被录取为三等华捕。但是，马祥生所说的“贵人”并不“贵”，他是黄金荣一个邻居陶婆婆的儿子，刚从上海中法学堂毕业，进入法租界捕房充当翻译，陶婆婆就叫她儿子在捕房内打了招呼，因此，金榜题名。

捕房此次招考共录取20名华捕，后来改组成侦缉队，陶翻译推荐黄金荣做领班，人称“二十股党”。

黄金荣当了法捕房“包打听”，被派在十六铺码头一带管理治安，在这里他地熟人熟。于是破案有功又升了官。

为了获得巡捕房的信任，黄金荣玩起了花招，他一面布置一批喽啰走卒，约好某月某日在什么地点作案抢劫，一面叫另一些喽啰走卒到法租界巡捕房向他“报密”，他再向法国警探报密，这样使他能掌握带人破案的主动权。到了约定的日期和地点，原来约好的一批喽啰果然在进行抢劫时，便被黄金荣亲自带领、化装埋伏的侦缉队一网打尽。

这些盗匪被关进捕房后，黄金荣又在捕房内打点，一一陆续释放出来。法捕房的徐总探看到黄金荣连连破获盗窃案件，对他很重视。他就是这样玩弄“贼喊捉贼”、“假戏真做”的手法，渐渐地在巡捕房有了位置。

但是，除了“耍鬼”立功之外，黄金荣办事还是特别卖力认真，而且拒收客商和有钱人的红包。黄金荣自以为这样公正廉洁，更可以获得众人的好评，升官升得更快。殊不知犯了大忌，断了同行的外快。在同行眼中，黄金荣是个刺头，因碍着徐总探的面子，大家只好忍着。

转眼到了圣诞节。照规矩，包探行都要去法国巡捕总探长办公室里拜年。这一天，同行们都衣着朴素，故作寒酸，以表示平时两袖清风，公正廉洁。但是，黄金荣却穿着一身簇新的绛紫色缎袍，湖色一字襟的绸马褂，派头十足。

可是，不知怎的，这位平时对他另眼相待的徐总探见他神气活现地颇为不顺眼，便生硬地对黄金荣说：“小黄，你今天穿得挺帅气的嘛！”

“嗨，穿一套新衣也值得这么大惊小怪的吗！”黄金荣大咧咧地回答，态度颇有些傲慢，“当‘包打听’，常常得化妆办案，穿件新衣裳不过是家常便饭，这也有什么不对的吗？”

徐总探懂中国话不多，再加上黄金荣苏州口语极重，他的话总探只懂了一半，再看他这副神气，还以为他在顶撞。

徐总探本来在上海滩上就不可一世，这一下马上就被黄金荣惹火了，他极为不满地沉着脸说：“不行，这样坚决不行！”

“为什么不行？我这样不是为了办案更方便吗？”

“胡说八道，我们巡捕房讲的是廉洁奉公，你这样是在破坏我们的工作风格！”

“我就是要这样，你又能把我怎样？”黄金荣年少气盛，吃软不吃硬，把麻脸一绷，眼睛一瞪，这一来倒吓了总探一跳，他后退了几步，恶狠狠地说：“我看你是不想在这里干了！”

“说对了，大爷不伺候了！”说罢，黄金荣从袋里掏出巡捕卡往台子上一丢，一个转身夺门而出。在场的西捕、华捕被他的狂妄之举都吓呆了。

黄金荣走出总捕房，对着那高高的拱形大门洞骂道：“呸！”

然后，带着得力助手徐福生直奔火车站去苏州老家去了。

苏州是黄金荣的旧地盘，至亲好友也不少。他一到苏州，就住在了苏州商会会长刘正康的家里。徐福生就在玄妙观附近的天香楼茶馆做跑堂。

到了苏州之后，黄金荣结亲拜友，多方结交朋友，日子倒也过得悠闲。

一天，黄金荣来到了苏州府衙门的一位捕快家里拜访。这位捕快是个遇事畏首畏尾办事无把握的人。但是他的老婆林桂生却十分精明，她本来是苏州吉祥街开妓院出身的，见过世面，而且很有心计，通于世故，不是个等闲之人。

谁知，她一见到黄金荣气宇轩昂，派头十足，马上就生了爱恋之心。不久，林桂生私下托刘正康说合，就脱离了原夫，与黄金荣姘居在一起了。

成家以后，黄金荣就在盘门外青阳地开了一家老天宫戏馆。虽说是戏馆，其实与茶馆相差无几。中间一个小戏台，三面环抱的是低窄楼座，每个楼座摆着 18 张方桌，看客喝茶，嗑瓜子，看戏，较为自由。进戏馆不必买票，均算在茶钱里。黄金荣开老天宫戏馆，请了几个伙计在茶馆当班，晚上自己来照看照看，再加上林桂生心胸见识胜人一筹，因此，生意颇为兴隆，日子也混得不错。

不知不觉几年过去了。这年，上海法租界爆出了几件巨案。几家富商被强盗抢劫，绑了肉票，震惊了上海滩。法国巡捕房责成副总巡长石维耶限期侦破。因案子难破，他心中甚是烦恼。

这天，石维耶到苏州游玩散心。在天香楼茶馆里，他遇到了跑堂徐福生。石维耶记得徐福生是不拿巡捕房薪金的包探助手，又称“三光码子”，工作颇是得力。现在见到徐福生，他自然也联想起那年少气盛的黄金荣来。

石维耶寒暄之后，忙问徐福生：“黄金荣在哪儿，我想马上见到他！”

徐福生见是号称“西探 1 号”的副总探，不敢怠慢，忙答道：“黄先生在苏州盘门外开了家戏馆。”

“捕房想要他回来，你能说服他回心转意，我重重有赏。”石维耶从口袋里掏出一张五两银票往台上一放。

“先生少坐。我立刻去找黄先生。”徐福生欣喜若狂，心想，只要黄金荣肯出山，他们又熬出了头，可以在上海滩上摆威风了。他连围裙也来不及脱，直奔老天宫戏馆跑去。

这时，黄金荣正拥着几个赌客兴高采烈地打麻将。

“先生，先生！”徐福生跌跌撞撞地跑了进来，上气不接下气地说，“黄先生，上海巡捕房来人了。请你马上去一趟。”

黄金荣正赌在兴头上，这时一只脚蹬在椅子上，满面春风，面前一大叠现洋，手里又是一副好牌，他手高高举起，正要摊牌，急听徐福生来报，以为上海老家出事了，当即一惊，回头来问：“福生，出什么事了?”

"'西探1号'来了，他要请你出山呢！"

"这是真的？"黄金荣被冷落了多年，虽然在苏州不愁吃不愁穿，日子过得闲悠悠的，但是内心里对上海滩那花花世界仍是朝思暮想，等待有朝一日东山再起。现在居然有了消息，他不敢相信这是真的。

"确实是真的！'西探1号'请你去！"

"好！他现在哪儿？"

"他就在天香楼等你！"

黄金荣一跃而起，将牌九一甩，顺手把桌面上的洋钱一推："弟兄们，这些钱你们分了！"

然后，他拉着徐福生的手："走，去见见他！"

黄金荣毕竟是吃过捕快饭的，生性狡诈精明，等他踏进茶馆门槛，脑子也已冷静了许多。他不卑不亢地向石维耶打招呼，两手一拱："石先生，久违了！别来无恙？"

这时，石维耶打定主意要他回去，迫不及待地问道："黄先生何时动身跟我走？"

黄金荣却装作不懂他的意思，摇头说："我黄金荣在苏州混得蛮好，为何要去别的地方？"

石维耶指指徐福生，急切地说："徐先生没告诉黄先生？我想请先生出山，协助捕房破案！"

黄金荣眉头一皱，沉吟片刻，然后，慢慢地吐出一句话："石先生来苏州，不妨先游一下灵岩、天平，金荣明天答复你们！"

"这——"石维耶见黄金荣摆起架子了，心中很不痛快，但招兵容易求将难，为了这不能不破的要案，他此时也只好委屈求全，无可奈何地说："好吧，明天听回音。"

上海法租界赫赫有名的"西探1号"，亲临苏州移樽就教，给黄金荣挣了多大面子，可为何他要半吞半吐，不当场拍板？

原来，黄金荣是一个精明的人，他搭足架子，一则是借此抬高自己在公董局和石维耶眼中的身价；二则他还想听听老婆林桂生的意见。林桂生虽是女人，可心机狡诈，智敏过人，更胜黄金荣一筹。黄金荣对她言听计从。黄金荣走出天香楼便径直回家找老婆商量。

林桂生相貌平常，身材矮小，身着白底小花的对襟衫褂，不施脂粉，倒也蛮有精神。黄金荣说起此事后，林桂生不假思索，脱口便说："金荣，这是个好机会，应该去。"

"好，明天我就去答复。"见妻子允诺，黄金荣更是信心百倍。

"慢，"林桂生眼珠一转，又有了主意，"石维耶急着请你出山，可见他手里案子棘手。你要在法租界振家兴业，乌龟爬门槛就看此一番了。"

"你的意思？"

"你就对石维耶说，你办案全仗底下的人多，这些人要吃饭，要开销，巡捕房也包不下，就让公董局准你在法租界开个戏馆，安顿底下人！"

"这个条件恐怕难办到！洋人的那套章程……"

"章程？"林桂生轻蔑地撇了撇小嘴，"这章程是死的，人可是活的。石维耶不答应，你就拆他的台！"

"好吧！"

第二天，黄金荣愁眉苦脸地走进天香楼，他边上楼，边思忖妻子开的价码太大，法国人如果不同意，此时机一失恐怕他要在上海滩闯世面就难上加难了。但是，推开门后，他还是权衡再三，一不做二不休把老婆列的要求说了出来。

不料，当黄金荣向石维耶提出条件后，石维耶倒十分爽快，拍一下黄金荣的肩膀："黄先生既是如此，请你等三天，我回上海向领事请示。"

三天后，回信来了。石维耶在信上写着："所有条件悉遵台命，务请克日动身，来沪接任新职。"

"天下竟有这么好的事！"

黄金荣收到信一看，高兴得跳了起来，心里佩服林桂生的心机。他立刻把徐福生喊来，嘱咐道："你去把老天宫戏馆盘掉，随后到上海找我，到了那儿，仍当你的‘三光码子’！”

徐福生也高兴得合不拢嘴，连声谢道。

“多谢黄先生！多谢黄先生！”

“不必客气，快去吧！”

“是！”

随后，黄金荣与妻子林桂生草草收拾了行李，搭火车回到了上海。

凭着黄金荣与法捕房的一纸协议，他先在郑家木桥开了一个老共舞台。随后，黄金荣巧寻暗访，终于抓出绑票的端倪，把这起绑票案给破了。

上海法租界公董局，下设警务、工程、税捐三处，救火会与卫生局各一处。警务处在卢家湾，老上海称它是“卢家湾老行”。这是法租界的7个巡捕房之一。其余在大自鸣钟、嵩山路、喜钟路、贝当路、徐家汇等处又设了6个巡捕房，其中大自鸣钟巡捕房为最大。

黄金荣破案后就在大自鸣钟巡捕房里当差。但是，这时黄金荣做“包打听”就特别多了。他不穿制服，不戴手枪、手铐，也不到捕房办公。每天早晨9点多钟起床，盥洗完毕便上法大马路的聚宝楼吃茶。他每天去固定位子一坐，就有不少人问候，交换情报，打听消息，再加上“三光码子”徐福生得力，居然又破了不少案子。

对于黄金荣的许多经历，马祥生也只是略知一二。在路上，他着重给杜月笙讲了黄金荣破案营救法国神甫被绑架的故事。

姚主教原是法国天主教神甫，与法国驻沪领事、法捕房总巡等关系密切，在上海法租界有后操纵的实力。他为了开辟传教基地，一天亲自由上海乘火车，还带着几箱银洋，准备到天津去开办教堂。当火车行驶到山东临城时，遭到军阀张宗昌部队拦车抢劫，把他绑架到临城乡下看管起来，准备勒索一笔巨款，方准赎回“肉票”。

事件发生后，轰动国内外，法国驻沪领事限令法捕房火速破案，将姚主教营救出来。捕房动员所有的侦缉人员四处打听、搜索，都没得到任何消息，只得采取高价悬赏的办法，凡知道姚主教下落通风报信的，赏银洋3000

元，如能救到姚主教的，赏洋10000元。

黄金荣在老婆的指使下，又抓住了这个升官发财的时机。

接受破案任务后，他一面到城隍庙烧香拜佛，要城隍保佑使他获得线索，如能破案整修大殿，重塑城隍金像。另一方面，唆使喽啰们千方百计寻找线索，去破案立功。

说来凑巧，这个绑架巨案，黄金荣却从一个到上海来的山东人被扒去100元钱的案子里获得侦破线索。在山东临城地方有个名叫韩荣浦的人，他是吴佩孚部下的副官，从临城乘火车到上海来买东西，火车到了上海，他从拥挤的人丛中走到车站附近的旅馆登记住宿时，发现装在肚兜里的100元钱不翼而飞。

韩荣浦沮丧万分，想起有个姓隋的同乡在法租界巡捕房当巡捕，于是，抱着一线希望到法捕房去寻找姓隋的巡捕。姓隋的巡捕听了他的经过后替他报了失窃案，并介绍他和黄金荣见面。

这真是城隍有灵性，黄金荣立即向韩荣浦打听上海火车开往天津前被拦车抢劫和法国神甫被绑架的事件。由于韩荣浦是吴佩孚手下的副官，熟悉行伍中的事，而且吴佩孚的部队和张宗昌的部队都驻在天津附近，双方所干的坏事，互有所闻，于是，韩荣浦又把听到的关于姚主教的消息告诉黄金荣。

有了线索，黄金荣大为高兴，立即付给韩荣浦150块钱，要他回到临城去详细打听“肉票”藏在什么地方，一有下落赶快到上海来报信，再给500元赏金。如果破案，更有重赏。

黄金荣的慷慨解囊，打动了韩荣浦的心。

果然，韩荣浦回到临城之后，几天时间就同绑架姚主教的张宗昌部队取得联系，打听到姚主教被关押的地方。韩荣浦马上来到上海同黄金荣接头，商量赎票问题。黄金荣点子多，叫韩荣浦不必去找部队头头开价赎票，而是叫韩荣浦用重金买通看押姚主教的人员。

同时，黄金荣又与石总探长商量，先向捕房支领2000元，给韩荣浦500元，另交1000元叫韩荣浦立即去买通看守人员，并答应等黄金荣到达关押姚主教地点时，再付2000元，要这些看守人员逃往外地。

最后，黄金荣又请人用法文写了一张纸条说："姚教主，受惊了。请放心，黄金荣会亲自来营救，请配合。"然后给韩荣浦带去，要看守交给他。

韩荣浦再度回到临城之后，黄金荣按照预定日期，亲自带领几十个便衣，化装成张宗昌部队的官兵，由上海乘火车到达临城。夜晚，他们赶到乡下把姚主教营救出来，安然返回上海。

黄金荣用釜底抽薪的办法，不去直接同张宗昌部队谈判，而只花了几千元买通少数看守人员，竟把姚主教营救出险，法捕房不得不对他刮目相看。这次营救成功，他的美梦成真，一下子升上了天堂。

时来运转，原来，法捕房中重要职务都由法国人担任，这时破天荒地提升黄金荣为督察长，还专派了八个安南巡捕（越南人）保护他的安全。黄金荣带着这八个安南巡捕进进出出，权势越来越大，名气越来越响，成为上海滩上最有名、最有力量的"大亨"。

1917年7月，黄金荣与法捕房西探阿尔泰希一起辅助护军使署办理重要事宜，颇为出力。经过淞沪军使卢永祥呈请北洋政府，被聘为护军使衙门上校督察。以后又被法国东亚全权大臣安南总督聘为高等顾问，三次被授金银质宝章。手里有了钱，黄金荣买下了老北门民国路同孚里一整条的弄堂房子，而赫赫有名的黄公馆就在这里……

听完马祥生对黄金荣从头至尾的一番介绍，杜月笙不由得打了个寒噤，他对马祥生说："黄老板从一个白相人到成为大亨，其经历真是不寻常啊！"

"月笙，我说你呀，凡事要多动动脑筋啊！"马祥生虽然也还是个黄府打杂的，但是在杜月笙面前口气却大不一样，"你好好干，也可以可像黄老板那样出人头地呀！"

"做人当然要做像黄老板那样的大亨。可是，我这样的小人物，对黄公馆这块招牌，简直望尘莫及呀！"

"月笙，如果你有意，你就想办法先进入黄公馆，看事行事，能攀几个靠山。那就好了！"杜月笙把他的话记在了心中。

事后，杜月笙曾不止一次路过民国路，每当他走过弄堂口，总是远远地看上两眼，他也很羡慕在同孚里进进出出的人群。但像黄金荣这样的大亨，岂能是他所攀附的！而马祥生也只是带着他在黄公馆附近看了看，并没有带他进去，因为马祥生还没有这个权力。

第九回

黄贵人引荐入公馆　两大佬初识赌桌旁

自从上次马祥生给他讲了黄金荣的传奇故事后，杜月笙曾不知几次走过弄堂门口，他总是远远地探望两眼，从来不敢越雷池一步，他曾眺望同孚里附近人来车往，门庭如市。而那些进进出出的人，谁不是挺胸凸肚，趾高气扬，他们席暖履丰，出手阔绰，平时生活至少吃的是油，穿的是绸。

正所谓“鸟择木而栖，人择主而仕，”人们一直相信“爱拼才会赢”，但偏偏有些人是拼了也不见得赢，关键可能在于缺少贵人相助。在攀向事业高峰的过程中，贵人相助往往是不可缺少的一环，有了贵人，不仅能替你加分，还能加大你成功的筹码。而杜月笙便是一个会用心去琢磨的人，他察言观色，时刻渴望着贵人的提携。

他深知在上海滩上混拥有一个牢固靠山的是多么的重要，所以，当他每次走过同孚里的时候，他是多么希望传说中的黄金荣能够在此刻恰巧出门碰到他。

现在，黄振亿愿意把杜月笙引荐给黄金荣。杜月笙按捺不住自己激动的心情，他向黄振亿笑了笑，说："好啊！你行吗？"

由于黄振亿事先已在黄金荣面前提过这件事，现在为了表示自己在黄老板跟前吃得开，有资格荐人，当他听到杜月笙有意追随黄老板，开开眼界，见见世面时，顿时便拍拍胸脯，他大模大样地说："要么，你现在就去收拾行李，我马上带你一道去。"

杜月笙一听，就晓得黄振亿有把握，他大喜过望，连声道谢，和他约好了见面的时间地点。

黄振亿转身一走，他立刻欢呼雀跃起来，一路跑回十六铺，向埋头清洗水果的袁珊宝说："你进来，我有事情告诉你。"

放下手头的工作，袁珊宝跟着他走进了小房间，杜月笙反手把门一关，拉袁珊宝同在床沿坐下，然后一五一十，将刚才遇见黄振亿的一幕，说了个一字不漏。

"这真是再好不过的事情，"袁珊宝替好朋友高兴，笑逐颜开地说，"黄老板那边场面大，来往的都是体面人物，月笙哥，你这次算是一步登天了。"

"就怕——"杜月笙仍还揣着心事，"黄振亿不过说说罢了，他没有这么大的面子。"

"黄振亿是爷叔，通字辈的前人，"袁珊宝点醒他说，"他不会在我们小辈跟前开玩笑，何况，他一直都是热心而老实的，他何苦跟你寻这种开心？"

细想想，袁珊宝的话确实不错，倘若没有因头，黄振亿绝不会主动提起这个建议，而且把话说得那么明朗。反正，究竟进不进得了黄公馆，三五个钟头就见分晓了。于是袁珊宝帮他收拾行李。一床被窝，几件换洗衣服，一些毛巾牙刷，没有一件是新的，或者是比较像样些的，包了包就行了。手里拎着简单的行李，袁珊宝送他到街口。

两人分手时，杜月笙特地停下来，郑重其事地向袁珊宝说："我这次进黄公馆，不管老板叫我做啥，我必定尽心尽力，把事体做好。所以，或许有一段时间，我不能出来探望你。"

"我们各人做各人的事，"袁珊宝欣然地鼓励他说，"等你有空的时候我们再碰头。"

和黄振亿在约定地点见了面，两人略谈数句，便往同孚里走。当他们来到黄公馆时，已是下午四五点钟左右。天气晴朗，杜月笙一路上直感到心情欢畅，喜气洋洋。沿途黄振亿在和他说话，他嗯嗯呵呵，一个字也不曾听进耳朵。

但是，眼看着同孚里的弄堂总门在望，他的一颗心便逐渐往下沉，突然之间又紧张起来了，越紧张便越着急，他只好硬着头皮，像木偶似的机械地跟在黄振亿的背后，向黄公馆走去。等下见到了黄老板，十中有九，必定是一个字都说不出口。

一进同孚里的总门，迎面是弄堂口。过街楼下，一边一条红漆长板凳，凳上坐着五六名彪形大汉，一色黑香云纱褂裤，微微地掀起袖口，对襟纽扣，板带宽厚，一个个虎背熊腰，目光闪闪，像煞戏台上的武生。黄振亿跟他们很亲热地打招呼，那班人却皮笑肉不笑，嗯嗯啊啊，意思仿佛在说："好啦，好啦，你们进去吧！"

穿出过街楼，头顶上又显露出天光，黄振亿跟杜月笙咬个耳朵："他们都是黄老板的保镖，在弄堂口随时等候差遣的。一声老板要出去，他们统统跟着走。"

这时，杜月笙却想："到黄公馆，至少这碗保镖饭我吃不上，看人家的胳臂有多粗，身胚有多壮！"

走进黄公馆的那座大门，门廊下，天井里，来来往往，到处是人。黄振亿不停地打招呼，有时候又叫杜月笙站住他喊谁一声。杜月笙本来就很紧张，此刻更加迷迷糊糊，头昏脑胀。从大门口到客厅，一路上碰见过几个人，黄振亿又教他如何称呼他们，俨然是个大长辈了。

黄公馆的客厅是中西合璧的布置，百彩粉陈，红木炕几垫着大红呢毡，紫檀木的八仙桌与靠背椅上盖着鱼虫花卉的图案，湘乡围披，波斯地毯上放着紫红丝绒沙发。四面墙壁层层叠叠地挂满了名家字画，楹联立轴，王石谷的大幅山水和西洋裸女横陈图，洋文的奖状高悬在何绍基的屏条之上，正当中是一幅关公读春秋图的彩色民画，真人大小，栩栩如生。

两旁是一副泥金绣字长联："赤面秉赤心，骑赤兔追风，驰驱时无忘赤帝。青灯照青史，仗青龙偃月，隐微处不愧青天。"

"黄老板，"黄振亿领在前头，走到一张几个人正在打牌的方桌前面，大声说道，"我介绍一个小团给你。"

"啊！"一位方头大耳，嘴巴阔长的矮胖子应一声，转过脸来，目光越过黄振亿的肩头，落在杜月笙的脸上："蛮好。"

心里一块石头落了地，听起来，黄老板大概是接受他了。杜月笙一笃定，脸上自然而然地流露出笑容。

"你叫什么名字？"黄金荣和颜悦色过望着他问。

起先还怕自己一句话也说不出来，如今眼见鼎鼎大名的黄老板这么和蔼亲切，杜月笙的胆量陡然壮了十倍，他一开口便声清气朗，语惊四座："小姓杜，木土杜。名月生，月亮的月，学生子的生。"

月生是杜月笙的乳名，也是他发达以前所用的名字，因为他出生于农历七月十五日中元节，月圆之夜，他父亲便为他取名"月生"。后来他发迹了，平步青云，一些文士墨客为他另题雅号，于是在"生"字上加竹字头，取周礼大司乐疏：东方之乐谓"笙"，笙者生也。从此改称"月笙"。

杜月笙在黄金荣面前通名报姓，黄金荣一听，当即嘀嘀大笑，他笑着向在座几位客人说："真是奇怪，来帮我忙的这般小朋友，怎么各个都叫什么生的？苏州有个徐福生，帮我开老天宫剧院，前面有个金廷荪、顾掌生，厨房间里有个常州人马祥生……"

黄金荣所说的，便是日后惊天动地、四海闻名的"黄老板左右的八个生"，包括各个都是沪上闻人的杜月笙、金廷荪、徐福生、吴榕生、马祥生、顾掌生等。

主客谈笑风生，一室盎然，杜月笙神态自若，心中有说不出的喜欢，无意间往桌子上一望，他眼睛都瞪圆了："咦，像黄老板这种大人物，怎么也和自己一样，公然在赌挖花纸牌呢！"

其实这是杜月笙一时看走了眼，黄金荣和他的三位贵宾，玩的不是挖花，而是"铜旂"。铜旂也是纸牌的一种，和"挖花"约略仿佛，只不过少了一副"五魁"。玩"铜旂"是黄金荣毕生惟一的嗜好，五六十年来乐此不疲，几乎一日不可无此游戏。

在牌桌边谈话，黄金荣随和轻松，使杜月笙如沐春风，他仿佛有一种力量，能够令人在不知不觉中跟他接近，认为他是可以肝胆相照、推心置腹的朋友。

趁黄金荣顾着玩牌，杜月笙细细打量这位大老板，他大概要比自己矮半个头，肩胛块头并不太大，因此显得他那颗胖大的头颅和他的身份颇不相称。不过他却有一张正田字脸，四四方方，给人天庭饱满、地角方圆的印象，他两颊多肉，嘴润唇厚，在他那张紫膛脸上隐约可见一块麻皮，这便是他绰号"麻皮金荣"的由来。

同时，他有一对大眼睛，睁开眼睛时，目光炯炯，可以看穿别人的五脏六俯似的，但是，他威而不凌，严而不厉。他穿长袍、布鞋、白布袜，不管情绪喜怒哀乐，一开口便先冲出一句："触那娘！"

黄振亿怕打扰黄老板的赌兴，坐了一会儿便起身告辞，这时，黄老板唇角挂着微笑，眼睛望着杜月笙，开门见山地问："马祥生，你总认得的啰？"

黄老板这一说，杜月笙心中懔然一惊，连忙应了声是。

"你去寻他。"黄金荣随和地一挥手，"你就跟他一道住吧！"

杜月笙跟着黄振亿走着走着，忽然想起自己来时手里拎的行李不知丢到哪里去了。是遗失在天井里了，还是忘在客厅里了？他回头望了一眼，没有见着，他心里很着急但没说出来，怕给黄振亿添麻烦，也怕刚来就闹出笑话。

杜月笙送黄振亿出了门，再三向他道谢告别。

这时，马祥生来了。杜月笙正要和这位同参兄弟打招呼，马祥生却莫名其妙地望着他——原来，他们刚才在天井里就见过面了，而且他的行李也是马祥生顺手接过来，替他放到马祥生小屋里的另一张床上了。没想到，杜月笙却太紧张，把刚才的事给忘了。

第十回

黄探长生财有套路　杜小徒暗察识真容

一个聪明的人永远懂得一个道理，那就是当自己羽翼未丰时一定要学会隐藏，只有在装糊涂的时候才容易把一切看的真真切切，才能把门道摸得清清楚楚。杜月笙这个最底层的小混混，很擅长伪装自己，否则就很难在江湖上立足。

进了黄公馆后的他，仿佛换了一个人，他沉默机警，事事留神，平时除了奉公差遣，经常足不出户。嫖赌两项，在很长一段时间里，他沾都不沾。他在时刻盘算着自己人生的目标。

杜月笙是个聪明透顶的人，他冷眼观察一切，上自黄金荣，下至一般听差，每个人的生活习惯，脾气性格，他都尽可能的揣摩测度，然后牢牢地记在心中，作为他应对接触的准绳。

一天，黄麻皮的手下将一担担的棉衣裤挑进了黄公馆，数量足有两三千套。

杜月笙不禁纳闷，又不是军队发制服，要这许多棉衣做什么?一会儿，又是箱箱的银角子抬进了门，略略估计也有两三千元。

在当时，两三千银元不是一个小数目，很像样的房子都可以买它三四幢了，杜月笙觉得不可思议，却又不敢开口打听。

转眼就到了腊月十五，满天朔风，寒入骨髓。黄金荣穿一件萝卜丝老羊皮袍玄狐坎肩，满面喜色地出了家门。身后，是四位紧随保镖和杜月笙，再后面是挑棉衣和抬银角子木箱子的人。

一到八仙桥，杜月笙不禁吓了一跳，一个大空坪里，密密挤挤站满了人，总数足有几千。一个个衣衫褴褛，满面菜色，原来尽是些叫化子，他们一见黄金荣一行的身影，立即欢声雷动，排好了队伍。

在一片欢天喜地的喊叫声中，堆积如山的棉衣和银角子都抬到黄金荣的身边，由十来个人分别发放。叫化子不分男女老幼，每人一套棉衣，四角洋钱。

杜月笙这才恍然大悟，原来是黄老板亲自监督，发放冬赈。可是，这一大笔钱，是从哪儿出的呢?他想了好久，终于忍不住了，拉住他的一个相好弟兄马祥生问道："这么多钱，都是从巡捕房里拿出来的?"

"不是，"马祥生摇摇头，"外国佬管你这种事，是黄老板自己掏的腰包。"

老板哪里来的那么多钱?这号手面，简直富可敌国！杜月笙觉得面前摆着一个急切需要解开的谜团。这个谜团，终于被杜月笙揭开了。

有一天，黄公馆里气氛顿变紧张，原来公馆里失窃了。被盗的是体积很小的两包东西，外面用皮纸严密包裹，打开是硬硬的一块，有点像团年糕。

装着"团年糕"的麻袋运到黄公馆来时，时间多半在月黑风高的深夜。只要是这种东西到了，黄公馆里的人，若没派定任务的，都不许跑出来看，更不准出门走动。

那天黄公馆里有一只麻袋，被人悄悄地打开了。黄金荣一发现，立即神色大变，赶紧叫人把“团年糕”倒出来点数，点数的结果使黄公馆上下人等全部为之大惊失色：“团年糕”少了两块。

“丢那娘!”黄金荣一声怒骂，眼里射出一股杀气。

这件事，把黄公馆弄得人人自危。好朋友都不敢讲私话，唯恐使人疑心，被误认为顺手牵羊的家贼。

沉闷紧张的空气持续了两三天。一天夜晚，杜月笙刚刚上床，马祥生大踏步走进灶披间，一边脱衣就寝，一边连声赞叹说：“嗨，我们的老板度量真大!”

“什么事?”杜月笙欠身而起，急急地问。

“那桩闹家贼的案子查出来了。老王的老兄来看他，小赤佬没见过世面，那天见财起意，乘着四周无人，打开了麻袋，偷了两块红土，他晓得从此不能在上海蹲了，一脚逃回家乡去，真是白白便宜了他，两块红土卖了几百只大洋，听说他已经在乡下买了房子成了家了。”

两块“红土”可以卖到几百块大洋，叫杜月笙目瞪口呆。不久，他弄明白了什么“团年糕”，那是从印度漂洋过海运来的鸦片。杜月笙突然醒悟了。黄金荣之所以能挥金如土，靠的就是走私鸦片。

“家贼”查出来以后，黄金荣笑了笑，说：“丢那娘，算了!”决定不给那个大胆的“家贼”予以追究。

可杜月笙却觉得其中有诈，黄老板的度量真有这么大吗?在黄老板的眼里，几百块大洋当然不算个什么，但是他丢得了钱却丢不了面子，他是法租界的捕快头目，连他自己家里都出了窃案，他能不声不响地放过那人吗?

果然，不久传来了一个消息，那个偷鸦片的小赤佬，回乡买了房子，娶了媳妇，过了不多久，就得病一命呜呼。

杜月笙心里明白：这是黄老板的手脚。从此，杜月笙遇事更加恪守分寸，心中的疑惑，对谁也不吐一字。但他从中总结出了两条，一是“要想富，贩烟土”；二是“下不了毒手干不成大事。”

第十一回

讨欢心独抱师母腿　为前程告密获赏识

杜月笙总是千方百计的寻找有利于自己的机会，所以他处事，眼观六路耳听八方。这一次杜月笙不但抓住了一个机会，还抓住了一个女人。这个女人对他日后的飞黄腾达起到了很大的作用，她就是林桂生。

几个月后，他终于发现掌握黄宅大权的不是黄金荣，而是他的老婆林桂生。老上海都知道，黄公馆虽然姓黄，但真正的主人却是林桂生。林桂生是黄金荣从别人手里抢来的“压寨夫人”。

这重大的发现使杜月笙明白，只有抱住师母的粗腿，讨得她的欢心，才能有重用迁升的希望。从此以后，他便在师母身上狠用功夫，从每一个生活细节做起，去讨她的欢心。

林桂生每顿饭后，杜月笙就送上削得滚圆雪白的梨子或苹果；林桂生抽鸦片，他就打出不大、不小、不长不圆的烟泡；林桂生搓麻将，他在一边出主意使眼色，递毛巾擦脸。甚至林桂生洗完脚，他也会抱着那小脚丫修趾甲、涂趾甲油……当然这些只能是在师父不在家的时候才能做。

日复一日，苍天不负苦心人，半年下来，杜月笙终于博得师母的欢心。林桂生觉得这条小光棍既忠心又灵活，开始外派差使，叫他去黄金荣开的

“共舞台”收盘子钱——戏馆里的前座和花楼包厢座位前，除香茗外还摆上果品，供观众享用，任你吃不吃都得付钱，而且价钱昂贵，这是一笔好收入，行话叫盘子钱。

接着，林桂生又派他到妓院去取月规钱，到赌场去“抱台脚”。

杜月笙收到这些钱款后，当即回黄宅，把款子如数上交师母，一分不差。经过一段时间的考验，林桂生把他视为心腹，把自己的私房钱由他去放“印子”——高利贷，并让他参加“抢土”的班子。

有一次，黄金荣把探得的消息告诉林桂生：有个南京大客商从租界买了5000两印度大土，分装10大包，打算由龙华周家渡上船，从黄浦江水路偷运到嘉兴去。

林桂生立即派人出动去抢烟土。当然，杜月笙也在内。

这是一个伸手不见五指的黑夜，徐家汇一带没有行人。一辆马车急驶而来，马蹄在石子路上发出“得、得、得”的响声。马车转弯，来到漕河泾，离周家渡几百米的地方，几根烂木头交叉横在路当中。

马车夫骂了一句“操娘的”，正要招呼座厢里的人出来搬开，话音刚落，只听“呼啦”一声，车夫脖子套进了一只绳圈，随即一拉，把他拖下车来。车厢里的人正要动作，几支手枪与匕首，对准了他们。

套绳圈的是杜月笙。他当年跟在“套签子福生”后面“抛顶宫”——抢别人的帽子，学了一手甩帽子的功夫。这功夫与甩绳圈相通，他一练就会，一会便精，现在终于用上了派场。

这次劫土的头头是一个叫做“歪脖子阿广”的头子。歪脖子阿广同手下人七手八脚地把四个押送大汉和车夫绑起来，然后从车上翻滚下几口酒坛子，一一敲碎，扒出包包烟土，各人用麻袋一装，扛上肩膀，一声唿哨，逃之夭夭。

半小时后，他们在徐家汇一间小屋里聚齐，一点烟土数目，竟多了两包。

阿广眼珠子一转，从袜筒里拔出匕首，把两包烟土切成八块，让每人拿一份。杜月笙呆在一边不敢去拿，歪脖子发狠道：“老板、老板娘要我们抢的是10包，这两包外快，弟兄们辛苦，分点香香手。‘莱阳梨’你怕什么，拿着！”

歪脖子阿广边说边把剩下的一块烟土，用纸包了包，往杜月笙手里一塞，接着又说：“我办事公平合理，每人一份。要是有人去师父那里打小报告，老子就再赏他个‘三刀六洞’。”

当抢土的一班人马回到黄公馆，林桂生已叫人在厨房里摆好酒菜点心，她自己端坐一张餐桌前等候着。

然后，林桂生让大家将麻袋里的烟土取出，一包包放在桌上，让她点数、过目。她十分满意，一面招呼大家坐下吃喝，一面挑出一包烟土打开纸包，叫杜月笙切成几份。她向几块烟土呶呶嘴，说：“这趟买卖干得漂亮，每人拿一份吧。阿广双份，吃完了休息。——月笙，把货送到我房里去。”

说完，她上楼去了。

林桂生住二楼，她的房间，除贴身使女以外，只有杜月笙可以进去。杜月笙将烟土搬进房里，锁入大铁箱后，走到林桂生面前，从怀里掏出两包烟土，双手呈给林桂生，随即把徐家汇小屋里私分烟土的事情悄悄地说了一遍。

林桂生听了，柳眉倒竖，勃然大怒，一拍桌子，要传歪脖子问罪。杜月笙忙拱手相劝，而后又在她的耳朵边嘀咕了一阵子。林桂生点了点头，他才退出去回楼下吃喝如常。

第二天晚上，林桂生与黄金荣在大餐间里，周围站着金九龄、顾掌生、金廷荪、马祥生等几个徒弟。

黄金荣一抬下巴：“叫歪脖子。”

顾掌生跑到门口一招手，候在门外的歪脖子阿广踅了进来。林桂生看门外还站着四五个人，便发话道：“让他们也进来吧！”

以歪脖子阿广为首的六个人，低头垂手恭敬地立在黄金荣夫妇面前。

黄金荣虎起麻脸，说：“歪脖子，你这欺师骗祖的杀坯，在老子跟前掉花枪！原来我只晓得10包烟土，可是上午巡捕房报案有12包。你也真会钻空子，手脚做到我的头上来，活得不耐烦了吧?”

歪脖子阿广扑通一声跪下，浑身发抖。

“砰”地一声响，黄金荣一巴掌拍在茶几上，吼道：“家有家法，帮有帮规。拖出去宰了!”

其余五个人也一齐跪下求饶。歪脖子阿广慌了手脚，爬到林桂生跟前拖住她双腿喊：“救命啊！奴才下次不敢了。”

静坐一旁冷眼观看的林桂生这才开始盘问：“这两包烟土，你独吞了呢，还是私分了?”

“分给他们每人一份，我独得三份。”

“这主意是你出的还是别人?”

“是我一时鬼迷心窍。我对不起师父。”

林桂生鼻孔里冷笑一声：“歪脖子，你不配当光棍。念你跟师父多年，放你一马，免了三刀六洞。你走吧！一人做事一人当，你们都起来。”

跪着的人谢过师母恩典后起来，歪脖子向黄金荣夫妇叩过头，灰溜溜地走了。

大餐间死一般沉寂，谁也不说话。这时，黄金荣猛吸了几口吕宋雪茄，喉结一动咽下肚去。

过了一会儿，从鼻孔里长长地呼出两道青烟，然后缓缓地说：“以后由顾掌生主管这些事。”

“好的，让月笙帮着干吧!”林桂生马上跟着建议。

黄金荣看了看杜月笙，说：“好。月笙还是挺能干的。对了，歪脖子那婊子养的，要不是你师母菩萨心肠，我早就剁了他。现在死罪饶过了他，活刑可不能免的。月笙，你去一趟，取下他的一个手指来。”

“这个……”

“怎么下不了手，不敢去?”

“不是。我是想，这个婊子养的歪脖子肯定已逃出上海滩了。”杜月笙一看黄金荣板起脸，立即改口。

“这赤佬是江苏青浦人，现在末班车早开走了，航船要等到明天。他一时还跑不掉，你给我马上去。”说着，黄金荣从角落里摸出一把短柄利斧，递给徒弟，“就用这个。要不要带几个人去?”

“师父放心，不用带人，我一定能办好。”

杜月笙接过斧子，转身放入一只蒲包里，披了一件夹袄，匆匆走了。

第十二回

笑里刀义气换手指　事办成征服女人心

夜色苍茫，秋风萧瑟，寒气袭人。杜月笙打了个寒噤，接着来了个喷嚏。他拐进一家熟食店买了那小桌上摆着的熟菜肴，又去买了两瓶高粱烧酒，一并放进蒲包里，来到歪脖子的那间江边滚地龙小屋。

歪脖子阿广正躺在床上唉声叹气，地上满是老刀牌香烟烟蒂头。他一见杜月笙推门进来，霍地一下从床上跳下来，头上直冒冷汗。他知道情况不妙。

进门后，杜月笙先把熟食打开摊在小桌上，再捞出一瓶白酒，而后拨亮油灯。

阿广呆在一边看着，等杜月笙在一条板凳上坐下以后，他才去门外张望了一会儿。没有别的随从，只有杜月笙一人。他放了心，闩上门，搬条板凳在杜月笙对面坐下。

于是，两人相对，喝起闷酒来。

几杯白干落肚，双方的眼珠子都布上了红筋。杜月笙知道火候到了，就从腰间摸出白花花的八块银圆，放到猪舌头边上，说："我们两个师兄弟一场，今天你落难，小弟没有什么好相送的，这几块大洋送给大哥做盘缠……"说到后来，声音呜咽起来。

"这不行……怎么好意思啊……"阿广也动了情。

"兄弟我，一时也拿不出多少钱。我们两个兄弟一场，你不会嫌太少吧？你收下来路上买碗酒喝。"说着，用左手背把一摞大洋推到阿广面前。

歪脖子感动极了，半晌说不出话来。

"月笙老弟，师父、师母待你不薄，好好干，前途无量。将来自立门户时，让我再来讨口饭吃。"

"唉，别说了！我也是泥菩萨过河，自身难保哇！今天是你，明天说不定就是我了。"

"怎么，兄弟也遇到难题了？"

青年杜月笙

"我……算了，不说……我们喝酒吧！"杜月笙端起面前的满盏烧酒送到唇边，一仰脖子咕嘟咕嘟全都灌了下去，放下酒盏，他双手扭下一只鸭腿低着头啃起来。

阿广纳闷了。这水果月笙平时是相当爽快的，快言快语，从不含含糊糊，这样吞吞吐吐，内中必有缘故。

"兄弟，你要把我阿广当自己人，有何难处，只要我阿广能办到的，绝无半点推托。"

"阿广哥，你留个家乡地址给我吧。你是知道的，我没有什么亲人。说不定，过几天我要逃到你那里去……"

"怎么，你犯事了？"

"好吧，我就直说了吧。本来，我喝完这碗酒后，是要和你告别的，现在，你一定要我讲，我只好从命！"

"快说吧，我阿广为你解难。"

"不瞒你说，一个时辰以前，师父硬要我来取你的一截手指，说帮内规矩不可坏，还亲手交给我一把斧头。"一口气说完，他眼睛朝角落的蒲包斜了斜。

"原来是为我……"

"阿广哥，我在路上就想定当了。你走你的路，这里的事体我担当。大不了卷起铺盖另寻码头。"说完，杜月笙提起蒲包，从中取出另一瓶烧酒，递给阿广，"这瓶酒你带着路上吃。"

歪脖子却不去接酒，而向前抢上一步，抓过蒲包，掏出那柄寒光闪闪的利斧，说："兄弟，你是够哥们儿的，我也绝不让你为难。师母说我不配做光棍，可我自个儿觉得是条光棍。"

阿广转身，左手叉开三指，撮起一盏浇酒，咕咕咕灌了下去，一转身凑在桌角上，咬住牙，提起利斧喀嚓一声，斩下一截无名指来。

"你！"杜月笙忙过去阻止，已来不及了。

阿广左手紧攥成拳头，右手一扬，把斧子扔在地下，显出英雄气概，眼珠子转向桌角上那根血淋淋的手指："拿去交差吧！"

"保重！"

"后会有期。"

"回家后，遇到为难之事，就来找我。"歪脖子阿广点点头。

杜月笙狡诈无比。他先是背后靠阿广的密，而后又用假情义相信使对方相信他是友好的，善意的，因此对他不做任何防备，这是表面友善而暗藏杀机的一种谋略。这也证明了一点：世界上最让人害怕的人不是拿着刀枪的狠人，而是手里拿着刀枪，脸上还面带笑容的好人。

杜月笙取回歪脖子无名指后，回到林桂生那交差时，并未讲述办事的经过，他好像若无其事，更无居功而洋洋得意的样子。此时的林桂生却是眉飞色舞，她满意自己的眼力没错看人，而且，更相信杜月笙的将来前途无量，甚至会超越自己的丈夫黄金荣。但她没有要替丈夫除去这个隐患，反而暗自高兴。这究竟是为什么呢？

想到这，林桂生心头一热说："月笙，你跟我到楼上去一趟。"

两个小时过去了。杜月笙像一个征服者那样从楼上下来，虽然他仍然在众人面前谦让谨慎。但他相信自己，总有一天要凌驾于这些人之上。这两个小时使他知道，自己没有什么不能得到的东西。哪怕是最不可能的东西，也是一样，一定能够得到。

第十三回

出奇招一箭射三雕　杜红人摆平麻烦事

就在杜月笙夺回鸦片之后的一星期，上海法租界接连爆出了几件抢烟土大案。各帮烟商与流氓连连火并。劫“土”的流氓一经得手便逃遁无踪。有的说是一批英租界的帮头，有的传闻是十六铺的黑道朋友，众说纷纭，搞得总探长黄金荣束手无策。黄金荣极为苦恼，生怕这会砸了他的金字牌子。

这天，黄金荣受了法捕房的训斥，回家后，对谁也看不顺眼，无缘无故地对着佣人大发脾气，骂这个是“饭桶”，骂那个是“混蛋”。一时把黄公馆闹得鸡犬不宁。

林桂生见乱了家政，也不客气地顶撞起老公来：“你今天怎么啦？什么事犯了你？在家里耍威风？”

“我心里烦死了！”见了老婆，黄金荣却一下子软了起来。

“怎么回事，你说说，我听听！”

“‘西探1号’又要换人了。法租界闹抢大烟，捕房限我半个月里摆平这件事情。”

“有办法吗？”

“能有什么办法？我根本抓不到一个人。”

林桂生闻听抢大烟，不由想起前几天半夜偷烟土的事来。

一天，大概是晚上八九点钟时候，有人气急败坏地从外面跑来，报告林桂生，说是有一宗货，装在一只大麻包里，已经得手，交给某人雇黄包车拖到黄公馆来了。

谁知断后的人都到了，问外面守门的，运货的人却不曾到，可能是出了什么岔子，请桂生姐快些派人去查。林桂生一听，勃然大怒。

黄金荣已经出去了，黄公馆里的保镖们都不在场。这是动家伙、拼性命的差使，一般在家打杂做工的都面面相觑，不说一句话。一时找不到人，林桂生担心出大事，急得像热锅上的蚂蚁团团转。

后来还是杜月笙主动请缨，找回了烟土。

烟土虽追回，但毕竟丢了黄总探的面子，因此，林桂生严令府上人一律不准在黄金荣面前说起这件事情，现在，她想难道这偷"土"贼与抢烟风有牵连？想到这儿，林桂生后悔自己心太软，放了人，也断了眼线。

"你手底下的'三光码子'都是干什么吃的，福生呢？"

"敢抢大烟的，不是小贼，有人，有枪，背后也有靠山，'三光码子'有个屁用？"

林桂生眼珠一转，若有所思地说："我保荐一个人给你怎么样？"

"谁？"

林桂生脱口而出："杜月笙！"

林桂生推荐杜月笙，并非因为他有把握破案，而有着另一番意图，一来杜月笙头脑灵活，也许会爆出冷门，给老板提供线索；二来她有意捧杜月笙出道，得让他在黄老板跟前显显本事。所以，她推举出了杜月笙。

杜月笙则欣然受命。杜月笙在十六铺码头混过，首先派人找到了青帮"悟"字辈的同门兄弟，当年高高在他之上的"小八股党"四大金刚之一的顾嘉棠做了他的眼线，通过他杜月笙一下子就把抢烟土案件的内幕搞得一清二楚。

原来，自上海开埠以来，鸦片是英、法商人的重要买卖。只因上海是外国人的租界，非中国政府所能及，于是，烟土商们便将上海作为最大的转运站。鸦片烟由远洋轮自吴淞口运来，烟商们为避开军营与关卡，就在吴淞口将鸦片装入麻袋，抛入水里。

随着退潮，河水倒灌，顺水势退入黄浦江。然后，烟商们雇人用舢板小船捞取货物，或者让预先埋伏在岸边的人用竹竿挠钩拖上岸来。

一些流氓侦悉了烟商们接货的秘密，也如法炮制，先驾着舢板截运鸦片麻袋，用挠钩抢烟土。这是水上行动，江湖上的暗语，叫做“挠钩”。

在陆路，当烟商接货后，都在十六铺向西不远的新开河一带库房入栈。由于这是英、法、华三界接境的地带，各巡捕房都不相干，极便于隐蔽。

烟商运货，将鸦片分装在煤油箱里以障人耳目。烟栈运进运出也不惹人眼，抢烟者预先布下眼线，只等煤油箱进栈，便大模大样地架着马车开进入了烟栈，车里藏的是一批大木头箱子。待无人察觉，盗贼便迅速将木箱套在煤油箱上，偷天换日，搬上马车堂而皇之地溜之大吉，这一方法叫做“套箱”。

个别流氓势单力薄，便拦路打劫单身烟客，以打闷棍、谋财害命来抢鸦片烟的，这在江湖上称之为“硬爬”。

做抢烟土勾当的，是横行一时的“小八股党”。“大八股党”纵横英租界，“小八股党”独霸法租界。

杜月笙从同参兄弟那里得知了抢烟土的来龙去脉，非常高兴，马上找到黄金荣、林桂生进言道：“依月笙的想法，要平息抢烟风潮，先得摆平‘八股党’。”

杜月笙说话声音不大却显得十分老练。这时，没等黄金荣开口，林桂生急着问：“怎么个摆法？杀他几个头领？”

“不，给他们些甜头，这事就好办多了！”

要出钱，就等于破财，黄金荣却有些不愿意，不耐烦地问：“什么甜头？”

杜月笙伸出一根指头：“抽一成提运费做脚钱，条件是由我们统一安排押货。”

黄金荣一听，脸色十分冷淡，冷冰冰地说道：“这个价太高了！”

林桂生也有些着急了：“犯不着自掏腰包啊！”

杜月笙却笑嘻嘻地说：“区区一成提运费，可以振黄门的威势，何乐而不为呢？”

一听杜月笙还说什么“何乐而不为”，黄金荣更加有些生气了，他眼睛一闭：“这怎么说？”

“让‘八股党’改抢烟土为押货，就等于把他们组成了一支黄门别动队，由他们押送烟土，土商们每次出一部分钱作为保护费，由我们收取。别动队也长期护土，定期分钱。这样，一则平息了抢烟之风，交了法捕房的差；二则我们用押货名义给烟商保镖，按利抽税，这一成提运费岂不是羊毛出在羊身上嘛；再则以后不再发生刑事案，而土商也会感激不尽。平安无事，外国人也会感觉很好。”

“不错！”黄金荣终于露出了一丝微笑。

杜月笙接着说：“再说，‘八股党’为总探长押差，算捧上了铁饭碗，犯不上铤而走险，日子一长，便死心塌地为黄门做事。这支提运队可收为总探长的班底。黄府总不能单靠几个‘三光码子’们来撑您的场面吧？”

黄金荣、林桂生听了他的话，高兴得手舞足蹈：“好主意，好主意！真是一箭三雕，”随即，黄金荣站起身，使劲拍拍杜月笙肩膀：“好，这事就委你去办。”

“月笙，老板对你信任，你可要好好干才对。”林桂生插话说。

“是，承蒙黄老板与师母栽培，月笙一定效犬马之劳。”

计谋贵在高，策略贵在远。能看到别人不能看到的，思谋别人所不能思谋的，推算别人所不能推算的，这才是用心在算，用脑在谋。心计更是一种谋略，一种很高的生存技能。杜月笙一箭三雕的计谋，既给黄金荣解决了难题，挣足了面子；而自己不掏一分钱，又让“八股党”为黄门死心塌地地做事，同时又挣满了林桂生的腰包，杜月笙在黄公馆的地位自然也开始水涨船高。

经过杜月笙“合纵连横”，巧妙周旋，再加上顾嘉棠穿针引线，很快就招抚摆平了横行无忌的“小八股党”。

这样息事宁人，巧解冤家，法租界的情势很快就扭转了过来，一些小伙的流氓帮派也划清了势力范围，互不侵犯，一度混乱的法租界安定了许多，竟然“太平”起来了。

鸦片商们见黄金荣如此有本事，竟能摆平黑社会的众帮会头子们，于是纷纷请他承镖。

林桂生一见形势不错，乘机双管齐下，搭了一份干股，兼贩鸦片。于是乎，一袋袋鸦片源源不断地运进了黄公馆。

第十四回

醉卧酥床翻云覆雨　赌场受辱仗势撑腰

想要抓住一个人的心，你必须懂得付出。杜月笙深知这其中的道理，而且他做的更出色。杜月笙征服女人从来不是靠简单的付出“体力”，他还付出了一定的“脑力”，一定的智慧，让女人为己所用的最好办法，就是先要己为她用。在杜月笙心里，“预先取之必先与之”已经成为了他最有效的获利武器。

春风得意时的黄金荣(图中左二)

一天，林桂生将杜月笙唤来，郑重其事地告诉他：“月笙啊，从今天起，我让你放单档，到外面去闯闯世面。”

“这是真的吗？师母？”

“是真的，我和老板商量过了。”

杜月笙受宠若惊起来，他晓得，这是老板娘抬举他出道。

“多谢师母！”杜月笙心里比吃了蜜还要甜。

“不用谢。你去找‘公兴记’老板，就说我差你的，要他拨一个赌台给你照看，也吃份儿真正的俸禄！”

在黄公馆当差都是不挣薪水的，借着黄总探的招牌满可以在上海滩混了。杜月笙获得林桂生的信任，吃上一份俸禄，这已属破格，更何况是看赌台的差使？

大上海的赌场无一不是找些租界会董事局之类的撑腰，有此背景，巡捕房可以明里暗里保护，一般流氓不敢讹诈捣乱。当然，请要人照看台子得抽九成红利，底下人的“俸禄”也自然可观了。更有甚者，在大赌场露面的都是些阔佬、显官，踏进那地方，无疑是反映了高身份。

“公兴记”是法租界闻名的三大赌场之一。这里整天车水马龙，门庭若市。杜月笙每次走过它的门口，总是不胜羡慕地往里面张望。没料到林桂生派他到那里去吃俸禄，怎能不叫他欣喜若狂呢?

杜月笙简直不相信自己的耳朵，他张着大嘴，愣愣地望着林桂生："师母，我，行吗?"

林桂生笑眯眯地把他往怀里一拉，然后点着头："怕什么呀，胆子大些!"

杜月笙不知如何感激才好，他顺势抱紧老板娘，这时林桂生的嘴巴已经贴过来了，杜月笙一口咬住她的上下嘴唇，把舌头抵上去，风月场出身的林桂生随即呼吸急促起来。她不但任由杜月笙对自己"下手"，反而比杜月笙显得更加急切，就这样，俩人如天津卫的麻花缠纽在一起……

一番云雨过后，两个人已是累得在床上爬都爬不起来了，但是两人仍然勾肩搂腰，脚缠脚地睡在一起。

这样休息了几十分钟，急喘的气平静下来了，杜月笙一骨碌起来，穿上衣裤，林桂生也起来了，心情舒畅得很，转头对杜月笙说："怎么样？如果还有力气的话，就马上去'公兴记'看台子。"

杜月笙也正想着赶快啃了这块肥肉，马上告别师母，兴冲冲跑到华商总会，将来意告诉赌场老板。

不料，老板却给了他个橡皮钉子："伙计，空口无凭，我怎么一下子给你支薪?"

杜月笙"唰"地红了脸。他跑惯了小赌棚，从没踏进夜总会的门槛，好容易鼓起勇气闯进来，被老板一计闷棍，一腔胆气全都泄了。更可恼的是，他竟当众受此奚落。平日随机应变的杜月笙一下子变得笨拙起来。

他一转身，逃似的奔出了赌场。路上，在他耳朵边还嗡嗡地响着老板的嘲笑，一阵羞惭涌上了心头。他想：这次丢脸也连上了老板娘，还是少招惹是非为妙。回到家里，杜月笙只好闷不做声，就溜回自己的房间，蒙头而睡。

第二天，林桂生下楼来客厅吃茶，看见杜月笙未出门，觉得十分奇怪，便问："月笙，为什么不去'公兴记'？那边给你多少钱？"

"我，我身体不太舒服！"杜月笙支支吾吾答不上话来。

林桂生是一个精明人，她一眼便料到其中必有缘故。她沉下脸，问："说实话，在外面当差，不准丢黄门的脸面。"

杜月笙知晓躲不过去，便从实讲了一遍经过。

林桂生一听，"呼"地一拍八仙桌，跳了起来，厉声说："好啊，'公兴记'的老板竟敢不给我面子，我说的是空口无凭？我亲自带你去！"

林桂生带着杜月笙和一群护家保镖，杀气腾腾地冲进了"公兴记"。

赌场老板见林桂生突然驾临，丈二和尚摸不着头脑，见林桂生铁青着脸，一双眼睛射来阴冷的寒光，心里一下虚了许多，便知有事。再看她身后跟着的杜月笙，正是那天被他一句话打发走了的小伙子，不由得头皮发麻。

林桂生是出名的"白相人嫂嫂"，黄总探的内当家，谁敢得罪？

"啊哟！桂生姐光临，事先为啥不通知鄙人，这样，我也可以准备准备嘛！"老板见过世面，何等圆滑和机敏。他冲着底下听差喝道："还不端茶！桂生姐，嘿嘿，您，您请抽烟。"老板连说带做，要堵林桂生的嘴。

林桂生根本不理会这些，仿佛什么也没听见。她向身后的杜月笙招招手，示意他走上前，随后冷冰冰地问赌场老板："认得他吗？"

这时，老板意识到当时的玩笑开过头了，他赔笑说："桂生姐，抱歉，抱歉，这位伙计，鄙人不认识。误会，误会，实在是误会！你桂生姐关照的事，我怎敢不依从呢？"

林桂生叉着腰，哼了一声："你不是要凭据嘛，现在，凭据自个儿送上门来了！"

林桂生的声音不大，但在寂静的赌场里竟像响了一枚炸弹。那些赌牌九、摇转轮的赌客都瞪目结舌，发呆似地坐着，谁也不敢动一动。

赌场老板立即赔着笑脸说："鄙人怎敢劳您大驾。这位伙计吃份长生俸禄，月支50块大洋。夫人，你看这样行吗？"

以前看台子的都是30块大洋，林桂生心想面子已经挣足，也不必闹僵，于是顺水推舟："既然这样，他就跟着你了，你可要好好待他!"

"是，是!"

林桂生走到一张牌九桌上，说道："我来推几副。"

"欢迎桂生姐来'公兴记'玩玩手气。"

老板见风暴过去，心中一块石头算是落了地，他又招呼当差的："伙计们，快给桂生姐上瓜子、糖果、送热茶、毛巾。"

当差的马上去办。老板暗中向几个赌客飞了个眼色，意思是让他们赶紧帮腔。那些赌客们心领神会，忙拥了过来，围着林桂生大捧特捧。林桂生的脸上总算露出了笑容。老板和赌客们也暗暗松了一口气。

32张牙牌往台上一摊，林桂生坐庄，赌客分三门押注。不多时，赌场气氛热闹起来，恢复了原样。

林桂生可是位行家，十几副庄坐下来，就已赢了不少，眼前的码洋堆成了小山，可是她兴头一过，才想起自己是黄总探的夫人，在赌场久留有碍探长名誉，不如早些抽身退步。她看看自己面前的筹码约摸有二三百元，够做赌本了，便叫过杜月笙："月笙，过来，你接着来。"

杜月笙不明白老板娘的心意，稍犹豫了一下。

"月笙，你在这里玩玩。老板不是不认识你吗？多玩玩就熟了，下次就不至于再要凭据了。"

林桂生说着哈哈一笑，就带着保镖们回府了。赌场老板明知话中有刺，还是硬着头皮，送林桂生上了包车。

第十五回

手气硬散财报恩情　过考验飞腾立门户

林桂生一走，杜月笙也放出精神赌了起来。他生来嗜赌如命，为赌在人生路上栽了不少跟头。进了黄公馆当差，不敢造次，几个月里也摸不着一张牌。现在，手头有了白花花的现大洋，又是在大赌场里，这真是平生未有的快事了。他挑袖捋膊放开大赌。三四个钟点下来赢了 2400 元。

过去，杜月笙一进赌场头便发昏，直到输光为止，这次却冷静得出奇。他晓得赌本是老板娘的能赢不能输，丢了面子以后日子难过。现在一看已经赢得不少，赶紧收场。

杜月笙站起身来，双手抱拳，作了个四方揖，笑嘻嘻地打个招呼："时候不早，老板娘等回音，兄弟先走一步了。"

"这……"赌客们都瞪眼瞧着他。

杜月笙知道赌场的规矩，赢家不得自身退场。他忙打出林桂生的招牌来。

"老板娘万一有什么事，我怕担当不起，下次再玩个痛快！"

这一着真奏效，赌客们只好自认晦气，干巴巴地瞧着他得意洋洋迈出了"公兴记"。杜月笙将筹码换了现钞，兴冲冲雇了辆黄包车回到了同孚里。

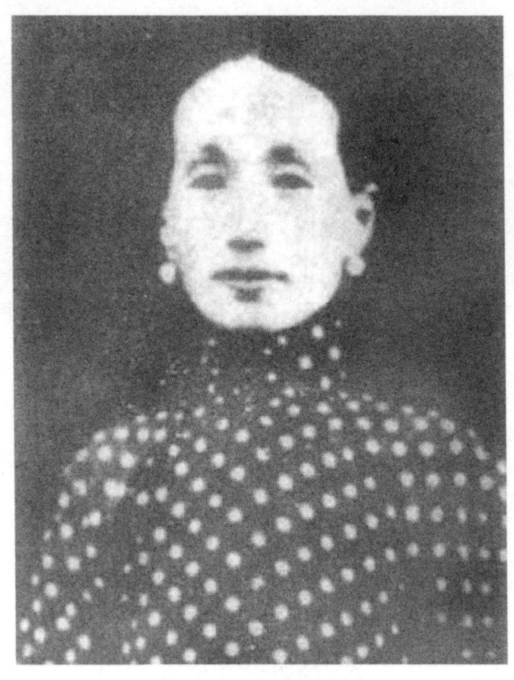

杜月笙的原配夫人沈月英

一进门，杜月笙来不及与师兄弟们打照面，便直奔上楼，向林桂生交账。“师母，我赢了，钱全在这里，你点一点！”

林桂生见递过一包东西，不解其意，打开一瞧，竟是整整齐齐一堆大洋。她怔了怔，说道：“月笙，我要你替我推几副牌九，是想让你赚几个零用钱。这笔钱是你的，我一文不收。”

“不，我不能要！”杜月笙诚心诚意地说，“我代师母坐庄，为的撑面子，不是为了赚大钱。”

杜月笙为什么这样做呢？原来，虽然他已经多次上了老板娘的床，但是他并不甘心做她的玩偶，做她泄欲的工具；因为他知道林桂生是一个极为精明而又理性的女人，虽然两人床上是伙伴，但是悬殊的地位差别，她并不会轻易地授他太多的金钱，或者太高的地位。因此，他杜月笙要想有所作为也必须放长线钓大鱼。

这时林桂生听到杜月笙的话点了点头。她心里又增添了一分喜欢。

“好，领你的情，就拿 400 块零头，其余你拿着。”

“不，师母栽培之恩，月笙已难忘，怎敢讨大笔红利？”

林桂生做事从来不容人回拗。她沉下了脸说：“叫你拿就拿，不要多说了！”

“多谢老板娘！”杜月笙只好收下了2000块大洋。

这天晚上，林桂生和黄金荣在一起吃饭，旁边有一群佣人在伺候着。桌子上的东西虽好但并没有勾起黄金荣的多大胃口。

这时，林桂生慢慢进言道：“金荣，我想告诉你点儿事！”

“什么事？”

“我把月笙荐入‘公兴记’了。”

“这事我知道，你上次说了一次了。”

“当时，我陪他一块去的，我让他赌了几把，赢了2000多块，我只留下零头，给了他2000块。”

黄金荣听了，眉头一皱，说：“月笙还是个小孩子，给他这么多钱干什么？”

老板娘一笑，说：“我要看看他怎么个用法！”

“什么意思？”

“月笙是个人才，看准了，才好派上大用场啊！”原来，精明的林桂生是要对杜月笙进行一番考察。

那么，杜月笙到底是如何处理这2000块巨款的呢？他从林桂生那出来后，捧着2000块大洋，欢天喜地地回到住处后，一把拉起正在睡懒觉的马祥生：“祥生，你想要钱吗？”

马祥生张着睡意朦胧的眼睛，不经意地睨了一眼，又自翻身睡了，嘴里嘟囔着：“别寻开心了，谁不知道我们都是穷光蛋！”

“你看这是什么？”杜月笙当着马祥生打开了报纸，顿时亮出了一大堆大洋。

马祥生大吃一惊，把眼珠瞪得像铃铛一样大，一下子从床上跳了起来。杜月笙见马祥生如此稀罕，吃吃地笑了起来。数出100块塞在他手里。“这个给你!”

“你这是从哪儿发的财?”

杜月笙毫不隐瞒，一五一十倒了出来。

“这笔钱怎么花? 是开店还是买房子?”

杜月笙一愣，他实在没想到这一层。

“祥生，明天请个假，先到十六铺去逛一圈。”

马祥生将嘴一撇：“小地方有啥白相?”

杜月笙摇摇头：“我想看看师兄王阿国。”

马祥生知道他好讲义气的脾气。看到杜月笙现在腰包鼓了起来，先是想到师兄们，他从心眼里佩服。

“好，我和你一块儿去!”

第二天，他俩向林桂生告了假，说要去十六铺转转。林桂生一声不问，便点头让他们去了。

杜月笙一进小东门，就先找鸿元盛水果行的师兄王阿国。

对于师兄，杜月笙是永生难忘的。“师兄，你还好吗?”

兄弟俩见面，格外亲热。王阿国打量着衣冠楚楚的杜月笙，高兴地问：“月笙，你出道了?”

杜月笙红着脸点点头，偷偷将一个红包塞进了师兄的衣袋。

王阿国急忙掏出来见是一叠钱，怔怔地问：“月笙，这是啥意思?”

“小意思，给师兄泡杯茶喝。”

王阿国是个老实人，点点大洋约莫有200多块，他生怕师弟又走上歪道，不由得担起心来：“月笙，这钱……”

杜月笙明白他的心思，忙打断他的话头，说：“师兄，你尽管放心吧，钱的来路是明的。晚上你来老正兴聚聚，我先走了。”

他生怕师兄刨根问底，急忙拖着马祥生走了。

他们走出水果店，便找着师父陈世昌、师叔黄振亿，送上孝敬钱，以谢知遇之恩。接着，他又一一拜访了一同在码头混过的朋友，凡借过债的朋友，一律还了双倍的钱。把这些事办完，杜月笙才觉得一身轻松。就这一天功夫，杜月笙就花去了 900 多块。

最后，他又和马祥生来到了小东门的烟花间，送了 200 块给大阿姐，感谢她当年为他向巡捕房取保之情，然后又找小娥，大阿姐告诉他小娥正在接客，他等了半晌，小娥还没出来，这时天色已黑了，杜月笙估计小娥可能是遇上兴味正浓的嫖客，像这种情形，他知道嫖客一般是要玩通宵过夜的，于是又留下 300 块委托大阿姐交给小娥，然后就走了。

马祥生见他挥金如土，不由得伸舌不止。他忍不住问："月笙，你这么做何苦呢？"

杜月笙耸耸肩胛，毫不在意地说："在家靠父母，出门靠朋友，我月笙没有朋友，何至有今天？"

马祥生点点头。不到两个星期，杜月笙的腰袋就完全空空如也。

其实，马祥生并不知道杜月笙的真实用意，杜月笙花大笔的钱去清理旧欠，结交朋友，就是在树信义，树招牌，等于在说，他不但要做个江湖之人，而且要做江湖上的人上人。敢于弃财，并把钱用活，由此可见杜月笙目光之远大。

的确，杜月笙这种散财方法使得林桂生更加对他刮目想看。后来她在黄金荣面前又吹了一阵枕边风，黄金荣听后也对杜月笙称赞有加。答应要给杜月笙更大的差事。

但林桂生却对他说，想要彻底收服杜月笙，你必须为他做两桩事。

"头一桩，法租界的三个赌台，你拨一个给月笙，让他有个财源。第二桩，在同孚里让出一幢房子，由他自立门户。这样，你才是他的真正第一大恩人。"

这两桩事实在非同小可。首先是包赌台不易。法租界的三大赌台实际上都是规模很大，兼容烟、嫖、赌的销魂场，一年四季，月进斗金，财源滚滚。赌场是个发大财的码头，工部局、巡捕房三教九流的都想插一手，分点油水。

要杜月笙负责一个赌场，绝不是像开始在“公兴记”抢脚台了，而是要管一大批保镖，应付突发事件。赌场保护人所面临的，乃是大千世界的黑社会。上至外国衙门，下至强盗瘪三、三教九流、四面八方，全都要套得拢、摆得平，赌场才能安然无事，大发其财。

在这个上海滩的洋场里，一个不留神，轻则赔钱，失面子，重则枪林弹雨，性命攸关。这个年纪轻轻，刚刚出道的杜月笙稳得住吗？再说，让他另立门户，岂不要与我黄金荣同起同坐了？

黄金荣沉默不语，心里的算盘却打得直响。

林桂生却比他高明得多。劝他说：“你当总探，总不能样样包办嘛，人也有老的时候，现在不捧个贴心人出道，以后再提拔也来不及了。再说，杜月笙绝顶聪明，待我很忠心，谅他不会过河拆桥！”

经不住夫人的唠叨，黄金荣终于迸出一句话：“照你的意思办。”

“你真是我的好当家哟！”林桂生亲昵地抱着黄金荣狂吻了一阵，黄金荣顿时觉得受不住了，这下，林桂生更加疯狂地抱紧黄金荣，趴在他耳边说：“小老虎，还不快上来，还等什么？”

经过这次林桂生的决定，杜月笙的人生旅程改变了。

杜月笙就这样，依靠着一个女人，依靠着自己的心机与鬼魅伎俩，通过了层层考验，终于可以扬眉吐气，自立门户了。

不但如此，在黄金荣的保媒下，杜月笙还于1916年娶到了第一个妻子沈月英。

第三章　蓄势

杜月笙遇事能处处留心，比别人看得更远、更准，这样才能获得更大的成功。他开赌场，不但赌场开得顺利，方方面面亦能照顾得周全，真可谓一出场便不同凡响。杜月笙不会干坐着等候财运的到来，他会敏锐地嗅到赚钱发财的气息……杜月笙再也不是从前的那个“水果月笙”了，他开始日夜精细地盘算着自己的美好未来，盘算着在上海滩上能够拥有一片属于自己的天地，于是他在黑道之路上愈陷愈深。

第十六回

老正兴摆酒宴黄陈　谋全策开山纳门人

春分时节，马路两旁的法国梧桐已是叶绿枝头了。春风吹来，杜月笙感到了人生的暖意。

黄老板特准杜月笙自立门户，“公兴记”那只赌台——公兴俱乐部也转到了杜月笙手里，由他掌了权。

杜月笙从丹田里升起了一种类似大鹏展翅、跃跃腾飞的惬意和满足感。是的，这条路终于被他闯过来了，而且比想像中还要宽阔。

一天，杜月笙在十六铺老正兴菜馆摆了桌酒席，筵请了陈世昌和黄振亿。

杜月笙恭恭敬敬地给他俩斟了一杯酒，诚恳地说：“师父、师叔，月笙敬老人家一杯。”

“月笙，不要太客气了。”陈世昌见杜月笙春风满面，又知道他得到了黄金荣的重用，在自立门户之际备酒敬师，拿起酒杯，惬意地呷了一口。

然而，黄振亿却与他不一样，老于世故的他没有急于动杯，而是眯着眼冷冷地打量着杜月笙，慢慢说道：“月笙，这杯酒可难吃啊!”

陈世昌一懵，随即装做什么都了如指掌似的，掩饰自己的愚拙说：“振亿，这是月笙记你的恩，敬杯酒，尽尽孝心，不喝不行啊！”

“恐怕月笙要得陇望蜀了吧？”黄振亿笑着呷了一小口说道。

杜月笙不由得一愣，暗暗佩服他的心机，他赔着笑脸说：“师叔，不瞒您说，老板让我包‘公兴记’，月笙想请师叔捧个场。”

“什么？黄金荣让你包赌场？”陈世昌一听吓了一跳，这事非同小可啊，心想这小子终于发了！

然而，黄振亿却冷笑一声说：“谈何容易呀？你月笙在上海滩有什么根基？”

杜月笙刚夹起一串金华火腿正往黄振亿的碟碗里送，听到此话，他的手立刻在半空中僵住了。

“麻皮黄金荣是在掂量你的轻重。”黄振亿耸耸肩膀，端起酒杯一饮而尽，捡起筷子在桌上夹了几筷子菜咽了下去，接着说：“‘公兴记’月息要十几万呢，黄金荣岂肯轻易放手？”

“是啊！”杜月笙若有所悟。

“依我看，麻皮轻许一言，不做数的。他还要试试你，万一有个疏漏，他随时可以收回成命，到那时，你杜月笙翻在阴沟里，永世不得翻身了。你不能轻举妄动，凡事还得三思啊！”

这一盆凉水泼来把杜月笙那股得意劲给泼退了许多。他一下仿佛掉进了黄浦江，身子直往下面沉。

黄振亿拿过酒壶，自己斟满了一杯，又接着说：“月笙，你想过吗？老板娘挑你出道，麻皮手下几只蟹脚能不眼红？”

杜月笙一想，对呀！黄公馆里原是藏龙卧虎之地，黄金荣手下多的是文武双全的角色，有人为他流过血，有的为他卖过命，有的为他赚过大钱，立过大功。无论从年龄、辈分、职务哪一方面来讲，比自己要强的人比比皆是。

“而今黄老板将你提到跟他齐头并进的地位，他们能不在背后捅刀子，拆你台？退一步说，就算有老板娘撑腰，这班人马能乖乖听你的摆布？光棍一条，就想包赌台，嘿嘿，你伸着脖子，等着人家宰吧！”

陈世昌起先并不在意，听黄振亿说得如此严重，倒也着了急。他见杜月笙耷拉着脑袋，脸色一阵青一阵白，有些不忍了，他打哈哈说：“振亿，犯不着吓唬月笙，你这当叔叔的，总不能见死不救吧！”

杜月笙发急了：“求师叔指条生路！”

黄振亿眼珠一转，说：“生路倒是有一条。”

陈世昌催道：“快说。”

黄振亿看到陈世昌、杜月笙都瞠着眼珠，盯着他的嘴，焦急地等着下文。黄振亿却不慌不忙地往嘴里丢着火腿。他嚼了一会儿，才说：“麻皮金荣靠啥起家？还不是有批‘三光码子’帮忙。老古话说，‘有人便是草头王’。”

陈世昌不听倒罢，听明了黄振亿的意思，觉得这可不是轻而易举的事情，刚才装做的“大智”消逝了，禁不住摇摇头，叹了口气说：“振亿，拉人马谈何容易。我收了不少门生，没一个像月笙有出息，青皮溜子上不了台面。总不能要我去抱月笙的台脚吧！”

“这我倒有个主意。我介绍一个人。这个角色在十六铺混得蛮不错，在各行堂里都有眼线，通过他，可以慢慢笼络些人。”

“这人是谁？”陈世昌问。

“绰号‘宣统皇帝’的江肇铭。”

杜月笙望着陈世昌，默默地征求师父的意见。

说到江肇铭，陈世昌想起这个人的模样来了，他瘦猴似的削尖脸，佝偻着身子，耸着肩胛，长着一副罗圈腿，一口吴侬软语，虽说相貌丑陋，但心眼极细，性格柔和，善于鉴貌辨色。曾在上海大世界做过的。一年前十六铺的鱼行贩与水果行贩为争山东门的地盘，两帮主失和，各自派喽啰惹事，找着对方的茬儿砸店铺。一些青皮光棍也跟着起哄，浑水摸鱼。

这实实惹恼了一些规规矩矩的生意人。“鸿元盛”水果行也难免遭灾。店伙计无意之中在赌棚里对江肇铭说起“鸿元盛”的苦衷来。江肇铭那时正输得猴急，便信口开河地说："只要你们肯把赌本给我，'鸿元盛'的事包在我身上!"

没过几天，江肇铭真的去找了鱼行和水果行的帮主。也不知他灌了迷汤，还是调了枪花，两个帮主竟然坐下来吃茶，谈判没费多大劲就议和了。这一来，江肇铭声誉鹊起，成了两帮的座上客。十六铺的青皮也捧起他来，叫他"宣统皇帝"。

想到这里，陈世昌朝杜月笙点点头："那小子是个帮手，有心眼儿。"

黄振亿补了一句："你开香堂，收江肇铭做门生。"

"这个主意不错!"陈世昌点点头。

"姓江的肯吗?"杜月笙对这感到有些没把握。

"拜你的帖子，等于进了黄门，谁不愿意呀?"

陈世昌不等杜月笙细想，就拍板了："月笙，就这么办。"

从"老正兴"酒散回家，杜月笙思绪如麻。他觉得黄振亿说得实在。要另立门户，非得要有自己的亲信和班底，也非得有个像林桂生那样的智囊不可。黄金荣的发迹，对他的印象太强烈、太深了。

单打独斗毕竟不是长久之计，只有发展自己的力量才能扩大声势，去占领更高的舞台。

杜月笙毕竟是个精细人。他生怕自己招兵买马引起黄金荣疑心，于是他先找到林桂生："师母，师父把'公兴记'给我，我觉得力量还不够呢。"

"你想怎么办?"林桂生看着杜月笙。

"我想找个帮手，收个学徒，这样我才能维持好赌台的安全。"

"想的周全，你自己看着办吧!"

杜月笙这才放下心来。一个星期后，由陈世昌、黄振亿作证，杜月笙在红庙开了香堂，收了江肇铭。这是杜月笙第一次开山门收徒弟。

第十七回

闹赌馆徒弟惹大祸　退为进平事名远播

杜月笙初出茅庐，谁知差点就掀翻了人生的航船，而这个导火线正是这个江肇铭。江肇铭生性好赌，常在英租界一个赌场行走。那里的老板严九龄是英租界的大亨，他的权势不逊于法租界的黄金荣。

这天，江肇铭又来严馆“摇摊”了。严九龄的赌台规模也不小。赌局有轮盘、牌九、摇摊三等。上流的富商阔少学英国绅士派头，在轮盘上赌输赢，一般的斗天杠、翻么三的牌委；最次的则是摇摊。摇摊，俗名又叫掷骰子。赌柜上放口摇缸，盛三枚骰子，赌客下注猜点子。这种赌法简单，开缸便见颜色，直截了当。江肇铭喜欢这种简单明了的赌法，他常为座上客。

这夜，江肇铭赌风不顺，加下几注都败北，输得他脸上直冒汗。江肇铭输红了眼，粗话连篇：“操他娘，老子手气不灵，还是骰子里有毛病?”

赌场最忌作弊。他说这话有碍严九龄的声誉，庄家见江肇铭出言不逊，连连冷笑：“你看看这是什么地方，闲话放明些。”说罢，坐庄的便要收摇缸了。

江肇铭急了，伸手一拦，他要孤注一掷，龙争虎斗。“慢!”他看面前筹码还有100多块，气呼呼地往前一推：“下三点。”

这时的一担米也才8元，一注100大洋实是笔大数目。由于赌注下得大，赌场上的气氛非常紧张。

桌台上的赌客都乍舌不语，默默地退到一边。一瞬间，场面上敛息屏气，肃静寂声，只听得摇骰子声。“哗啦”一下，坐庄的喊声：“开!”

摇缸盖揭开，一旁观战的赌客都伸长脖子凑过去看。缸里三颗骰子，两个四，一颗二点——“二”，坐庄的统吃，江肇铭一下子跌坐在椅子上，顿时傻了眼。

赌场有个规矩，一局揭晓，要等桌面下的输赢全部结清收支两清，方可盖缸。随后摇几下，换掉旧的，这叫做“洗缸”。然后庄家再请赌客下注，猜赌缸里骰子的点数。

可谁也没有料到，就在江肇铭最后赌本就要被吃掉的时候，代表赌场的庄家现在虽赌赢了，还是心有余悸。他挥了一把冷汗，顺手盖上摇缸，又摇了几下，随后伸手来拢筹码。江肇名正处在懊悔、愤恨之时，无意中他发现了这一幕。

“慢着!”江肇铭冷不防喝道。这时他急中生智，使了乖巧。他见庄家先盖缸，后结账，正犯了赌场三大忌。此时，他惊跳起来，笑嘻嘻地说：“老兄，缸里的是三点，你睁开眼珠儿看看。”

庄家往桌面上一瞧，吓了一跳，连连跺脚，暗骂自己糊涂。

江肇铭容不得对方犹豫，抢先招呼一声看客：“诸位朋友可作证，明明是三点。庄家该你赔我了吧!”

“点子还摆在缸里，你押的是三，我摇出来的是二。”

可江肇铭斩钉截铁地说：“不要瞎讲，摇出来的明明是三。”

庄家看看这次摇缸，如今将赢钱的证据没了，再摇一次，谁又能保证缸里的点数仍然是“二”呢?

赌客们见江肇铭强横，敢在严老九家里耍赖，想必也是狠角色，于是，一个个噤若寒蝉，不敢做声。

赌台上的争吵惊动了严九龄。他从里间出来，冷眼看了一眼瘦猴似的江肇铭，威严地说："闲话少说，输了就赔！"

坐庄的无可奈何地推出一叠筹码来。

"朋友请坐。"严九龄和颜悦色地招呼，客气地问，"贵帮多少船？"

江肇铭先是一愣，猛记起这是青帮内的暗语，忙答："1991 只。"

严九龄在桌面上一连摆开三只茶杯，眼睛盯着对方，一连斟了三个半杯。江肇铭会意，这是查问他在青帮的辈分，他是杜月笙的门徒，"悟"字之下的"大"辈。严老九与"通"字辈并肩，要高出自己两辈之上。他连忙伸出大拇指在桌上点了三下，表示晚辈的自谦。

严九龄到此，已明白这小子不过是刚入堂的起码货。他当场换了脸色，冷笑一声："朋友，对不起，我这赌场可打烊了。"

说罢，他站起猛喝一声，"来人，给我关上大门，收档！"

这一声不要紧，如同炸雷一样，吓得赌徒们各个魂飞魄散。

收档，可是火拼的信号。严九龄更狠，他要把在场的赌徒们全部吃掉！在场的赌客纷纷奔向赌场后门，争先恐后，夺门而出。胆小的早已脚底抹油溜之大吉。那些肥头大耳的阔佬们动作迟缓，只得僵在那里。

此刻，江肇铭才知闯下大祸。他强作镇静，举手打着四方揖，嘴里边喊着边往门外退去："严先生高抬贵手，高抬贵手。"

严九龄冷笑道："乳嗅未干，也敢来我这儿撒野，看我不收拾你！"

一个保镖从账柜上拎了一袋子大洋，朝江肇铭丢去，喝道："小子，赏你的！"

江肇铭拾起来，没命地逃了。真是菩萨保佑，在一片混乱之中，他竟能平安地回到住处。原来，他已料定不能活着走出赌场，他只一手拿着钱一手提着脑袋拼了死命，终于逃了出来。

杜月笙的开山徒弟江肇铭大闹赌馆、英租界大亨严九龄收赌档的消息，第二天便传遍了上海滩的街头巷尾。

严老九是英租界的头面人物，与黄金荣旗鼓相当。如今，他在黄门手下的一个小角色面前收档，无疑是给黄金荣、杜月笙出了个难题。黄公馆顿时一片惊慌，风声鹤唳，颇有草木皆兵、应付事变的架势。

当差的不敢惊动黄金荣，悄悄地把这件事告诉了刚刚出道的杜月笙。杜月笙一听着实吃了一惊，几乎脸都变色了。他初立门户就让徒弟闯下了弥天大祸，如果让黄老板知道，后果不堪设想。

“去，把那个饭桶给我叫来！”

江肇铭一步一停地挪进了杜月笙的屋子里面。

“你这个混蛋，可给我招来麻烦了！”

杜月笙狠狠地抽了江肇铭两个耳光。

江肇铭知道他这样做的极大后果，哪敢做声，“扑通”一声跪下，拼命地磕头求饶：“求师父饶命！”

杜月笙并没理会他，而是把脑门子转得飞快，思考着解决问题的办法，他心想：“现在先要平息风波，不能让严老九捏着把柄，惟一办法，就是单刀赴会，随机应变。”

想到此，他怒气未消，喝了声：“跟我走一趟！”

“去哪儿？”

“去找严老九！”

事已至此，江肇铭也没有办法，乖乖地跟着杜月笙走进了严馆。

这时，严老九的赌场里一字排开十几名彪形大汉，杀气腾腾。严老九旁若无人地坐在太师椅上喝闷茶。

杜月笙对着他双手一拱：“严老板，小徒失礼，杜某上门来负荆请罪。”不等严老九回话，杜月笙对江肇铭一招手道：“畜生，还不跪下！”

江肇铭一下跪在严老九面前，说道：“严先生，小的有眼不识泰山，望你老人家高抬贵手。”说着，捧上大洋 400 块。

“严老板海量，能否给杜某一个面子，网开一面？”杜月笙又进逼一步，“到时我约朋友为严老板捧场！”

严老九原是摆下鸿门宴，让这位刚出道的尝尝他的威势。不料，杜月笙从容自在，以守为攻，既是上门请罪，又不卑不亢，不失黄门身份，不由得暗暗佩服。

他一仰首，哈哈大笑起来："不愧是黄老板的门下，好说，好说。"他回头招呼当差的，"看茶。"

就这样，杜月笙和严老九又坐了下来，两人边喝茶，边赔礼，言语又不时把鹬蚌相争，渔翁得利的利害点破，一席话直说得严老九点头不止。最后，严老九满意地说："承蒙你如此讲义气，再有黄老板的面子，这件事就既往不咎了。"

"如此，月笙告辞了!"

"送客!"

一场风暴，就这样烟消云散了。

当时，在场的无一不为杜月笙捏着一把汗。江肇铭更是佩服得五体投地。

人的一生会遇到很多次危机，这些危机对于每个人来讲，就是一道道坎。而对这些坎，必须得一步步小心谨慎地跨过去。杜月笙用"吃眼前亏"来换取未来更大的利益，避免因为不吃眼前亏而蒙受巨大的损失或灾难。他带领徒弟上门请罪，可以说是一种以退为进，以守为攻的策略。临危不惧，并且勇敢地面对，同样是杜月笙一惯的办事风格。

小心驶得万年船，杜月笙就是这样一步步走来的，所以他随时准备着面对突然的变化。这样他才能看清脚下的路，并把它走好。从江肇铭惹货这件事上可以看出，杜月笙的心机与城府已经大有进步。

回到同孚里，江肇铭不仅对杜月笙感激不尽，而且把这件事添油加醋，吹得天花乱坠。凭着一张巧嘴，杜月笙在英、法租界声名鹊起。他既能单枪匹马地和严老九去较量，他也已经有资格和黄老板、严老九一辈人物相提并论了。"杜月笙"三个字开始在白相地界不胫而走。

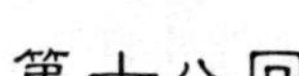

第十八回

割牛耳胆识惊四座　顺东风收罗党徒多

杜月笙虽然有了一定的地位，但就凭他想要在十里洋场中站稳脚跟，自成一番大气候，却还远远不够。

江肇铭见师父要在赌场里闯世界，不由得有些担心起来。

近年来，上海赌风甚盛，成了10大行业之一。地痞、流氓和黑帮人物都要捧这只饭碗。旧上海街面窄，街巷岔路多，成了帮会“剥猪猡”的好场所。

“剥猪猡”就是说几个人在夜里守着一家赌馆旁边的弄堂、暗处发现有人眉飞色舞地从赌场走出来，他们就藏起来，等走近了，就用砖头、棍棒把他打翻在地，然后把钱全部抢走。此风一开，各家赌台的生意纷纷下跌。胆大的赌客也要雇个保镖进场。

江肇铭心想，这应该提醒师父，也算是自己将功赎罪了。他打定主意，就对杜月笙说：“师父，英、法两租界起了‘剥猪猡’风，赌场老板各个头痛。要在赌行立足，恐怕先要刹这股风。”

杜月笙余怒未息，本不想理他。这时，杜月笙也意识到要想赌场生意好，首先得让赌客在赢了钱后有安全感。要做到这一点这就得保证他们首先不会被“剥猪猡”。现在见江肇铭说得有理，点在了关节上，心中的气顿时消了一大半，问道：“你说，有啥办法?”

“和气生财!”

“怎么个和法?”

江肇铭见师父浓眉已舒展，情知那件事已过去了。他心一定，说话便上劲了：“来个拜四方，行不行?”

杜月笙想了想，点头说：“好，你用我的帖子去请。”

第二天，江肇铭铤而走险将那批头目一一请到。

杜月笙定睛一看，果然都是满脸横肉的凶煞之神，其中有一个就是上次帮过他的忙的顾嘉棠。他不等江肇铭介绍，先招呼顾嘉棠，笑着问：“上次你帮了我的忙！这几位朋友的大名?”

顾嘉棠见杜月笙不忘旧情，又当众抬举他，心里得意非凡，就滔滔不绝地介绍了他的同行。顾嘉棠介绍一个角色，杜月笙就亲切点头示意，给他们每个人一个红包，并且言明今后每个月都可以给他们每个人这么一笔钱。

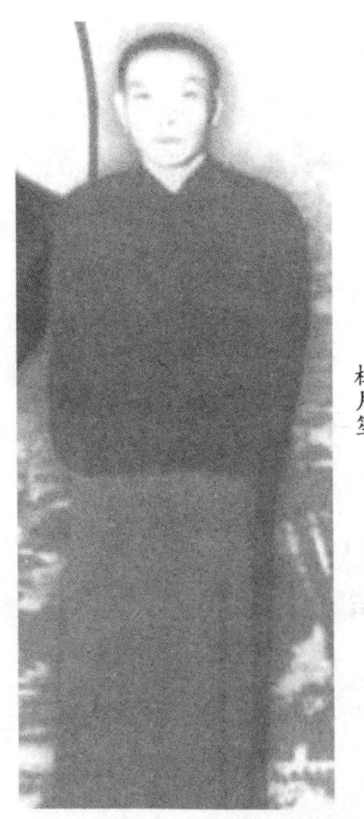

杜月笙

待发钱完毕，杜月笙才说明他的意思：“杜某有一桩事。”

“月笙哥，凭你一句话，尽管说来。”顾嘉棠出道比杜月笙早，现在杜月笙成了黄门的红人，顾嘉棠要攀龙附凤，自然要改口自谦了。

“我杜某由黄老板提拔，在‘公兴记’当事，请各位圆场，法租界三人赌台的赌客们夜场出门，望各位放一码。”

杜月笙见在场的头目面有难色，便接下去说：“至于各位的开销，我负责每个赌台抽红利一成!”

“一成?”顾嘉棠等人不约而同地跳了起

来。这个价码太可观了。他们拍拍胸脯说道："月笙哥，你办事爽快，兄弟们今后为你帮忙，听你的！"

这些人并不傻，"剥猪猡"不就是为了几个钱吗？现在杜月笙按月分钱，价码可观，还省去了黑道营生的提心吊胆，又能送个顺水人情，这何乐而不呢？

"就这么定了！"

好一招舍饵求鱼。其实，在江肇铭提出拜四方之前，杜月笙就有了这样的妙计。他为人做事，深谙圆转处世之道。他懂得在实力强大的敌手面前，如果硬拼，可能会鱼死网破，双方得不到利益，不如暂时作出一些妥协和让步，甚至送给对方一些利益，借以保存自己的实力。杜月笙知道，有时要舍弃一些小利和小义，而求得大利和大义，这绝对是一笔划算的买卖。

话虽如此，可杜月笙心里却没有多少底气。分赌台的红利要黄老板点头才行，至少也得与另外两个赌台的金廷荪、顾掌生通个气，万一意见不合，这事就算砸了。杜月笙又犯难了。

送走了顾嘉棠五兄弟，杜月笙立刻去找大师兄金廷荪。

金廷荪做事素来稳当，从不冒风险，在黄门里资历最老，是老板的第一门生，在"八大生"中，也数他第一个出道自立门户，只要他点头。杜月笙就有办法瞒住老板。

他找到金廷荪，巧得很，顾掌生也在场。他迫不及待地讲了请诸侯、杀"剥猪猡"的计划。

但是，一听杜月笙讲完，金廷荪慢条斯理地说："老板的规矩破不得，多一事不如少一事嘛！"

这时，顾掌生也插话说："月笙，一成赢利数目实在太大了。"

杜月笙泄气地坐在椅子上，呆呆地望着两位黄门师兄。突然，他灵机一动，想出了主意："羊毛出在羊身上，让赌台老板自己来掏腰包！"

金廷荪望了望顾掌生，把握不大地说："这只能先探探赌台老板的口气，掌生，你看呢？"

“是啊，他们不同意，我们就没办法。”

杜月笙见他俩不反对，就急忙奔“公兴记”，先找自己场子里的老板说话。杜月笙的嘴功厉害，口吐莲花，右旋左转，提了好几层道理，说抽一成利是给英租界的赌客，生意兴隆，一成赢利稳可赚回来。

“公兴记”老板被他三寸不烂之舌说动了心，他答应先试一个礼拜。

杜月笙见“公兴记”一头已摆平，又连忙驱车去找金廷荪，把这个好消息告诉了他，金廷荪同意去做自己这台老板的工作。于是杜月笙趁热打铁，又邀来顾掌生，三人连夜说通了另外两家。

事情果真如杜月笙所料，虽然费了些口舌，但是，黄金荣手下三大门徒出面又怎敢不答应？事成之后，金廷荪再三叮嘱杜月笙和顾掌生：“此事万不可给老板知道，一有风声马上收摊！”

杜月笙正求之不得呢。他的锦囊妙计果然奏效了。就这样，顾嘉棠的“小八股党”已不是当年混十六铺贩运鸦片的青皮了，他们投身杜月笙，谁还敢在法租界闹事、“剥猪猡”？

杜月笙抓准时机，立刻让江肇铭到处串门，说“公兴记”已出高价为客人保镖。凡客人上“公兴记”，如果逢夜“剥猪猡”的，愿以十赔一。

这个消息一传开，赌客们相互禀告，瞬时间传遍上海滩。

杜月笙开赌吸引人的还有另外一面，就是赌场上一掷千金的多半是一些豪门大亨，这些人对钱不是很在乎，可面子最重要。偏偏法租界又不时要来抓赌，并且还要捆几个人拴成串，拉着游一游街。怕被捉住游街丢丑，所以这些人只在家里玩，不去上赌馆。

为此，杜月笙又生一计，他专门雇了一群小瘪三当替罪羊，代去游一圈街回来后，发给他们赏钱。

夜幕刚刚降临，法租界便车水马龙，挤满了门前的大小马路。华界、英租界的赌客，听说法租界的赌势好，纷纷转来法租界狂赌，“公兴记”由杜月笙执档，更是生意兴隆，行情日日跳高，喜得“公兴记”老板合不拢嘴来，只要逢人便夸：“杜先生有一套，有本事！”

杜月笙打响了第一炮，初登赌台便割了上海滩赌行的牛耳。杜月笙的胜利，赢得了黄公馆上上下下一片喝彩声。金廷荪、顾掌生因小兄弟机智大胆而不得不刮目相看。

三个台子夜夜宾客满座，赌场生意兴隆得不得了，林桂生因自己扶起了一个门生而心中暗暗自鸣得意。黄金荣为抢了华、英二界的赌行生意也在兴高采烈。

可是，他们做梦也想不到，杜月笙乘着包赌台，悄悄收罗了一批亡命徒，建立了自己的亲信班底。他严格地训练自己的小“八股党”，他们每次出动都有一贯的作业方式、精密的调查、妥善的布置、猛如虎的行动、疾如兔的撤离，他们以神出鬼没的行动取得了不少辉煌战役。

杜月笙知道，这才是他的真正的身价，是日后与黄金荣摊牌、开价的资本。

赌业得了手，杜月笙略放宽了心。他领悟了“大盗不操戈”的道理。做大生意不必亲自上街叫卖，捞大钱并不需本人动手。

人生如同下棋一样，平庸之辈往往只能看到眼前的一两步，而高明的棋手则能看出后五六步甚至更多。杜月笙遇事能处处留心，比别人看得更远、更准，这样做出的决策才可能切合当时环境的需要，才能获得更大的成功。他开赌场，同样比其他人多一份心计，赌场开得圆满，方方面面亦能照顾得周到，真可谓一出场便不同凡响。

他也渐渐学得了黄金荣的作风，一清早跑茶楼，听听市面上的行情。

由于“水果月笙”在黄公馆已升到了“杜先生”的地位，他现在的工作是与各方人士议事谈生意，接待一些客人，外出则有人跟随，威风凛凛。他不但成为林桂生的左右手，甚至来黄公馆的达官贵人、富豪巨贾都由他接待。

但是，就是三教九流、偷鸡摸狗之辈，杜月笙亦应付得面面俱到。他穿着长衫，戴着时兴的礼帽，袖口的雪白衬里向外挽出一圈，口衔象牙烟嘴，斯斯文文地踱着方步，俨然一个大老板了。

第十九回

招兵马网罗亡命徒　手毒辣智抢英界土

由于“八大股党”利用军警的力量，对烟土实行武装接运，断了黄金荣、杜月笙他们的一条财路。黄金荣的手下，一个个怒气冲天，恨不得马上去与他们火拼一场。

此时，鸦片走私早已改变了方式。资金雄厚的土商们，以每艘10万银元的代价，包租远洋轮船，从波斯口岸，直接运送烟土到上海。轮船到达吴淞口外的公海后，岸上接应的人早已得到了电报。

“大八股党”利用军警和缉私营，在岸上戒严，并用全副武装的小艇，驶往公海接货，然后再驶回有武装保护的码头。烟土上了码头，往英租界运，依然有武装保护。但一艘轮船上拉的烟土少则几百吨，多则上千吨，一箱一箱从码头往英租界的库房里运时，“战线”就显得长了。

面对这一情况，杜月笙老谋深算，他知道这时候如果去硬拼，无异于以卵击石。他劝阻住大家，独自一个关在屋里冥思苦想了两天，然后跑到黄金荣那儿，把自己的设想讲给黄老板和桂生姐听。

桂生姐听了杜月笙的抢土生意，立即拍掌叫好，极力赞成。

黄金荣却忧心忡忡地说：“现在他们运土都有军队保护，抢土，只怕是件赔了夫人又折兵的买卖。”

杜月笙却将胸脯一挺，说：“当兵的也是一条命，只要找找几个不怕死的狠角色入伙，我不信拼他们不过!”

杜月笙是精于厚黑的人，他在被逼迫到走投无路时，也会突然施出黑招。当前进路上有阻拦者时，杜月笙就会采取极其残酷的手段，该消灭的消灭，以黑制黑。而无论是那个时代的社会还是现而今的职场与商场上，这种凶狠的手段永远会对你产生不可估量的好处。

杜月笙说做就做，立即招兵买马，网罗亡命之徒。根据他平日的观察，先选中了四个：顾嘉棠，精通拳术，身强体壮，性格火爆，是个打起架来不要命的角色；叶焯山，这人枪法好，他可以一枪击中犹未落地的铜板；高宝鑫，反应灵敏，很会随机应变；芮庆荣，绰号“火老鸦”，腰阔膀粗，力大如牛。他是铁匠世家出身，也是个不怕死的角色。

杜月笙对他们一不摆架子，二不甩派头，见面亲亲热热，不分彼此；出则同行，食则同席，再加上一见面都有大把的钞票塞过去，把这四个人笼络得死心塌地地跟着他跑。

杜月笙组织“小八股党”抢土的初期，主要还是想出口气。

“大八股党”倚仗财势，断了他们贩卖烟土的财路，并且，还根本不把黄金荣这股人放在眼里，抢他一下，叫他识点相。知道世界上还有不买他们账的人。可是出手大吉，头一回下手，即弄到一船烟土，等于抢到几万银洋，并且，通过这次“抢土”，他们也看出“大八股党”在护送烟土过程中的种种漏洞，这就激发了杜月笙放手大干一场的决心。

一个夜黑风高的晚上，吴淞口外，巨浪滔天。

突然，从公海上射出一束惨白的光亮。这边岸上，立即传出一声凄厉的哨声，有一队军警从土坡后、树林里跑出来，三步一岗，五步一哨，布满了海岸。刺刀闪着微弱的寒光。

从公海上又射出一道探照灯光，从一栋屋里走出一个身材魁梧的中年汉子，他低声喝令“回号!”

身边的一条汉子立即打亮手电朝海上晃了晃。公海上一亮一灭，又回答了一阵信号。

“放船!”那中年汉子威严地命令道。他就是“大八股党”的首领、英租界巡捕房探目沈杏山。

他的话音刚落，从港里驶出几艘小轮船，还有几十只小舢板，排列成队，往公海驶去。这是“大八股党”在保护“潮州帮”烟土商运送烟土了。

船队缓缓地前行，小火轮上的烟囱不时闪出火花，把后头舢板映得朦胧而又神秘。突然，从船队的左前方传来一声尖厉的呼叫：“救命呀，救命呀……”沈杏山一听，眉头立即皱成一团，旁边几个弟兄看了看他，欲言又止。

“救命呀……你们、你们莫抢、烟烟土……”江风又送来一阵呼救和哀求声。

“老板，派人去看看吧!”有人说。

沈杏山挥了挥手。立即，有一只舢板朝呼救处划去，几个便衣紧握着枪，做好随时射击的准备。

舢板驶离了船队，渐渐消逝在黑暗之中。前面，有一只船，船里传来几声压抑的呻吟，几条影影绰绰的身影的晃动。

便衣军警们平端起枪，手枪已勾动在枪机上，齐声吆喝道：“举起手来!”

舢板刚刚碰到那只小船边，几个军警一声命令，小船中的几条黑影即惊惶地举起双手，回过了头。

船靠拢，两只船猛地相撞，几个军警站立未稳，身子晃荡着，这时，从他们后边的水里突然冒出几个人头，他们扳住船舷，用力一晃，舢板翻了，几个军警全部落水，连喊都没来得及喊一声，就被人按进江底。

装满了烟土的麻袋浮在江面上。那只小船上的几条黑影立即伸出挠钩，将麻袋一只只钩上小船，然后一声唿哨，驾着那只小船，箭一般地射向岸边。

沈杏山的船队在江心中停船等待了半个多小时，不见任何动静，心中有点发毛，情知不妙，连忙掉转船头，朝刚才传来呼叫声的地方搜寻而去。

惨白的探照灯光中出现了一只船影。沈杏山叫轮船全速靠近，船上军警做好射击准备，自己则大睁着眼，死死地盯往那船影，一眨也不敢眨。

“呀!”他猛地一声惊叫，将四周的死寂打破。

“完了完了!”他急得跺脚大叫，众人一齐朝前面看去，发现那只舢板已经倾覆，江面上浮着几具尸体……

而这次在暗地里杀人越货抢劫烟土的人，就是杜月笙手下的“小八股党”。

就这样，一次次布置周密的智取烟土事件不时发生，烟土化为白花花的银洋，水一样淌进了黄金荣和杜月笙的腰包。

渐渐地，潮州会馆的空棺材再也放不下抢来的烟土，急需另找存放地点；与此同时，法租界本身几家土行，不满于“大八股党”保护下的烟土商任意操纵价格，他们消息灵通，知道杜月笙手里有大批烟土，于是便推举代表，向杜月笙交涉，希望杜月笙能供应他们烟土，他们愿意奉杜月笙为保护神。

杜月笙和他的“小八股党”总是趁这种机会频频出击，抢夺烟土。抢到烟土后，杜月笙让手下全都辗转运送到三马路潮州会馆。

潮州会馆房屋幽深，地点偏僻，会馆的后边是一排排阴风凄凄、鬼影绰绰的“殡房”，“殡房”里排列成行的棺材。这些棺材中有装着客死异乡、等候家属扶柩还乡下葬的潮州人士的尸体，有的里面则是空的，那是做好事的潮州籍人，买来存放在那里，以备遇到突毙或无力殡葬者时，抬出去作施舍用的。

杜月笙和“小八股党”，看中了潮州会馆这个地点和殡房里的那些空棺材，买通了会馆管事，深夜里，抢到了土，便运来放在空棺材里。然后，等机会适当，再化整为零，一小块一小块取回去。

杜月笙一开始抢土，只是想打破“大八股党”一统天下的局面。没想到，这一“抢”，就一发不可收。潮州会馆的空棺材毕竟有限，怎么能存放那么多呢?

而法租界里的几家土行，习惯于“大八股党”保护下的土商垄断货源，哄抬价格，他们很快知道杜月笙手里有土，就推举代表，向杜月笙交涉，希望从他这里进货。

于是，杜月笙用自己的凶狠证明了自己并不是一个好欺负的角色，也正因为此，他才能在这偌大的上海滩上开辟了属于自己的滩头。

第二十回

伶俐耳捕捉大商机　与官斗成立大三鑫

在江湖中走动，杜月笙早已拥有了一副敏锐的嗅觉。他无时无刻不在盘算着如何能让自己的腰包鼓起来，也无时无刻不在算计着怎样才能让自己在上海滩上成为谁都不敢惹的一霸。

一天早上，杜月笙还坐在“老正兴”茶楼上品茶，远处传来妓女们的弹唱声。这时，江肇铭匆匆地跑上楼来。

杜月笙望了望他，问道：“什么事?”

“师父，新任淞沪护军使何丰林与警察厅长徐国梁搭上了一班富商，集资1000万，合股组织‘聚丰贸易公司’，名义上是经营地产，实际上是贩卖鸦片。”

杜月笙生性机敏，很快领会过来。官府公开插手烟土业，是企图包办鸦片的信号。要进入亨字号行列，就得乘官府包烟计划尚未实现之前，赶紧插一杠子。他连忙下了茶楼，回黄公馆找老板娘。

自从“公兴记”一炮打红后，黄金荣十分喜欢他，林桂生更是不在话下。尽管现在杜月笙改口称林桂生为“桂生姐”了，但是两人幽会并没有断过。如今，杜月笙对林桂生的性趣好像减了很多，林桂生以为他是娶了老婆的缘故，也并不怪他，只是偷偷地再找了一个手下的一个小白脸，有需求时不找杜月笙而找他了。

这一大早上，杜月笙找来，林桂生知道他并不是来寻欢而是有什么事情的，赶紧拿出公事公办的作风把他请到了客厅。

一坐下，杜月笙就急急地说：“桂生姐，何督军新上任就染指烟土，我们赶紧开一家吧！”

林桂生对杜月笙总是言听计从，这回要和官府对着干却犯了犹豫，她说：“你师父好歹是总探长，吃官饭的恐有些不妥吧！”

杜月笙眼珠一转，说：“对，那我们就不要老板出面，我来做。”

林桂生点点头：“我相信你。你要多少本钱？”

杜月笙捏着手指道：“办公司得买幢房子，有6万元就差不多了。”

“才6万元！”林桂生惊讶地问：“你不是说何督军资本1000万，你怎么只要6万？这要干就要干好，不能闹着玩啊！”

“桂生姐放心！”杜月笙还是那股作风，胸有成竹地说，“我与潮州烟商有来往，手里有不少干货。”

林桂生见他说得那么肯定，也就不问了。林桂生有个准则，用人不疑，疑人不用。既然信得过，便任由他干了，这又何况是杜月笙！于是，她接着问：“那你打算让哪些人入股呢？”

杜月笙小心地探着林桂生的口气：“人不宜多，老板和桂生姐各算一股，我与廷荪哥各凑一股。”

“我看使得，”林桂生大感兴趣，“索性场面搞大一点儿，弄成个大公司……”

“知我者，还是桂生姐也！”

林桂生拿定了主意，办事便十分果断，行动也极为迅速，当场取出私房交给杜月笙。

“月笙，这是我的15000元银票，你先拿着。”

杜月笙没有推辞，拿上银票走出黄公馆，直奔混堂金廷荪处。金廷荪进黄公馆的门要比杜月笙早，很受黄金荣的器重。他与杜月笙都是黄金荣的心腹大将。杜月笙是个武角色而金廷荪是个文角色。他心思机敏，算盘打得既精又狠，是黄公馆惟一的理财家。

杜月笙一见金廷荪，便开门见山地说：“廷荪哥，我已和桂生姐商量好了，由我俩与老板合股，明天由法租界工商局包下鸦片的运送销售与全部业务与税金。”

金廷荪一听，先是一惊，随后脱口而出：“这个盘算好极了，就依你！”

“因为黄老板只能幕后操作，不便出面，桂生姐的意思是就由我负责全盘代理董事长。你任总经理。”杜月笙说。

“好说，好说。”

于是，两个人在屋里嘁嘁喳喳了一阵，只花了两个钟头，便订出了公司的一切章程和开张事项。

最后，金廷荪问道：“公司总要有个名字吧？”

杜月笙灵机一动，想出一个绝妙主意，干脆把公司的名字当场定下来：“我想好了，这公司就叫‘三鑫’。”

“‘三鑫’？”

“一二三的三，三个金字的鑫，老板的名字有个金，老兄尊姓也是金，我月笙虽没金，可托你们的福，也算一个金吧。”

“这公司办好了，发大财，每日金子滚进来，三三见九，9两、90两、900两金子哩！”金廷荪的话说完，两人哈哈大笑起来。

于是，这个以后在上海滩刮起旋风的“三鑫”公司就敲定了。

“三鑫”公司最初设在法租界维祥里，办公室与仓库连壤，弄堂门口装起大铁门，由安南巡捕日夜把守。从弄堂口到弄堂底，有三道铁栅栏，每过一道，都有便衣巡捕盘问。弄内五幢房子，第一幢设写字间、会客室、警卫宿舍，其余全作存放鸦片的仓库。

黄金荣不露面，由杜月笙任董事长，金廷荪出任总经理。

有了规模宏大的“三鑫”公司，法租界的烟土，零售批发，全部集中在此，场面挺红火。但开之初，比英租界最有名气的潮州帮大土行要逊色得多。但它的发展势头迅猛，大有后来居上之势。

“风险往往是和收获成正比的。”在杜月笙看来，每一次风险都蕴含着等量的成功种子。风险越大，回报则越高。杜月笙从来不会干坐着等候财运的到来，他会敏锐地嗅到赚钱发财的气息，当他听到官府公开插手烟土业，企图包办鸦片的信号时，便立即敏锐地判断出这是开办公司的最佳时机。这种事关生存的大技巧一旦形成，用到生意场上去就游刃有余了。

杜月笙之所以能够成就一番辉煌的事业，与他能准确地把握住这种机会是分不开的。

第二十一回

观时局细品其中味　留后路广交革命党

常在河边走，哪有不湿鞋。杜月笙不是一个迂腐的人，随着他的事业不断壮大时，他很清醒的认识到给自己多留一条后路的重要性。

一点给自己留余地，让自己行不至绝处，言不至于极端，有进有退，以便日后能机动灵活地处理事务，解决复杂多变的问题。

上海法租界曾经居住过不少革命党人。比如陈英士自东京回国，在法租界平济利路德福里一号建立革命机关；与此同时，张静江由巴黎归来，和前浙江盐运使蒋孟苹合伙，在法租界福建路开设通济公司，表面上做买卖古董的生意，实际亦为策划革命的大本营。

除此以外，1911 年前后，革命党在法租界还设有机关和重要人物住宅，比如孙中山寓所等。

这些革命党人以法租界为工作基地，和巡捕房里的人物，免不了要经常打交道。捕房中人吃的是外国公事饭，必须谨守本身的立场。他们知道法国人应付革命党人的问题，和他们同样的是左右为难：一方面必须敷衍当权的中国政府，如满清朝廷和袁世凯的“大总统府”，另一方面，自他们政府以至个人，一概希望中国革命早日成功。

在这种矛盾的心情和尴尬的处境下，黄金荣当时所决定的方针，是尽可能避免跟革命党人公开来往，但如遇有重大事件，或特殊紧急情况，则又不惜挺身而出，务必对于革命党人有所贡献。

同时，自法国驻沪总领事以次，如公董局、警务处与巡捕房，一致有个默契，尽量拒绝满清和袁世凯政府不利于革命党人的要求，他们定了个不成文法，公然告诉革命党人：只要不藏军火，当可加以保护。

就在法大自鸣钟捕房里，黄金荣的学生，同时也是他手下的一名督察鲁锦臣，便是革命党同盟会的会员。

杜月笙和鲁锦臣很要好，鲁锦臣也觉得这个小伙子颇有可取之处。当他和黄老板同在法大马路聚宝楼上吃茶，一面会晤大小三光码子，亦即替包打听们通风报信，勾当公事的朋友。闲来无事，他也曾讲些革命党的宗旨和事迹给杜月笙听。和杜月笙同时成为鲁锦臣忠实听众的，还有绰号“闹天宫福生”的徐福生。

黄金荣二度进法捕房，老大宫给徐福生经营，不久徐福生奉师命将戏馆关掉，回到上海为老板效力，他这个人肚皮里多些墨水，于是在黄公馆跟杜月笙比较接近。两兄弟从鲁锦臣那边听来些国民革命的皮相之谈，在同孚里俨然成了专家。

鲁锦臣的启发产生了两重作用：其一，使他们对于革命党，有了热心与好奇的心理，自然而然地愿意和革命党人亲近。其二，黄老板不便露面，而必须和革命党人有所联系，或者是要解决他们的问题，跑腿传话，每每总是派遣徐福生和杜月笙。

起先，他们所接触的都是些名不见经传的人物，协助的事项，也无非排难解纷，向导保护，或者代办一些鸡零狗碎的小事情。但是，革命党人有时候受到清军的搜捕，清廷豢养密探的迫害，仅以身免地跑到法租界来，他们衣食两缺，无地容身，难免需要少数的接济，渡过眼面前的难关。

杜月笙和徐福生不便去向黄老板讨，往往只有自己掏腰包。每逢有这种报效的机会，杜月笙不但悉索敝赋，而且极其心甘情愿。

杜月笙偶尔会去说书场，或者听朋友们讲些“梁山义气”、“瓦岗威风”之类的英雄侠义故事，他的知识范围除了现实生活，便不出于“三国”、“水浒”、“说唐”、“七侠五义”等等小说的小圈子。他崇拜英雄豪杰，英雄豪杰在他的心目之中，比起满清皇帝、法国总统还要伟大更加了不起，他能替这样的大好佬跑腿当差，其本身便足以使他受宠若惊。

苦恼的还是自家收入太少，时间有限，力道实在不足。辛亥那年的某一天，他接受一项相当大的嘱托，这项重大嘱托使他兴奋得手舞足蹈，另一方面，也叫他忧心焦急，辗转难眠。

湖北的一批革命党人，他们那个团体的暗号叫“汉声”，“汉声”同志有五六个人秘密过沪，必须即日乘船赶回武汉。问题在于他们方才逃过清军的追捕，行李衣物全失，他们缺乏旅费，付不出旅馆房钱，甚至连吃一顿饭的钱都凑不出来。

是他们自动来找杜月笙的一另一位曾经得过杜月笙帮忙的“汉声”同志，偶然之间告诉他们：过上海时倘若发生困难，同孚里黄公馆里住着的那位杜月笙，同情革命，热诚慷慨，不妨去找找他看。

这批革命党人，慨然被委以重任，而且“杜月笙”这三个字居然也在英雄豪杰辈中口耳相传，怎么能不使杜月笙兴奋若狂?他当时倾其所有，请那些“汉声”同志饱食一餐，住进栈房，然后他一口允诺，明天可以把必须的旅费筹到，让“汉声”诸公早日成行，以免耽搁了军国大事。

躺在床上想了大半夜，这笔旅费需要好几百块。叫他这抱抱台脚，吃份奉禄，一个月只拿三十只洋的小伙计从何筹措呢?黄老板那里只怕此路不通，邀会借贷自知没有这么大的周转能力，想动桂生姐私房钱的脑筋，他不由打了一个寒噤，连忙自己告诫自己说：“这是万万动不得的。”

杜月笙知道，桂生姐私人所拥的钱统统瞒着黄老板，她有笔私房钱，有恃无恐，到处放利钱。经手往来，一概信托杜月笙。而杜月笙也能受人之命，忠人之事，不论输得多么急，逼得如何紧，他从不动用桂生姐一分一厘钱。

那一夜他转念头到这个上面来了，由此可知，他当时的心境足何等的焦灼。

第二天一早到了大马路上：灵机一动，给他想出了这么一条解决问题的办法，他忙不迭地跑去小客栈，和那几位“汉声”同志，交头接耳，细细商量。

实在是处境过于险恶，军情急如星火，而且，杜月笙一再强调他们所将攫得的是“不义之财”，“汉声”同志无可奈何，唯有勉强同意。

当天夜里，杜月笙吃俸禄的那支赌台，正值“夜局”最热闹的辰光，珠光宝气，长袍马褂，场里进来了不少沪上富贾，北里娇娃；赌场老板笑口常开，到处梭巡，今晚又有大笔的洋钱可进。他一眼看见杜月笙，像煞有介事地也在执行抱台脚任务，记得他是“老正娘娘”桂生姐跟前的红人，赌场老板笑着和他打了个招呼。

不一会儿，从大门外又走进来五六个面容严肃，神情紧张的大汉，他们像是瘾头极大的烟客，不约而同地，一个人手里拿一支香烟罐，赌场老板盯望着他们，心里不觉起了怀疑。

这一帮人来得相当跷蹊，他们并不像是来赌钱的客人，分明是一道来的，进门后便立刻分散，五六个人各盯一张赌桌，他们所站立的地点，在赌场里分布得相当平均。

正自惊疑不定，一眼瞥见杜月笙在暗暗地出动了，他若无其事地，分别在那帮人身边转两转。于是，他气急败坏地跑到杜月笙身边。

杜月笙暗地里一拉赌场老板的衣袖，两个人一前一后，进了赌场右边的写字间。

“怎么样?”赌场老板先开口问，“是啥个路道的朋友?”

“他们是革命党，”杜月笙压低了声音说，“这件事情很不好办。”

赌场老板想像中的革命党，是冲锋陷阵，三头六臂一型的人物。因此当他一听这三个字，立刻便吓得脸孔发白，目瞪口呆。

“他们跑来做什么?”

“搞破坏，”新名词从杜月笙嘴里脱口而出，“他们手里的香烟罐，是炸弹。”

炸弹?轰然一响，血肉横飞，认真爆炸起来，那还了得?赌场老板吓呆了，他满头大汗，低声下气地央求杜月笙说：“月笙哥，帮帮忙，你去跟他们拉拢拉拢，讲讲斤头，只要我能办得到，什么事情都好商量。”

于是，杜月笙应命前往，歇了半晌，他再回来，告诉老板说：“这批朋友因为风声太紧，急于离开上海，他们想请有铜钿的人帮帮忙，借一笔路费。他们说：革命的人在为老百姓拼命，请你出点钱，似乎没有什么不应该。”

“当然当然，”赌场老板接口很快，他就怕时间一耽误，炸弹会在突然之间炸开，他急急地问：“他们需要多少路费?”

“八百块。”

开得出数目便好办，八百块钱，在赌场老板说来不过九牛之一毛。他欣然应允，打开抽屉数钱，点了八百元交给杜月笙。

踌躇了一下，杜月笙问：“老板，你亲自去交给他们好不好?一回见面二回熟，你捐了这许多钱，也该彼此留个交情。”

“啊，不不不!”赌场老板惊得脸色又变了：“月笙哥，帮忙帮到底，火速把钱捐出去，请他们早一点离开，免得弄不好出大事体。”

拿了钱往外间走，杜月笙心花怒放，得意想笑，棘手之极的问题会这样轻易解决。赌场老板不肯跟“汉声”同志打交道，原来是他怕吃炸弹。怪不得他一直都躲在写字间里，连颗头也不敢伸出去。

而给别人留余地，是指无论在什么情况下，也不要把别人推向绝路，万不可逼人于死地，迫使对方做出极端的反抗。这样一来，事情的结果对彼此都没有好处。杜月笙正是深谙赌场老板害怕“炸弹”的心理，才运用计谋设下圈套，最后顺利地为革命党人骗到了车马费。

“汉声”同志得到适时的接济，他们迅速撤离赌场。第二天清晨，杜月笙替他们买好轮船票，约了徐福生两兄弟亲自护送这一行人登船。

值得一提的是，经常往来法租界的革命党人中，有一位昔年穷途潦倒，后来飞黄腾达，终于又潦倒穷途的人；他叫杨虎，号啸天，安徽人，他曾登门拜望黄金荣，毛遂自荐，很快地和徐福生、杜月笙结为要好的朋友。

第四章 借 势

杜月笙是一个善于“借势取势”之人，官场势力、商场势力、洋场势力和江湖势力他都要，因为势和利是不分家的。杜月笙同样运用炉火纯青的技巧，降服了骄横的赌王严九龄。在他的心中，进攻的箭头开始指向整个上海滩，他的疆界应越过十里洋场。杜月笙终于踏进了自己人生的一个崭新境界。

第二十二回

惹祸王初登上海滩 临危难相助识月笙

这天，杜月笙接见了一个特殊的朋友——张啸林。

张啸林，浙江人，排行第二，哥哥名大林。张啸林出身穷苦，父亲是个木工，但是，木匠的收入很微薄，加上银贵钱贱，张家的生活过得十分艰苦。不久，父亲积劳成疾，过早地离开了人世。

张啸林20岁时，全家在乡下实在难以度日，不得不背井离乡，移居离慈溪140多公里的杭州拱宸桥。张啸林与大林一起进了杭州一家织造绸缎的机房当学徒。

张啸林不务正业，游手好闲，专同地痞流氓为伍，不时纠众滋事，寻衅打架，各机房的老板都对他头痛万分。于是，大家暗中约好，把他赶出了机房。

1903年，张啸林迫于生计，考入了浙江武备学堂。在校与同学周凤歧、夏超、张载阳等人结为密友。

浙江武备学堂是个专门培养军事人才的学校。张啸林在入学以前已染上地痞流氓的恶习，入学后不是把精力集中在学习上，而是用在与官府衙役的勾搭上，想以此为资本，抬高自己的地位，扩张自己的流氓势力。结果没毕业就离开了武备学堂，拜杭州府衙门的一个领班李休堂为先生，充当李的跑腿。

以后，他依仗地方官府的支持，在拱宸桥一带开一茶馆，以此作为结交地痞流氓、聚赌敲诈的据点。

拱宸桥有个诨名叫“西湖珍宝”的赌棍，拥有相当势力。张啸林采取小恩小惠的方式，勾引他的赌徒，逐步扩大自己的实力。“西湖珍宝”岂能甘心被张挖去墙脚，便经常纠集赌棍，寻张斗殴。结果张啸林常常被打得狼狈不堪，几乎无法在拱宸桥立足。

正在这时，张啸林结识了杭州一个外号叫“马浪荡”的江湖艺人。

马浪荡本名叫陈效岐，原是个唱滩簧的。滩簧是苏州、上海、杭州、宁波等地流行的一种曲艺。陈效岐每次出堂会，就让张啸林帮着扛丝弦家什，演完一场后赏他几文钱。就这样，张啸林暂时躲在陈效岐的门下。

这天，在清政府曾任武英殿大学士的杭州人王文韶病死。出殡那天，陈效岐受雇扮戏参加送葬行列，张啸林便伴在陈的身边。

出殡队伍经过日本租界清河坊，张啸林无意中撞倒了一位看热闹的日本小孩。这下子，捅了马蜂窝，住在清河坊的日本人倾巷而出，拦住了王府的

張嘯林

孝帏，强行勒索赔款。送葬的人气愤不平，双方争执不下。

这时，张啸林大喝一声："开打!"成百上千的掮执事、骑顶马、吹吹打打各色人等，立刻像潮水一样地冲向日本人，吓得日本人回头便跑，纷纷关上大门。

待到出殡诸事完毕，队伍解散，张啸林又约了数十个艺人和以往流氓痞子来到清河坊与保佑坊，看见日本人开的店铺，不分青红皂白，冲进去便又打又砸，掀起了一场较大的风波。

事后，杭州官府在日本人的压力下，决定惩办带头闹事者。

陈效岐为保护张啸林，以滩簧先生首脑的身份挺身而出，结果被判在拱宸桥头，披枷带锁，示众一月。陈效岐被枷锁示众更激起杭州人民的反日情绪。他们自动组织起来，一致拒买日本货，日本人难敌群愤，只得相继迁出清河坊。经过这次事件，陈效岐十分赏识张啸林，并与张结成了过房亲家。

然而，张啸林仍然不改聚赌诈骗的恶习。每年春茧上市和秋季稻谷收获之际，他便雇佣小帆船一条，到嘉湖一带，以三粒骰子做赌具，巧立青龙、白虎等名目引诱农民赌博，设局骗取农民钱财。

乡间农民受到张啸林的欺骗，有的输得当空卖绝，有的输得投河上吊，为此，杭嘉湖一带人写状上告，杭州府与钱塘县都曾出签缉拿张啸林，但由于张啸林贿赂了衙役，他们屡屡为他通风报信，使张啸林几次避过风头，逍遥法外。这使得张啸林更加洋洋自得。

一次，在茶馆里喝茶，张啸林与人争座位，结果对旗人大打出手，险些酿成命案，他怕被官府捉拿，逃到了绍兴安昌镇，投靠了他的老朋友在安昌任巡官的翁左青，过着躲难的日子。

不久，武昌起义爆发，随即杭州光复，张啸林托人探得自己的案子不了了之，于是又堂而皇之地回到了杭州。

辛亥革命后，张啸林参加了"三合会"，做一名普通的门徒。但是，在一次偶然的机会，他结识了洪门大哥杭辛斋，并靠着杭辛斋的关系，利用一批旧日的机房朋友做班底，逐渐发展成为颇有势力的一霸。

谁知张啸林从绍兴安昌镇回到杭州不久，本性难改，又闯下了大祸。一天，他在朋友家喝了几杯喜酒，不觉已有三分醉意，回家途经拱宸桥附近时，看到几个人合力殴打一个人，就向前劝说，那几个人看到张啸林在旁多嘴，就围住他动起手来。

张啸林什么阵势没经过，见三人打来，便飞起一脚朝中间的那人的下身踢去，正中睾丸，那人睾丸当场被踢碎，张啸林知道又闯了大祸，急忙挣脱身来，也不敢回家，连夜逃到上海。

这是他第一次来上海，落脚在小东门外东昌渡一带码头上，更名为林生。经同乡、投机药商黄楚九介绍，张啸林拜青帮“大”字辈樊理远为“老头子”。由于有些文化，他很快熟记了“海底”术语，下一辈的流氓都称他为“张爷叔”。

一年过去了，杭州官府对他打死人命一事淡忘了，他又公开露面了。在这时杜月笙结识了张啸林。

张啸林在东昌渡码头，最初是与杭州锡箔船商打交道的。因杭州锡箔船商见张啸林在码头上的流氓帮里有些路子，为使每船来货不在码头上受损失，就和他商量拿出部分钱作为保护费。

张啸林见有油水可捞，就在十六铺码头上的流氓群中寻找合作者，结果，他找到一个外号叫做“水果月笙”的杜月笙，此时，杜月笙正跟在套签子福生后面乱转。结果，杜月笙听了非常高兴，立刻答应下来。

杜月笙把杭州锡箔船商的货物引渡到“小浦东”卸货，从中收取保护费。这事很快被其他的流氓得悉后，于是他们就互相勾结，纠众前来明抢，与杜月笙和他的小兄弟们在十六铺码头上发生了一场恶战。

在一场恶战中，杜月笙这帮因寡不敌众，被其他流氓帮打得落花流水，杜月笙本人也被打得奄奄一息。

张啸林把杜月笙背到自己租的房子中，请医治伤。这时，张啸林也是穷得要死，为了支付杜月笙的医药费，张啸林仗义当了自己身上的棉衣。因此，杜月笙对张啸林的救命之恩，终生难忘。

这期间，通过杭辛斋介绍，张啸林也认识了黄金荣。但黄金荣觉得他又没有什么值得利用之处，虽然见过面，但一直没有和他往来。

不久，上海新开河码头建成，但外省来的船商受到上海稽征吏的勒索，就通过张啸林等人的关系，纷纷到另处卸货。稽征吏从侧面打听到原来是张啸林在船商中暗地里捣鬼，砸了他们的饭碗，决意要把张啸林擒到手，要他的命。

这一天，张啸林正在南码头联系事务，被驻该处的稽征吏发现，立刻纠集10余个稽征巡警，不问情由，把张啸林强拽进稽查局内捆绑起来，痛打一顿，准备夜深人静时把他扔进黄浦江里淹死。

在这紧急关头，张啸林的随从急忙去找杜月笙求他设法营救。杜月笙得讯后，一面叫手下把兄弟到稽查局搞清虚实和关押的地方，一面和几个头目商量营救办法；然后，他随即挑选了数十个流氓，做好了劫狱的准备。

到了晚上，杜月笙和李阿三率领这班流氓一齐冲入稽查局，救出了张啸林，然后一哄而逃。

张啸林在杜月笙的帮助下脱险回家逃了性命，休养了数日后他决心报仇。随后，他打听到把他往死里整的稽征吏头目，名叫“金狮狗”，是一个手段非常残忍的家伙。为了报仇雪恨，他请了“三十六股”流氓的头子“吊眼阿定”助他一臂之力。

“吊眼阿定”对“金狮狗”也早就看不顺眼，于是答应了张啸林的要求。

一天上午，“金狮狗”照例出来巡查商船，正独自走到江边时，突然被早就埋伏在那里的十几个人掀倒在地。

一顿拳脚后，被人七手八脚地把他拖到江边，一声号子，用力往江中抛去。此时，正好漂来一只大粪船，只听“扑通”一声，“金狮狗”被抛进了大粪船中，结果他虽然保住了性命，但已饱尝了大粪的滋味。

“金狮狗”爬出大粪船时，张啸林等人早已逃得无影无踪了。得罪了“金狮狗”，上海呆不下去了，张啸林又只好回杭州。

第二十三回

借他枪铲平路上碍 军租帮合手谋土财

杜月笙是一个善于“借势取势”之人，官场势力、商场势力、洋场势力和江湖势力他都要，他知道势和利是不分家的。有势就是利，因为势之所至，人们才马首是瞻，这就没有不获利的道理。

张啸林这次来到上海，把妻子娄氏也一并带了过来，同时还带来了两个好友，一个是号称文武全才的翁左青；一个是他的过房亲家陈效岐。他决定和他们一起在上海共创一番“大事业”。

到了上海后，张啸林听说以前的生死之交杜月笙已在同孚里黄公馆发迹，便马上过来拜访。

原来，1919 年 8 月，浙江督军杨善德病故，卢永祥由淞沪护军使升迁，护军使一职则由卢系大将何丰林继任，江榦廷任护军使署秘书长，刘吾圃任肥沪警察厅主任秘书，俞叶封调充缉私营统领。这批分居要津的大官，与张啸林均有私交。

有了靠背，张啸林觉得在上海滩这片天地比杭州广阔多了，能使自己有更大的发展。

杜月笙见了张啸林，十分高兴。第二天，杜月笙便带了他去见黄金荣，并力请黄金荣重用张啸林。

因为“三鑫”公司这时已垄断了法租界的烟土市场，牢牢掌握了上海滩上的烟土业，展望前景，一片金山银海，瑞气万千。

但是，他们还有一道关口却无法突破，从吴淞口到高昌庙、龙华进入租界这一条路，都是淞沪镇守使衙门的天下，水警营、缉私营、警察厅，乃至各级队伍，侦骑密布，虎视眈眈，不小心就损失一批烟土。

杜月笙对黄金荣说：“有了张啸林，由他出面去联络，这道关很可能就打通了。”

黄金荣觉得，杜月笙说得在理，为了扫除路霸，他决定接纳张啸林。

这时，各地的军阀大多数也是以鸦片烟为主要的经济来源，他们长袖善舞，经验丰富，利害所在，一眼便可洞察。在租界里经营鸦片，对他们来说有百利而无一害，军阀何丰林、俞叶封何尝不垂涎这股财香？

只因为地位悬殊，关系搭不上，只好进行水陆查缉，通过没收、罚款搞些钱。但是，内心里他们更希望介入烟土走私赚大钱。

张啸林从杜月笙处领了一笔钱作为交际费用后，腰缠万金，装出一副大款模样，打着浙江省省长张载阳和督军卢永祥的旗号，自下而上，由外而内，一步步地向俞叶封、何丰林进攻，而与黑帮合作，何、俞二位早已求之不得，马上把张啸林敬为上宾。

在张啸林的多方沟通下，于是，军阀、租界、帮会三方合为一体，大家同心协力发“土”财。局面豁然开朗，“三鑫”公司的“事业”蒸蒸日上。

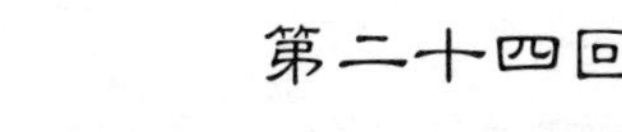

黎总统落势降上海　献殷勤力保展肝胆

1923年，北洋军阀出身的总统黎元洪内忧外患，直系军阀气势汹汹地上总统府索饷，并且雇用游民组织“公民团”，逼他退位离开北京。

在他还没反应过来采取措施时，直系大将王怀庆干脆派兵“请”他走人，他只好仓皇出京，先赴天津，最后几经努力复位，但是得不到军队的支持，只好黯然南下。

6月13日，黎元洪抵达上海，黄金荣、杜月笙等上海名人都去迎接。当天由法租界巡捕房总探黄金荣做东，为“黎大总统”夫妇洗尘，杜、张当然也在座奉陪。

席间，黎元洪特地走过来向杜月笙敬酒：“月笙先生，黎某……”黎元洪之所以这么客气，是因为他知道杜月笙是黄老板的灵魂，不仅如此，他今后在上海的安全，全部掌握在杜月笙的手里。

而此时的杜月笙看的似乎更远，他心里始终有一个精细的算盘。古往今来，权与钱就有着密不可分的关系。时至今日，政商界人士往来还是非常密切的。俗话说：“朝中有人好做官。”在江湖上行走的人，更需要有个靠山，希望日后好办事。而这位落难的黎元洪黎大总统说不定什么时候就重返高位，日后就有可能成为杜月笙在“朝廷”中的自己人。

黄金荣招待黎元洪也确实很够诚意，他对法捕房里多年相从的巡捕还不放心。这一次，他又动用了杜月笙这支小型快速精悍部队，杜月笙亲自率领他的“小八股党”，轮流分班，为黎元洪保驾。

“小八股党”里的顾嘉棠、高鑫宝、叶焯山、芮庆荣、侯泉根、黄家丰、杨启棠、姚志生，这8位朋友经过一番奋斗，追随杜月笙身后，如今早已一个个鲤鱼跳龙门，有钱有势，都成为了大头目。

他们从杜月笙那里学来仗义疏财、广交志友的全套本领，都拥有成千上万的徒众。这些人大都散居上海市及其近郊，只消一声令下，马上就可以组成浩浩荡荡的大军。现在杜月笙可以随时招来他们保黎大总统的镖。

黎元洪是和他的如夫人，还有黎本危一起相偕南来，随行的有一些秘书、副官、卫士、奴仆等。为了迎接黎元洪的到来，杜月笙在杜美路26号，买了一幢精致幽美、花木宜人的小洋房。

曾任民國大總統的黎元洪

在得到黎元洪派驻上海代表的秘密通知后，黄、杜、张一商量，觉得杜美路适合这位退职的总统小住。于是，杜月笙雇了工人去修葺一新，并且置备了全套的家具。

黎元洪的秘书长饶汉祥，当年曾代黎元洪所拟通电，文情并茂，传诵一时。这一次，他随行来到上海，却留下了一副脍炙人口的好对联。他因为特别赏识杜月笙的慷慨好客，群贤毕集，为他题了14个字：春申门下三千客，小杜城南五尺天。

杜月笙将这副对联爱如拱璧，特地请名家雕刻为黑底金字，悬在他家客厅的两楹。

黎元洪和他的如夫人送给黄金荣的礼物，可以说是相当奇特，黎元洪送黄金荣一套陆军上将的煌煌戎服，由于黄老板的身段和黎大总统约略相仿，黄金荣私自在房中常常穿着起来，摇摇摆摆，踱个八字官步，自己沾沾自喜，逗得俏娘姨们一个个地像掩口葫芦。

除了衣服外，他还送了黄金荣一套很名贵的礼物：一套精美的鸦片烟具，连同烟盘，全部纯银镶钻。黄金荣拿在手里把玩再三，爱不释手，赞不绝口，但是黄金荣还在吃法捕房的公事饭，并不会抽大烟。

杜月笙对于保护“黎大总统”的工作，十分认真而尽心，他每天尽量抽出时间，守在杜美路，他和黎元洪、黎本危同进同出，平起平坐。

这时，黄金荣私心爱慕着一个名伶露兰春，她正在老共舞台献艺，这时露兰春风靡了整个上海。黎元洪和如夫人客中无聊，于是黄金荣恭请他们去听一次戏。

为黎元洪及其如夫人这一次在公众场合露面，杜月笙率领他的“小八股党”，所做的防范和戒备工作，非常周密而彻底。

这一天，他们身上都带了手枪，黎元洪及其如夫人所坐的包厢，前后左右，更布满了黄金荣和杜月笙的自家人。

黎元洪及其如夫人是轻装简从进老共舞台的。老共舞台全场爆满，好几百观众全神专注于台上露兰春的投手举足、轻歌曼舞，谁都不知道他们今天是如此的幸运，正和“黎大总统”同处一厅，享受着“黎大总统”在上海与民同乐的“幸运”。

杜月笙看看一切布置得很好，黎元洪及其如夫人都在聚精会神地听戏，他吁了一口气，信步走到楼下去休息一会儿。

才到门口，杜月笙便碰到了老共舞台把门的阿大，他是黄公馆的老佣人，一向忠心耿耿，老共舞台开张，黄老板给了他这样一个美差，曾使他高兴得三天三夜没有睡觉。这时杜月笙一来，阿大马上向杜月笙诉说着刚才看到的一个神奇的事情。

“杜先生，”阿大迎上来愁眉苦脸地说：“这桩事情真是太稀奇了。”

杜月笙眼睛望着他，一面擦汗一面问：“什么事情？这样大惊小怪的。”

"刚才你们陪那两位贵客进门，"阿大凑近他，神秘地压低了声音，"还不到两分钟，突然之间，我看到一大串狐狸，仿佛受了惊吓，从戏馆里一溜烟地跑出来。"

"瞎三话四，"杜月笙耸肩笑笑，"这么大一个城里面那儿来的狐狸，笑话。"

"千真万确的啊！"阿大委屈般地喊起来，然后左右一看，又在悄声说，"我起先被它们吓一大跳，连忙跑出大门去追。我清清楚楚地看到，那一串狐狸跑到斜对面那爿当铺里去了。"

"那么，"杜月笙还在跟他开玩笑，"你就该追进当铺里去看呀！"

"当铺老早打了烊，"阿大一本正经地说，"我亲眼看到，它们一只只地往当铺门上扑，扑一下，就不见了一只。"

"大白天见鬼了！"但是，听他说得那么活灵活现，杜月笙回念一想，阿大是个老实人，连黄老板都夸赞过他，从来不说谎话，也不说一个字的废话，他有什么理由要编这一套鬼话呢？

"阿大，"杜月笙轻声安抚他说，"我看你是太辛苦了，一时看花了老眼。"

"绝对不是。"阿大断然否认，并且提出反质："我怎么可能接连两次都看花了眼睛？"

"不管怎样，"杜月笙累了一天，稍微有点不耐烦地说，"这种事情就摆在自己心上好了，用不着说给别人听。"

"我只说给你听，杜先生。"阿大真诚地说，"杜先生，你是黄老板和老板娘最看重的人。我跟你说说就是，在老板、老板娘面前，我这个话是不敢说的。杜先生，你知道不知道，我们老共舞台原来有个狐仙洞？"

"这个——我不知道。"

"老共舞台如此地好生意，都是靠着狐仙好法力啊！"

"啊？真有这事？"

"如今狐仙统统跑掉，依我看，老共舞台的旺气也就跟着跑了。"

“别瞎说。”杜月笙拦住他。

“信不信由你，杜先生。”阿大叹了口气，忽然又想了起来问，“刚才你请来听戏的贵客是哪一位？”

“你听了可要吓坏的！”杜月笙回答他，谁知引起了阿大更大的好奇心，不住地追问，杜月笙奈何不了他，附在阿大的耳边，悄声地告诉他，来者正是“大总统”黎元洪和他的如夫人。

“这下糟了！”不曾想到，白发苍苍的阿大竟会跌足叹息，他十分怅惘地说，“大总统是天上的星宿呀，星宿怎么可以随便到什么地方去呢？难怪黎大总统，一来，我们供的狐仙就要赶紧逃跑，而它们这么跑掉，杜先生，你看嘛，老共舞台的生意一定不灵了。”

杜月笙只觉得阿大憨得可笑，但是往后事实的演变，却又使他对这个不解之谜将信将疑了。

黎元洪在杜月笙的杜美路住宅驻跸三个月，然后乘轮北返，行前曾向杜月笙再三致谢，“我这次来黄老板处遇到你这样一个好朋友，真是三生有幸，感谢感谢！”然后，他手掌一拍，随行的秘书长饶汉祥和一人抬出了黎元洪自己破费订制的30余面金牌，上镌“义勇”二字，分赠杜月笙的手下。

“黎大总统”走后不久，发生在黄金荣身上的事情留给杜月笙一个不可磨灭的印象，那便是狐仙确实有灵。

第二十五回

禁烟令愁坏沈杏山　迎钦差巧施美人计

上海滩烟土遍地都是，偏偏“万国禁烟会议”要在上海召开了。

“万国禁烟会议”前夕，潮州的大土行统统搬进法租界，法工部局的头目们高兴得手舞足蹈。可是，这一搬，大“八股党”一见财路要断，马上表示要跟到法租界，继续收保护费。

“想在老子的地盘上捞果子吃是在做梦。”黄金荣听了杜月笙的报告，愤愤地说。

大“八股党”的首领叫沈杏山，也是个敢碰硬的黑帮头子，当然不肯眼看着钱财从自己的手中又流到别人的手中去的，发誓要夺回失去的地盘，准备动手。

这样，双方明来暗往，剑拔弩张，都憋着一口气，想大干一场。

由于“万国禁烟会议”即将在上海召开，北洋军阀趁此机会下达了一道禁烟令，令曰：鸦片危害最烈，已经明颁禁令，严定专条，各省实力奉行，已著成效。惟是国家挽回积习，备极艰难。所有前次收买存土，业经特令汇集上海地方，克期悉数销毁……致私种、私运、私售，均将厉禁，并当各懔刑章，勿贻伊戚。

在禁令下达的同时，北洋政府派了一个叫张一鹏的专员到上海，专门监视禁止鸦片，他到达上海前，就到处发表演讲、表示决心要彻底禁止烟运，大有雷厉风行之气势，俨然一个新林则徐又出世了。

这时的“三鑫”公司生意正红火。杜月笙当然不能让他禁了烟断了财路。在张一鹏从北京到达上海的前一天，内线谢葆生就偷偷地跑来报讯说：

“明天，总统特派专员张一鹏就要到上海，英租界探长沈杏山已打点好‘烧香拜佛’的香烛。”

“哦!”杜月笙没有说什么，似乎这是他早已预料之中的事。

“我们是不是要早作准备?”谢葆生又建议。

“去吧，这没你的事了。”杜月笙并没有回答，而是把他打发走了，但是专员一来事关重大，谢葆生一走，杜月笙立刻禀报林桂生。

林桂生一听，马上与他商议办法，然后连夜调兵遣将，布置行动。

人无远虑，必有近忧。不可贪图眼前而忘记长远，更不可有临时抱佛脚的态度。杜月笙能从一个小混混发展到今天的地位，小心谨慎是他始终坚持的做事风格。知道要打仗，就要提前做好战备；要了解货物，就要明白何时出现需求……杜月笙对许多事物都有事前的预见性，而且总是未雨绸缪，提前做好各种准备，这是他比平常人高出一招的地方，对待禁烟一事也是如此。

两天后的一个晚上，在“一品香旅社”的一个套间里，禁烟专员张一鹏正与杜月笙交谈着。

这“一品香”旅社建于清朝道光年间，它虽然房屋陈旧，设备落后，在上海是属于相当老式的旅馆。但是，它主要接待北路客商，里头的美女却是响当当的，许多北方佬见到水灵灵的南方姑娘，十分喜欢，舍得在姑娘身上花银子，从而使“一品香”在花界颇有佳誉。

原来，通过种种关系，杜月笙早已打听到这位张专员的为人和爱好——不亲烟赌而好色，于是，对症下药，投其所好，选中了这“一品香”。

“我在京都就听说黄老板手下有个杜月笙，是个非常人物，今日相见，果然不同凡响。敝人初次到沪，人地生疏，正想找些社会贤达了解沪上鸦片的情况，有人推荐了您。一鹏理应登门拜访，不料杜先生破费，今晚在此招待，实在不敢当。”

“哪里，哪里！张专员是总统特使，钦差大臣。上海滩上有些内幕情况，我晓得一点，理所应当提供给专员。本想请专员到寒舍畅谈，后来觉得专员公务在身，多有不便，所以就包了这房间，供专员在上海期间散心用。”

“那太不好意思了，让杜先生费心了。谢谢!”

“小意思。”杜月笙摇手道：“刚才专员问起上海滩鸦片烟贩卖情况，我了解到大英租界的棋盘街麦家圈一带有几爿大土行，叫李伟记、郑治记，还有一爿叫郭煌记。这几爿是潮州帮开的。还有本帮的广茂和土行，开在三马路。听说英租界捕房里什么人带头拉起了一帮人，组成了‘八股党’，专门做这一路生意。这些土行不封闭重办，光烧毁查明的存土，禁土还是一句空话。”

“你说得对，要查封！这是条约上规定的了，可是办人，就难了!”张一鹏长叹了一声，接着说：“那些家伙是在英国人庇护下的，他们会把鸦片转移，我这小专员动不得他们一根毫毛啊!”

“要是张专员信得过我杜月笙，我请黄金荣探长去对付，保证会把他们治得服服帖帖。这事全包在我身上啦。”

“什么事啊？杜先生包在你身上?”突然，一个娇声娇气地声音，从隔壁套间里飘了出来，接着出来一个仙女般的女人。

她穿着一件紫色的软缎旗袍，裹住了苗条的腰身，胸口隆起的乳峰隐约可见，一双肉色的丝袜罩着半个白腿，在开叉旗袍下时隐时露，一双大红的绣花拖鞋，轻盈地从地毯上移来。看打扮，20不到，19有余，一张粉脸嫩得滴水，一双窄长而黝黑的眉毛，遮护了流动着粼粼波光的眼睛，每一流盼都在显示出盈盈的笑意……

她走到杜月笙跟前，嗲声嗲气地说：“杜先生，刚才茶房来关照，说你府上太太打电话来，有客人在等你，叫你快点回去。”

说完，她妩媚地一笑，就在一把椅子上坐下来。这时，整个房间里弥漫着氤氲香气。

“曼蕾小姐要赶我走了，我只得从命了！”

“我是关照你，要是回去迟了，你那位苏州老四发起脾气来，你可吃不消啊！”说着，向杜月笙打了一个媚眼。

“我家老四可不像你，是个大醋缸。我是真有事，一个朋友约好的。”

杜月笙站起来，向曼蕾小姐挤挤眼，卖个俏，意思是这里的事全交给你了。然后，他拎起皮包，向张一鹏点点头说：“专员，我走了。你托我的事，我一定办到，再见！”

张一鹏站起身送客到门口，转身轻轻地带上房门，弹簧锁“啪”地一声锁上，再坐回双人沙发上。

曼蕾款款地走到张一鹏面前，隆起的胸脯一耸一耸，紫色旗袍里那两条几乎赤裸的大腿在他眼前一晃一晃的。张一鹏眼睛直勾勾地看着她，不由地抬起手，要往旗袍上摸。在他的手接近旗袍的瞬间，曼蕾屁股一扭，移到了一边。

张一鹏刚坐稳，曼蕾又走过来。她这次有节奏地摇晃着身子，让胸前那对丰满的乳房一晃一晃的。张一鹏看着曼蕾身子有节奏地摇晃，猛地想起昔日那些京城女子。但她们全比不上眼前的曼蕾，张一鹏禁不住站了起来，想上前去抓那乳房，曼蕾屁股一扭，又躲开了。

眼看鱼就在嘴边，却吃不到，张一鹏急红了眼，端起桌上的一大杯白酒，一口气灌下去，正当他想扑上去抓住曼蕾时，曼蕾却猛地一屁股坐在他的身边，把胸脯紧紧地贴在他的肩膀边，搂着他的脖子，凑在他的耳边，压低嗓音，娇滴滴地说：“我跟你去北京，好吗？”

张一鹏顾不上回答，一只手从旗袍的开叉处摸了进去……不一会儿，他又发现曼蕾的那张粉脸还没有动，又趴下来不停地亲。

曼蕾被张一鹏放在沙发上揉着，两只眼睛里露出一副不胜娇羞的模样。见他手忙脚乱，她身子一歪，从沙发上滑到地上，那大腿上的可人之处隐约可见。

张一鹏这才想起，应该剥去曼蕾的衣服。他顾不上去解纽扣，伸手抓住旗袍的下摆，猛地一扯，旗袍一串脆响，前面的那边被撕去了……

“你把人家的衣服都撕坏了。我要你赔!”

“要什么衣服，你天天就这样陪我，我才开心呢。”

“那我怎么出去呀?”

“大爷我有的是钱，你要什么我就给你买什么?”

说着，张一鹏已被欲火烧得脸色发紫，按捺不住，三下五除二地脱了自己的衣服，就在地板上行动起来。

曼蕾“唉哟”了一声，张一鹏感觉到了她的撕裂的痛。

“爷爷真不信，你还能真是黄花闺女?”

这时，曼蕾已痛得脸都变形了，没有回答他，但是她的身子已随着他的上下揉动也开始一上一下了，渐渐的，她由肉体的痛变成了愉悦地呻吟声……张一鹏穿戴好后，把赤身裸体的曼蕾抱在怀里，看着这美丽的胴体，万般怜爱地问：“你还是处女？第一次?”

“就是嘛，人家从来是卖笑不卖身的，不是杜先生关照好好侍候张大人，我怎么能让你这样。”

“好啦，管你是不是处女，大爷都喜欢你。”说着，张一鹏在她的嫩脸蛋上拧了一下，又用大嘴咬住了她隆起的奶头。

“我跟你去北京，好吗?”

“北京的风像刀子，你这嫩脸蛋给吹糙了，大爷我可赔不起呀!”张一鹏说，“哎!听说法租界有个‘三鑫’公司，也做鸦片生意，可是真的?”

曼蕾摇摇头，嘟起红嘴唇，不胜其烦地说：“什么鸦片呀，你们男人就离不开那烂东西。谁留心那破玩意？不过，‘三鑫’公司我倒知道，我有个表兄在公司里做事，这公司是做地皮生意的。”

“鸦片能赚大钱，杜先生为什么不做呢?”

“听说英租界巡捕房里有个叫沈杏山的人，独霸了上海滩烟土生意，不准别人插手嘛。”

“喔，原来是这样。”

柔和的浓香的话语，又是从樱桃小口里吐出来的，张一鹏哪有不信的？他深信不疑，鸦片的大本营的确在英租界里。他觉得从侧面了解的情况更可靠，心里有底了。

此时，子夜已过。张一鹏扶起曼蕾，揽住她的细腰，往卧室走去。曼蕾半推半就，两人重又上了床。

第二十六回

张大人浦东烧大烟　沈老板遭查脸被扇

有了曼蕾的这一夜，可以说是把张一鹏“累”了个半死。

张一鹏躺在舒适的大床上，半眯着眼睛，神仙般陶醉似地做着美梦。他想自己是总统的特命专员，顶得过清政府的钦差大臣林则徐。林则徐到了广州禁烟，洋人还与他为难，不买他的账，而现在我张一鹏虽然没坐八抬大轿进上海，可是一踏进上海滩，洋人、“土人”全来巴结，送金、送银、送美人，要啥有啥，可谓八面威风！林则徐有虎门销烟，威镇四海，我何不来个“浦东销烟”，日后也好流芳百世。张一鹏越想越尽兴，得意洋洋地哼起了小调。

第二天天大亮了，他却还在梦乡遨游，本说上午开始行动，结果随从却敲不开他的门，只好等到下午，才见他带领一行10人，浩浩荡荡地来到海关监督税务司查点烟土储存情况。

这海关何来储存的烟土呢？说起来话长。早在1915年4月29日，正在做皇帝梦而苦于经费太少的袁世凯，突然派清朝末年担任过上海道台的蔡乃煌，到上海担任苏、赣、粤三省的禁烟特派员。

蔡乃煌在这里玩起了鬼把戏，这时的江苏、江西、广东三省还是禁烟的“世外桃源”，没有被禁绝种植和输入烟土，因此，三省内积存有大量的印度鸦片。这可是馋人的油水。清朝末年，不少官吏以禁为名，征收销烟“损耗款”，大发横财。这一次，袁世凯是“故伎重演”。

蔡乃煌深晓袁世凯的心意，一到上海，马上与上海、香港两地经销印度鸦片的烟土联社签订《苏、赣、粤三省禁卖烟土合同》。合同以准许联社在江苏、江西、广东三省运销积存的鸦片为条件，规定联社销售一箱鸦片向政府交纳三千五百元“捐款”。果然，蔡乃煌此举，为袁世凯进账达千万元。

可是，这一招激怒了上海人民。尤其是蔡乃煌的同乡在孙中山的带领下，认为蔡大伤了广东人的脸面，纷纷与他决裂。蔡乃煌顿时声名狼藉，成了孤家寡人。

转眼，合同到期，民怨沸腾之下，上海正式宣布禁止外国鸦片进口，公共租界工部局也同时收回在租界里的烟土售卖执照。北京政府国务会议只得顺应民意，决定取消积存鸦片的合同。

这样，联社的另外1000多箱鸦片销售只好停止。这就是海关私存鸦片的来历。

张一鹏到了那里，按单据一检查，原来的1600多箱鸦片，现在只剩下1200箱，有400多箱已被盗卖。张一鹏并不知道，这400多箱竟都是通过杜月笙的“三鑫”公司销掉的。

但是，这个张一鹏尽管在北京信誓旦旦，但是到了真枪实干的时候，他却没胆量，也无心再追究这400箱烟土的去向，只是装腔作势地命令部下把剩下的鸦片全部封存好，准备运往浦东。

这天下午，黄浦江两岸挤满了看热闹的人群。为了扩大影响，张一鹏特意不用车子装载，而是到中国地界调了几千民工抬着鸦片，由沪军士兵押送过静安寺路，从外滩过外白渡桥，从而到达码头过江。这时，“万国禁烟会议”的代表也坐游艇过江到场察看。

当太阳快要落山的时候，1000多箱鸦片排列在浦东稻田里，当场开箱，让各界人士检验过目。

想不到开到第57箱时，里面竟是一条麻袋包着一堆砖头。官员们面面相觑，张一鹏脸上红一阵子白一阵子，请来观瞻的洋人们不停地耸肩，不住地做鬼脸。幸好柴禾已架好，火一点，便噼噼剥剥地焚烧起来。

第二天，在“万国禁烟会议”上，张一鹏宣布了他的调查结果，英租界的探长沈杏山，利用职务之便，在英租界里大肆保护、贩卖烟土，希望英租界工部局予以调查、取缔。

张一鹏之所以敢在这“万国大会”上点英租界的名，无非是沽名钓誉，显示自己是一个当代林则徐的形象，谁知英国代表也不是好惹的，当场表示英租界绝无此事。

但是，迫于大会代表的压力，同时又答应回去对华捕探长沈杏山严加审查。

很快，沈杏山被上司严重警告了。因为他以前做的，也都是上司所支持的。不过，这一次，上司罚了他3000大洋，但是这却吓得沈杏山逃往了天津避难。

在杜、沈的这次较量之中，杜月笙借助张一鹏之手打了沈杏山一记响亮的耳光。

富有经验的处世高手都知道，有“舍”才会有得，而且所得的比所失的更加丰厚。因而许多成大事者，在关键时候，总是特别敢于“舍”。杜月笙便深谙这一道理，他希望在和沈杏山的较量中，自己是真正笑到最后的人。

于是他敢于大投入，用重金收买的美人俘获了张专员，而把事情的矛头引向了自己的竞争对手沈杏山。在这场竞争中，自己不但毫发无损，反而成了获利者。

第二十七回

施恩义搭救落水狗　牵红绳拉拢沈巨头

俗话说：冤家宜解不宜结。杜月笙深深地明白这个道理。他也知道，自己做的坏事太多，更应该减少与他人的冲突，以免日后走上绝路。

而上海滩的公共租界，是由英、美两租界合并而成的，它的范围要比法租界宽阔得多，也是上海滩的商业中心，闻名于世的英大马路和四大游乐公司都在租界内。在英租界内沈杏山、赌场老板严九龄等等都是显赫的人物。黄金荣当家的法租界帮会，跟英租界大亨明争暗斗，嫌隙甚深。小“八股党”顾嘉棠抢了大“八股党”的饭碗，就连小角色江肇铭也讹过严九龄的赌台，现在杜月笙又打人耳光却又叫沈杏山做不得声。凡此种种，都潜伏着火并的危机。

于是杜月笙又生出一个绝招来：以柔克刚，化敌为友。他知道，落水狗打不得，说不定这条狗就会集中最后的全力咬你一口。

倒运的沈杏山到天津避了一阵风头。天津虽也有租界，却是欺生客，他混了几个月又悄悄回了上海，躲在家里栖栖惶惶的。杜月笙觉得投石下井，不如溺水救人来得高明，他瞅准机会马上行动，先去游说黄金荣，由老板出面安抚沈杏山。因为这样更能事半功倍。

杜月笙来到了黄公馆。

“金荣哥，听说沈杏山回上海了。”

“哦!”黄金荣当年曾亲手打过沈杏山的耳光，现在沈杏山已是落水之狗了，对杜月笙重提沈杏山之事，却提不起劲，“姓沈的回来是要重开码头吗?”

杜月笙在旁察言观色，先要摸摸老板的底：“他哪有这个气魄呀？孵豆芽还差不多。”

听杜月笙这么一说，黄金荣却并不赞同，他长叹一声：“姓沈的也是个角色，当初我脾气躁，为争码头敲了他一记耳光。凡是人，总是要挣张脸皮嘛。”

杜月笙见黄金荣中了自己的诡计，也抱有了凡事宁息的态度，暗暗庆幸，于是顺水推舟，渐渐引出他的真实来意：“金荣哥，你再拉他一把吧。”

黄金荣不住地点头：“大水冲龙王庙，横竖都是自家人。月笙，有机会你开个差使给他吧，算是了却前账。”

“金荣哥，我陪你走一趟，也显显黄门的肚量。”杜月笙一步步把黄金荣引向自己所设想的路上来。

“好吧。”黄金荣真的被他说动了心。

第二天，他果然带着杜月笙登门拜访沈杏山。沈杏山喜出望外，忙唤来爱女四小姐春霞敬茶。

杜月笙一见这玲珑俏丽的少女，顿时又生一计，启口问沈杏山：“杏山兄，四小姐不曾配亲吧?”

沈杏山一听，以为杜月笙看上了他的女儿，脸色顿时吓得苍白，但是嘴巴上还是不自主地如实说：“没，没……”

“哈哈，老杜讨杯做媒酒喝了。”

沈杏山一听杜月笙保媒，由忧转喜，更是受宠若惊，忙不迭应道：“岂敢，岂敢。不知哪位公郎肯娶丑女。”

杜月笙一笑，指指黄金荣：“金荣哥的二郎源焘。”

一听是黄金荣的儿子，沈杏山满口答应了。就这样，黄、沈由冤家成了亲家，给沈杏山撑足了面子。

沈杏山对促进这桩美事的杜月笙更是感激涕零。在送别黄、杜时，沈杏山悄悄凑着杜月笙耳边说：“士为知己者死，杏山甘愿为杜先生赴汤蹈火。”

杜月笙具有长远的目光，不为一时的得失计较。他通过降服沈杏山来达到收伏“大八股党”的目的，甚至通过自己的大度让沈杏山为曾经的“失礼”感到汗颜。化敌为友、赢得人心，可以说是迎战那些终日想要让你难堪的人所能采用的最上策。“化敌为友”，是以“不争”为“争”的行动策略，是一种高明的人际交往艺术和处世哲学。

杜月笙的收伏“大八股党”之策终于成功了。收伏“大八股党”，是杜月笙下的第一着棋。这一高招给他带来的不只是堂皇的高冠，更重要的是实力，是一支能为他拼夺的御林军。制服沈杏山，使他深深懂得了古人所云“擒贼先擒王”的真正涵义。

接着，杜月笙开始了他的第二着棋，即扫平英租界的赌档，但是，这一次他的瞄准器上的猎物，却是赌界大亨严九龄。

第二十八回

谋同盟热脸贴屁股 显城府严佬终降服

严九龄自家开赌场让别人赌，自己也豪赌。杜月笙细细品味着这只猎物，了解了严九龄的个性、嗜好后，果断地做了决定：在牌桌上与严九龄建立政治同盟。

第二天，杜月笙驱车直驶英租界，登门拜访与“三鑫”公司做鸦片生意的范回春。在这盘棋中，范回春将充当一匹卧槽马的角色。

说起范回春，此人也是英租界的亨字号人物，论身价，他比严九龄还高。他曾当过七天的上海县长，辞职后，在虹口外的江湾开设了上海第一座跑马厅。早先，黄金荣办案时，范回春在英租界帮过他的忙，之后，黄金荣为答谢他，便让自己的长媳李志清拜他为干爹，两家从此结上了亲戚。

现在杜月笙要智擒严九龄，自然就想起打他这张牌了。

杜月笙来到范家，已是晚上7点光景了。范回春酒足饭饱，正要带着小老婆去严九龄的赌馆消夜。见杜月笙驱车上门，连忙迎进客厅，吩咐大烟伺候。

随即，他的小老婆娇声娇气地递上玉嘴湘翠竹烟枪。等招待拿齐，范回春启口道：“杜先生，怎么晚上不消夜，还在忙公事？”

“回春兄见外了，你我除做生意，就不能串串门，叙叙情了？”杜月笙调侃地说。

“哪里，哪里，杜先生肯光临寒舍，是给我老范的面子呀！”那小妾扭着细腰，用那只细白胳膊轻轻搭在杜月笙的肩上，抿着两个酒窝斜视着对方。

“范太太，真不愧是女中豪杰，嘿嘿。”杜月笙回首扫了那女的一眼，仿佛刚发觉似的，“啊哟，范太太盛装，莫不是要上夜总会去？该死，我来的不是时候，我这个不速之客尽是扫人之兴。”

“贱内要我陪着上严老九的场子凑热闹。”范回春说了实话。

“那好，那好，我下次再来。”杜月笙边说边站起来。

范回春慌忙拉住：“哪里话，莫走，莫走。坐，坐！”

杜月笙轻轻拍拍范回春的手：“老兄，你我是外人吗？快陪夫人吧。”

他转身走了几步，突然记起什么，又回转头来，随意说：“范兄，我也想为严先生捧场，陪他搓几圈麻将，老兄能否牵个头？”

范回春爽快地应允道：“好嘛，这事包在我老范身上。”

当晚，范回春把杜月笙要求来英租界赔赌的事，告诉了严老九。谁料，严老九冷冷地从鼻子里哼了一声就没下文了。

过了两天，杜月笙打来电话，问问严老九的意向，这可急坏了范回春。他不住地催问严九龄，可是那边却偏偏不动声色，气得他直骂：“婊子养的，你严老九不要太过分了，在老子面前摆架子，一点面情都不讲？”

第三天晚上，范回春正在家里生严老九的闷气。“叮铃铃”，电话又响了。听差禀告，又是杜先生打来的。

范回春尴尬极了，正不知如何回答是好。但出乎意外的是，电话里传来的不是埋怨，而是杜月笙豁达、开朗地笑声：“范兄，我已派人送来两份帖子，请你与严先生来寒舍一叙，务请范兄转告严先生，给个面子。”

“好的，好的，这次小弟一定尽力，非把老九拖来不可，一定向杜先生赔罪。”

范回春放下电话，不由得翘起大拇指，连声称赞道："好，杜月笙有肚量，是个响当当的亨头。"

经过范回春的又一番说服，严九龄终于了却不了情面，只好答应了去杜月笙那里。

忍他人所不能忍的人，才是能取他人所不能取的大智之士。杜月笙能忍，而且会忍。不但让范回春为之叹服，还能让对手就范，这一点是他人所不能比的，也是杜月笙能够在上海滩称王称霸的重要原因。

这一天，杜月笙的酒筵摆得十分隆重，且不说上等鱼翅席，就是陪客都是轻易请不动的上海青帮大亨。高士奎、樊瑾全都被他拉来作陪，就连上海滩刚爆出来的新大亨、黄包车夫总头领顾竹轩也兴冲冲地赶来凑热闹了。

杜月笙煞费心机布下了八卦阵，单等严九龄就范。偏偏半途遇到了马谡失街亭，这次又未如愿，搞得几乎下不了台。毛病就出在这个顾老板身上。

顾竹轩是江北盐城人。当年，江淮一带连年灾荒，盗匪遍野。每逢一次灾年都有大批难民乞食逃荒，会有不少灾民流入上海。男的拉黄包车、剃头、擦背，女的进窑子苦度余生。没几年，流入上海的苏北灾民竟达一百万之众。这些人备受歧视，杂居在棚户区，被称作"下只角"。

但是，他们抱成一团，发奋图强，不惜一切手段地谋生存。顾竹轩就是他们的帮主。他手下拥有八千多余包车夫，这些弟兄各个愿为他卖命。

这时，血气方刚的顾老板正在势头上，仗着人多势众，又且横跨三个租界，连杜月笙也不放在眼里。他这次肯赴宴是想结识几位青帮头目，抬高抬高自己的身价而已。

严九龄碍着老范的情面，勉强来杜公馆应酬了。但是，酒席上的宾客各怀心胎，话不投机，这一鱼翅席吃得冷冷清清。

顾竹轩心直口快，菜还没上完，便离座起身，对严九龄说："大家吃闷酒，不如上赌场开心，老九，我们走吧。"

说毕，他将油嘴一抹，长袍一撩，大大咧咧地走出客厅。

严九龄稍犹豫了下，也顺势站起来，也不向范回春打个招呼，便双手一拱，说："杜先生，后会有期了。"

杜月笙心里十分恼火，脸上却堆满了笑容，客气地送他到屋檐，嘴里还不停地打着招呼："月笙惭愧，照顾不周，请严先生多多包涵。"

一旁作陪的范回春却涨红着脸，浑身不自在。他见严九龄告退，连身子都不曾动过，自斟满一杯状元红，一昂头，一饮而尽，乘着酒意，气恼地骂道："不识抬举，哼！让我过不去！"

他正要斟第二杯时，一只大手沉重地压在他手背上。他一抬头，只见杜月笙笑眯眯地望着他，一语双关地说："日久见人心啊。"

过了几天，机会终于来了。

坐镇南京的孙传芳电令驻浙的军长谢鸿勋赴宁，商议军情。谢鸿勋久闻杜月笙的盛名，特意在上海下车，要好友严九龄代为引见。

这下可难为严老九了。他对范老抱有敌意，多次冷落其实是想疏而远之。但谢鸿勋专程为杜月笙而来，他哪有推卸之理？不得已，严老九只好又去找范回春商议。

"回春兄，谢军长要结识老杜，你与杜先生是熟人，有烦老兄穿针引线。"

范回春正生着闷气，见严老九来，一古脑儿发泄了出来："你老九身价太高，人家杜先生真心诚意要交朋友，你却搭足架子，让我丢尽面子，今后哪还能在上海滩上混？姓谢的，我一不沾亲，二不带故，何必去舔人家的屁股？"

"小弟错了，"严老九厚着脸皮，忙不迭地检讨，"务请范兄递个信，今晚陪夫人赌个通宵，输赢全包在我身上。"

范回春余怒未消，想起杜月笙那边也有意要结交他，现在他正在夹缝中，于是只好无可奈何地说："你的情，老范不敢领，只是欠杜先生的人情，总得要还。看在杜先生的佛脸，我跑一趟了。"

"拜托，拜托。"严老九连连称谢。

杜月笙从范回春那里得到消息，脸上露出了一丝微笑，他吩咐听差：

"你去严馆走一趟，送上我的帖子，说我恭候两位大驾。"

谢鸿勋得到请帖喜出望外，严九龄则是惭愧不言，两人马上答应赴宴。

结果，这席酒筵气氛截然不同了。主宾谈笑风生，情谊融洽。杜月笙丝毫没有冷落难堪严老九之意，反而对他恭敬有加。这使得严老九暗暗钦佩杜月笙的大将风度。酒过三巡，谢军长也成了杜月笙无话不谈的老朋友了。

谢鸿勋兴致勃勃地谈起了他逛法国夜总会的情景，顺口道："洋人真会拉生意，夜总会里的每只赌台都有标致的洋女人陪着，就是吸大烟、喝咖啡的客厅里，也尽摆着新奇的洋玩意儿。"

杜月笙听着微微一笑，他转身向旁边侍奉的娘姨说："去太太房里，将那只鸟笼拿来。"

不多时，娘姨捧了个白玉雕成的鸟笼，笼里锁着一只玲珑剔透的黄莺。杜月笙伸手去开发条。

不一刻，那只黄莺做着扑翅、点头、转身的动作，然后又引吭高唱，发出婉转呖呖的莺啼之声。谢军长惊异地喊道："这居然是假的。哟，奇物、奇物。"

杜月笙解释道："这是法国朋友送的，据说，在巴黎也只有一只。"

谢军长小心翼翼地把鸟笼捧在手里，一遍又一遍地摆弄着。杜月笙悄声对那娘姨说："将那个盒子也拿来，等下装好，送到谢军长的汽车上去。"

谢军长只顾玩鸟，对杜月笙的吩咐不曾注意。但细心的严九龄却听得清清楚楚，他忙拦住："不，不，君子不夺他人之好。谢军长不会收的。"

杜月笙压低了声音回答他道："谢军长不肯收，就托严先生做主代收下吧。"

严九龄默默无言，只是用手紧紧握住了老杜的手臂……就这样，杜月笙终于降服了骄横一世的赌王严九龄。

这一招投其所好，杜月笙可谓屡试不爽，但每次都那么管用。为什么？人无完人，人是情感动物，你把对方最关心的事当成自己最关心的事，除非这个人是榆木脑袋，他也会对你产生好感。好感是信任的前奏，有了信任以后的事就自然好办了。杜月笙深谙此道，他会利用一切能够利用的东西拉拢他人，以便日后让这些人为己所用。

第二十九回

用心计借赌钱铺路　挤上流敲开租界门

两天后，严老九的回报来了。他凑好四个牌搭子邀杜月笙搓麻将。除了范回春外，还有上海的另一帮会头领，外号叫“塌鼻头”的郑松林。每天下午三四点钟入局，直到半夜才尽兴而散。

四个大亨赌的输赢，一家要三四千元。而当时一担米，才只三块银洋，这桌麻将足已令人咋舌了。

两个月下来，杜月笙在麻将桌上结识了英租界许多头面人物，对那里的情形也摸了个透彻。

谁知这时，黄金荣耳目很灵，他听说杜月笙丢下“三鑫”公司不管，成天泡在英租界豪赌，心里很是不快。他担心杜月笙又犯了早年的毛病，无意支撑黄门了。

于是，他忙叫来范回春，坦率地吐露了自己的心事："我吃一辈子包探饭，现在把世事看淡了，也不想管事了。亏得有月笙，否则，这辈子搏来的场面难以善终啊。"

"是啊，是啊。"范回春不置可否地回答着。

黄金荣的话头渐渐转入了正题："月笙的担子不轻。里里外外的，都少不了他。我听说，他日日在严馆赌铜钿，丢着正事不干。我真担心啊。"

范回春这才听出了话音。他觉得黄老板对杜月笙并不太理解，心里有些忿忿不平。他说："金荣哥，你的意思是要我劝劝他。"

黄老板晓得杜月笙并不是轻易可劝动心的，只是想拆散这个赌局，让他自己收心才妥当。

"不，我是想你不要去凑热闹。"

既然黄老板开口有求，范回春情面难却，只得允诺了。

范回春拆伙，赌兴正浓的严老九干脆另起炉灶，再搭牌局。他把杜月笙拖到了泰昌公司楼上的盛五娘公馆里。

这盛五娘是晚清邮电大臣盛宣怀的五小姐，一门豪阔，富可敌国，凡能参加盛五娘赌局的人物都是社会名流，除了商界富豪，更有政界名望高的人物。这对杜月笙来说，真是求之不得。第一夜豪赌，杜月笙一家就输了3

上海滩商业街的夜景

万。但他轻松自如，毫无怯意，竟在泰昌公司整整赌了半年。

杜月笙的豪爽、豁达在盛五娘心目中留下了深刻印象，成了难以离却的牌友。在盛五娘的引荐下，杜月笙进入了英租界的上流社会。

黄金荣在上海混了一世，势力范围始终不出法租界。他害怕“大八股党”绑票，严令儿女们不准逛英租界。如今，杜月笙旁敲侧击，轻轻推开了英租界的大门。在旁静观的黄老板事后终于不由得伸出大拇指，夸奖他：“月笙了不得。”

对老板的称赞，杜月笙的反应只是微微一笑。他的心胸中正燃烧着熊熊火焰。他想，一个英租界能算得什么？他那进攻的箭头，是整个上海滩，不，他的疆界应该越过十里洋场。

黄金荣在上海混了一世，始终没有敲开英租界的大门，杜月笙旁敲侧击，轻轻推开英租界的大门，麻皮金荣伸出大拇指“月笙了不得”。面对老板的称赞，杜月笙的反应只是微微一笑。在他心中，进攻的箭头是整个上海滩，疆界应越过十里洋场。他出手越来越狠，黑白两道，两面发亮，结交帮会，狂扫租界……

成功学大师卡耐基曾说：“当一个人认识到借助别人的力量比独自劳作更有效果时，标志着他的一次质的飞跃。”这是亘古不变的至理名言。杜月笙终于“借”用严九龄和盛五娘的力量，踏进了自己人生一个崭新的境界。

第五章　得势

随着地位的提高，杜月笙的出手越来越狠，黑白两道，结交帮会，狂扫租界……他在无奇不有、充满竞争力的大十里洋场，伸展其独特的触角，融会贯通，正如砂砾中的一粒宝石，几经磨炼，终于光芒四射，脱颖而出。杜月笙就这样一步步荣登上“大亨”的宝座，成为上海滩数一数二的人物。

第三十回

装义气心黑藏表里　玩手段戏耍二公子

不久，黄金荣一家搬到了钧培里。杜月笙等人也从同孚里搬出，迁入金福里。

这里的房子也是黄金荣买下用来出租的，他每月只收杜月笙四五块钱，算是意思意思。一起开公司赚大钱的“小八股党”和其他人也都纷纷在八仙桥一带买房租屋，成家立业。

自从张啸林参加了黄、杜集团后，三鑫公司的触须，开始伸向官场和军界。

1921 年前后，全国各地的军阀、政要，只要是有些气候的，没有不在上海设有代表处或办事处的。

这些人来到上海后，都纷纷去拜访黄金荣、杜月笙，他们都是代表各地的军阀和政治巨头的，手中十分有钱，杜月笙常常设赌局和他们大战，每每能赢不少钱。

袁克文就曾把几十万元的巨资输给杜月笙他们。

袁克文，号寒云，河南项城人，此人不被人所熟知，被人熟知的是他另一个身份——袁世凯的次子。他不愿做官，却喜欢在江湖上散混。当时，他见青帮遍布天下，人多势众，便从北京跑到山西，在一位“礼”字辈前辈的坟前摆上供品，磕一串响头，摇身一变成为“大”字辈人物。

由于他的老子是国家总统，也就没人和他顶真，大家顺水推舟，默许了他这“大”字辈。要知道，当时全中国的“大”字辈也没有多少人。

袁克文知道上海是个花花世界，心中十分向往。开始，他常常给上海老牌小报《晶报》写稿，一时名气大作；加上又是袁世凯的二公子。所以，他人虽不在上海，上海人却都知道他，俨然一位社会名流。

就是这样的一位社会名流，在袁世凯死后不久来上海滩上游历时，却还是被杜月笙骗了一刀。

那次，袁克文带了几名随从来上海，其中有一名侍从名叫韩荣浦，与黄金荣有旧关系。袁克文通过韩荣浦的关系去面见黄金荣。

一见面，袁克文就忙不迭地送上 10 枚金币作为见面礼，竭力巴结这位上海滩上的“闻人”。

这些金币是袁世凯当上总统后，由英国人为他铸造的，上面有袁世凯的头像，极有收藏价值。杜月笙看到后也连声称好，黄金荣就送给他三枚。

杜月笙见袁克文眼中只有黄金荣，没有他自己，心中十分不快，决心狠狠骗这小子一刀。

于是，杜月笙出面，替黄金荣尽地主之谊，大摆宴席，隆重招待袁克

青帮大字辈领袖在上海的合影

文。他陪袁克文大吃大喝，游览名胜、寻花宿柳，最后还以赌博助兴。

开始时，袁克文和杜月笙、金廷荪他们搓麻将，总是“手气”很好，袁克文的赌瘾也因此越来越大，赌注由千元上升到万元。眼看时机已到，杜月笙他们便三吃一，直到袁克文输得身无分文。

杜月笙还挺讲“义气”，赞助袁克文5000元，让他回北京去了。

最高明的演技，可以使人被杀头之后仍然感恩戴德，死而无憾；被卖掉了还帮着对方数钱，连连称谢。杜月笙的心极细，却在表面上把豁达大度表现出来，“作秀”可以说是他的专长。

第三十一回

重细节由浅看到深　借烟土摸出大道门

三鑫公司的业务可谓一帆风顺，进展神速。然而，到了1923年至1924年之交的时候，公司突然发生了较为严重的问题。

原来，长江口中间含了一座崇明岛，岛北是长江北汊，岛南又因隔了个横沙小岛，分为北水道和南水道，这两条路，轮船都可以出入，过去，运鸦片的轮船由南水道驶入吴淞口，再从高昌庙起岸，循公路运到上海。

但是，自从三鑫公司独占了上海的市场，潮州帮退居附庸，业务每况愈下。他们之间的一部分人又汇合了黄浦滩上另一股力量，全力另辟运土新途径，企图东山再起，进而与三鑫公司抗衡。他们几经周折，选定了长江北岸的启东、海门以至南通，都是通海镇守使张仁奎的辖境。

张仁奎号镜湖，山东藤县人，武功精娴，为人四海，在清军飞虎营徐宝山部从低级军官一直当到统带（即今之团长），辛亥光复徐宝山参加革命，所部改为民军第二军，自任军长，张镜湖升第七十六混成旅长，并前后当了十六年的通海镇守使。他是青帮大字辈的前人，陈世昌的老头子，自山东、苏北、以至上海、长江沿岸，他的潜势力之大，民初硕果仅存的十几位大字辈中，无人可望其项背。

旧上海时的外滩

张镜湖的镇守使衙门设在南通，他本人则在上海海格路建有一幢巨宅，他有一个“仁社”，门弟子中多达官巨贾，高级军官。通海镇守使虽然是北洋政府任命的，可是自张氏本人和他的参谋长马汝麟，副官长王凤楼以官，都和国民党有所联络。

谋与三鑫公司对抗的第一帮人，在海门、启东一带，和张镜湖的地方干部搭上了联系，他们终于开辟了鸦片新“航线”，也雇外轮专运驶入长江北汊，然后用小船接驳，深入苏北，转运各地。

首先是三鑫公司业务大受影响，继则1924年江苏督军齐燮元和浙江督办卢永祥打起仗来，上海虽然幸免于战争的洗礼，可是卢永祥和何丰林兵败，卢永祥东赴日本，转赴大连、天津，何丰林和卢永祥的儿子，民初四大公子之一的卢筱嘉，双双避难到杜美路二十六号的那幢小洋房。

和齐燮元同隶直系的福建督理，后来自封五省联帅的孙传芳，亦率兵自闽攻浙，于1924年10月16日抵达上海，收降卢永祥、何丰林的部队，同日任命前海州镇守使白宝山为上海防守总司令，办理善后及收抚事宜。

面临这样一次巨变，黄金荣、杜月笙、张啸林手足无措；大上海重归江苏人的天下；一朝天子一朝臣，三鑫公司靠山尽失；孙传芳、白宝山那一批新贵，即使有心高攀，时间上也是来不及，眼看着黑货的来源立将全部断绝，兵慌马乱之中，原先堂而皇之走的那条老路线，如今怎敢再走。

过去因为有恃无恐，笃定泰山，货到立即发出，从不考虑库存的问题，现在一经战乱，瘾君子们罗掘一空，上海大小土行，更进一步面临鸦片断档的恐慌。

贩运鸦片生意陷于停顿，除了黄老板底子厚，平时花用不多，金廷荪开销小，有点储蓄，杜月笙、张啸林以及“小八股党”顾嘉棠等人，很快地就捉襟见肘，囊中金尽。

早先财源茂盛，洋钱银子如潮水般的涌来，他们抱着“辛苦赚钱痛快用”，“小数不在乎，大数横竖横”的心理，挥霍成性，撑足场面，左手来右手去，应了个俗谚：“积钱针挑土，用钱水流沙”，竟是一文存余也没有。

其中杜月笙甚至还背了一身的债，杜月笙个人的花销不如张啸林他们大，说起来他还不算怎么挥霍，可是他的善门大开，对于任何人的要求，从不开口拒绝，这一点形成了一个无底洞，他施医施药施棺材，修桥筑路，年年打发数以万计的上海乞丐等等。

虽然场面撑起来了，手面阔绰惯了，可一旦进项断掉，两手空空，这些人的焦急慌乱，窘态百出，自属想当然了。因此，那一年将近过年的时候，大家愁眉苦脸，束手无策。

张啸林甚至穷得硬逼着他的太太，那位绰号茄力克老四的，指头上手上，所有的首饰拿出来当掉。然而杯水车薪，过不了几天，他又唉声叹气。

“小八股党”到处借不到钱，有一天他们得到消息，听说国会议员手里面居然有“货”，于是他们不管三七二十一，跑去找到了陆冲鹏。

陆冲鹏，江苏海门人，逊清秀才，清末废除科举，他便就读于苏州法律专门学校，以迄卒业。陆氏是海门世家，在吴淞口北，膏沃之地，拥有沙田千百顷，他家的佃户，达数千户之众，名门后裔，翩翩年少，在黄浦滩上执业律师，大有名声。1918年安福系当权时，他是海门选出的国会议员，隶众议院，和段祺瑞、李思浩等人，甚为接近。

“陆老板，帮帮忙，我们真叫是过年白相相的赌本都没有了。”

“可以。”陆冲鹏爽气地说，“你们要用多少钱呢?数目不太大，让我去想想办法。”

“数目不大。”顾嘉棠连忙说，“不过，我们不要借钱，我们要借土。”

“借土?”陆冲鹏吓了一跳，这天大的秘密，怎会被他们知道，但是当时他声色不动，只是说：“你们一定要借，我去跟朋友商量商量看。”

“小八股党”也很知趣，他们并没有追问：究竟那位朋友现在还有土?

“办得的话，”还是顾嘉棠代表大家发言，“我们借个二十箱好不?”

“十箱，”陆冲鹏轻松地笑笑，“多了我就很为难了。”

“好，十箱就十箱!”

八个人借到了十箱土，抬回家里，商量一下，觉得还是应该去报告一下杜月笙。

“陆冲鹏又不是做生意的，他哪里来十箱大土借给你们?”

顾嘉棠忙说：“他是跟朋友那里匀来的。”

“不可能。”杜月笙断然的说，“土都要断档了，没有人会匀十箱给别人。”

“那么，”叶焯山说，“土是他自己的。”

“一定是他自己的。”杜月笙仿佛想起了什么，他的一对眼睛，又在闪闪地发光，唇边微微地牵动，似笑非笑，他讷讷自语地说：“不但是他的，而且他那边的数量还不少，这个道理很明白，他如果没有两百箱，他就不会借给你们十箱。”

这一次，杜月笙果然是料事如神。

其实，哪有什么料事如神，只是对细节的重视产生的必然结果。杜月笙是个小心谨慎的人，毕竟自己混的是一条歪门邪道，所以更要重视细节，以保全自身。他能从一个微小的细节中理出整件事情的发展脉络，从而预见性的把不利于自己的因素努力改造成对自己有利的条件，这也正是这位流氓大亨的过人之处。

第三十二回

搞情报撒网摸底牌　看究竟心喜定计策

当现实不允许自己坦荡荡的时候，杜月笙就会采取一种迂回的方式，来实现自己想要达到的目标，来了解自己希望得到的真相。而这样的真相不带任何水分，得到的是异常的真实，看到的是泾渭分明的黑与白，由此再做论断。

杜月笙猜测陆冲鹏手里有“货”的事果然不错，只不过准确性稍微差了一些，陆冲鹏手里的土，不止两百箱，他竟拥有一千箱之多。

杜月笙心知个中必有缘故，他当机立断，马上派人去调查，短短期间，便被他查出北洋政府的一大内幕。

原来，1924 年 10 月，段祺瑞被“推举”为国民军大元帅，掌握政权。

11 月 24 日，段祺瑞入京就任“临时执政”，任命各部总长，由李思浩管财政，并兼盐务署督办。

段祺瑞重行执政，他所面临的一大难关，便是军费庞大，外债纷杂，财政陷于极度困难。最后，他们在山穷水尽、罗掘俱空之余，千方百计，想给海军筹付欠饷，终于，他们获得日本财阀三井的暗中协助，由日本人中泽松男出面，每个月打出一张日本人窃踞下的“大连政府”护照，向波斯采购红土五百箱，由波斯运往上海销售，资金田中泽松男垫付 (实际上是三井公司拿的钱)，贩运鸦片所获的利润，则交由段祺瑞和李思浩拨付海军欠饷。

这便是陆冲鹏为什么会牵人鸦片买卖的由来，他是因为公谊私交，被段祺瑞、李思浩临时拉差。

杜月笙所获得的情报，迅速而又精确，他调查到，陆冲鹏接奉这项密令以后，便和广茂和土行签订一纸合约，由陆冲鹏代表段祺瑞临时政府签字盖章，双方约定陆冲鹏负责运送“货物”至广茂和土行，而广茂和则见货付款，不得延启。

波斯红土照样由波斯运往吴淞口外的公海，不过，自公海外轮上接驳则采取“全副武装”，“霸王硬上弓”式，由等待发放欠饷的海军兵舰负责运送，送上海、送苏北，悉听尊便，因为即使孙传芳、白宝山再狠，他们也惹不起海军。

第一批货，红土五百箱运到外海，陆冲鹏早已接获密码电报，他事先去通知广茂和土行，即时准备现款接货，他这一去，才晓得自已上了大当，广茂和的老板居然是空心大老馆，他推诿一时筹不出这么许多现款，言下之意，仿佛即令放弃这笔大生意，实在也是无可奈何。

陆冲鹏为意外的变卦急得团团转，货色就要到了，买主突然逃跑，叫他把这许多鸦片往那里搬呢?

他左思右想毫无办法，只好暂且把五百箱红土搬到他的田庄，他的田庄面积辽阔，以前也曾被人利用，作为存鸦片的秘密仓库。另一方面，陆家的佃农有好几千户，平时为了防范盗匪，和散兵游勇的骚扰，他们买了很多枪械，佃户中的丁壮，全部受过训练，万一有人强行来抢，他们还可以竭力抵抗。更重要的一点，是陆冲鹏和通海镇守使衙，上上下下的人都很熟，攀起交情来还是自家人。

那一次，陆冲鹏从家乡出来，路过南通，通海镇守使张镜瑚张老太爷，便曾派人向他示意，张老太爷很想收他一分帖子，这个意思就是说：青帮大字辈的张老太爷要开香堂，收陆冲鹏为门徒。陆冲鹏欣然遵办，于是拜张老太爷为师。

张仁奎的大弟子吴昆山，当时翩翩浊世，颇富胆识，任职第三十八师某部营长，却经常在上海海格路张公馆，侍候张老太爷，同时，他也是张老太爷的驻沪代表，而不论老太爷是否在上海。陆冲鹏既然同是张老太爷的爱徒，他跟吴昆山相当熟，他很想透过吴昆山的一关，向老头子请求，让他将每月五百箱大土运赴苏北去卖。

“小八股党”在无意之间听说陆冲鹏有土，而且登门向他借到十箱的时候，张老太爷已经答应了陆冲鹏假道，陆冲鹏的大问题将获解决。田庄上存了两个月的滞销烟土，为数共达一千箱。

就这样，杜月笙把陆冲鹏的底牌，摸了个清清楚楚，他精神抖擞，内心兴奋，首先，去拜访通商银行的老板傅筱庵，商借两万块钱，傅筱庵是逊清邮传部尚书盛宣怀的旧属，为人也很大气，只要杜月笙一开口，既无抵押，又不需保证，他当即照借不误。

借到了这两万元，他请张啸林莫再愁眉苦脸，好好打点精神去办事，尽速结交孙传芳部下的新贵。孙传芳先受知于吴佩孚，经吴一手提拔，当过长江上游总司令、闽粤边防督办、浙闽边防督办，和福建督理。

过去杜月笙、张啸林和他的驻沪代表，也曾有过交情，再加上吴佩孚、张宗昌驻沪代表的居间介绍，几度酬酢往还，孙传芳左右的几位高级官员，又和杜月笙、张啸林称兄道弟，亲亲热热。杜月笙晓得这一着棋下得差不多了，他让张啸林去和那班人花天酒地，自己抽出来，另有要公待理。

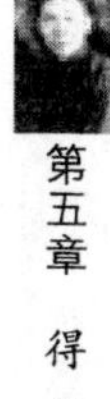

第三十三回

巧布棋借兵封沿路 得货援擦亮金招牌

真可谓："三百年风水轮流转。"起初把持上海鸦片市场、不把法租界各位朋友看在眼里的"大八股党"，自从黄金荣获得了"保护权"，"小八股党"崛起，三鑫公司掌握大权，包占上海鸦片市场，"大八股党"就反过来在三鑫公司，和黄、杜、金公馆行走了，他们有人要吃俸禄，有人经常凋头寸。俗话说："得人钱财，与人消灾"，即令年纪轻得多的杜月笙"有事拜托"，他们也莫不奉命唯谨，跑得非常热心。

一天，外边正在下雪，陆冲鹏的老朋友，英捕房探目沈杏山，突然跑到陆冲鹏在上海的家里，口口声声说有要事相商。其实，这完全是杜月笙所授的计。

沈杏山一看陆冲鹏，便开门见山的说："大公司最近断了来路，黄浦滩上鸦片烟缺得要造反，杜月笙想请你买个交情，你那批货色与其统统运到苏北，何不拨一部分出来，也好让法租界的朋友救救急。"

陆冲鹏一听，心知这事很难办，他怕白白损失了一批烟土，又不愿得罪杜月笙，以及他的小八股党。沈杏山的一席话已经罩住了他，他有大批的烟土，对方老早摸清楚，即使想赖，也赖不掉，于是他皱起眉头反问："现在还能运土到法租界吗?”

沈杏山立刻极有把握地回答：“为什么不能?”

陆冲鹏心想：你真是事不关已不操心，看你现在说得这么轻松，我那批土运到法租界，万一在路上被没收，被抢掉，或者竟会被吃掉，这个千斤重担，到时候叫谁去挑?

沈杏山见他踌躇，又添了一句话：“你放心，价钱一定照算。”

迫不得已，陆冲鹏只好掉一弓枪花，先推脱一阵，于是他说：“好，我会尽力促成这件事。杏山兄，你晓得我向来不做土生意的，这票土幕后还有其人，我总尽量把杜先生的意思传到便是。”

“那么，”沈杏山就深信不疑了，“我什么时候来听回音呢?”

陆冲鹏想了一阵才说：“一个星期以后。”

沈杏山欣然回去告诉杜月笙，杜月笙深沉地笑笑，向沈杏山道了辛苦。

第二天，山东督军张宗昌派驻上海的代表，跟杜月笙、张啸林很要好的一位单先生，居然也在陆冲鹏的家里出现，他一见面就嚷嚷地说：“老杜想跟你匀几百箱土，应应市面上的急，你既然有，这个顺水人情为什么不做?难道你怕老杜拿了你的货色不给钱吗?”

陆冲鹏是当过律师的，他很擅于言词，当时，他既不否认，也不承认，他定定地望着单先生说：“依你的意思，我应该拨一票土给杜先生?”

“上苏北，到上海，还不是一样的卖嘛。”单先生豪爽地说：“你拨五百箱给老杜，下了船，由他自己负责运，出了差错，我替老杜担保。”

有这一句话，和昨天沈杏山放过来的旧交情，陆冲鹏放了心。他决定照办，当时便爽快地说：“好，我就拨五百箱土给杜先生，不过，交货日期要等到一个礼拜以后。”

“为什么?”单先生错愕地问，“不是你手里有现货吗?”

“现货都在江那边，”陆冲鹏笑笑，“而且前些时已经接洽好了买主，这两天便要启运，你去回复杜先生，只管放心，下一票土总共五百箱，我已经接到航船上由西贡发来的电报，一个礼拜之内准到。”

“好，我们就这么说。”单先生兴冲冲地告辞离去。

在这个礼拜之内，陆冲鹏几度和杜月笙直接接触，黄浦滩江山已改，人物全非，运土航船驶入吴淞口，这一路上应该怎样运送?每一个细节都得从详研究。陆冲鹏在这几天里和杜月笙交往密切，他很佩服他，因为他实事求是，不管自己有什么弱点，都决不欺瞒朋友。

1924年，旧历大年夜的前三天，运送鸦片的远洋外轮，准时抵达吴淞口外，大轮船在公海上抛锚，和以前两次一样，陆冲鹏搭楚谦军舰，驶往公海接驳鸦片。楚谦舰的杨舰长，是海军总司令杨树庄的介弟。

舰船相并，停车时随着浪涛颠簸摇晃，陆冲鹏由兵舰登上轮船，和押运的日本人办好手续，签了字，他斜倚船栏，看那一箱箱的烟土由商船抬上兵舰。

五百箱鸦片烟传到楚谦舰，陆冲鹏请杨舰长回航，按照事先订定的计划，楚谦舰载运五百箱烟土，驶赴高昌庙。

陆冲鹏先下舰，到高昌庙拨一个电话给杜月笙，他先报告说：“杜先生，我已经到高昌庙了。”

“很好。”杜月笙在电话里说。

“我想先下一百箱货，试试看路上有没有风险，倘若能够平安度过，那么，我们明天再继续运。”

“不必了，要卸就一起卸。”杜月笙毅然决定道：“我马上打电话给宋希勤，请他宣布自高昌庙到枫林桥，全部戒严，让你的货色运过来。”

“宋希勤?”陆冲鹏不由倒抽了一口冷气，宋是孙传芳的心腹，如今已是黄浦滩上红得发紫的头号人物，听杜月笙的口气，就像宋希勤亦成为他的麾下，跟“小八股党”一样，对杜月笙的话唯命是从。

陆冲鹏迟疑不决，杜月笙却老大不耐烦地在电活那头催了：“陆先生，你听到我的话没有?全部货色，你尽快的下，我们戒严到两点钟为止。”

陆冲鹏看看表，再问：“我要不要跟货色一道来?”

“不必，你最好一个人先到法租界。”

“法租界哪里?”

“维祥里。”

维祥里，就是大公司的所在地，陆冲鹏明白杜月笙的意思了，他指挥楚谦兵舰卸货，岸上自有杜月笙派来的人迎接。陆冲鹏空空两手，坐一辆汽车，风驰电掣，向法租界疾驶而去。

一路上，车灯照耀，公路两旁人影幢幢，陆冲鹏惊羡不置，杜月笙确实有苗头，试看这一路荷枪实弹的官兵，不正是孙传芳最精锐的手枪旅团吗?

车抵达枫林桥，租界与华界的交界处，陆冲鹏从车里又看到杜月笙、顾嘉棠、高鑫宝……他和他的“小八股党”，深夜不眠，亲来接货，连杜月笙的裤腰带上都别了手枪。

就这样，军警戒严草木不惊，五百箱鸦片烟，终于首尾相衔的运人法租界维祥里的三鑫公司。陆冲鹏先生那夜担着极大的风险，杜月笙和他的“小八股党”来不及照拂他，他一进法租界便直扑维祥里。陆冲鹏在三鑫公司一直等到那五百箱鸦片烟土全部运达。

有这五百箱鸦片烟到手，法租界的朋友全都松了一口气，这是一个非常重要的契机，它不但帮助杜月笙等人度过那个穷愁不堪的旧历年，而且，更适时地给上海瘾君子解除了黑粮断绝的危险，三鑫公司的信誉，以及杜月笙的金字招牌，都自这一项买卖大为增光，尤有甚者，杜月笙从此和苏北的一些人物，有了接触往来，对于他的事业帮助不少。

宋希勤为什么会听杜月笙的，一方面由于他们是老交情，孙传芳还不曾占据上海以前，他便是孙的驻沪办事处处长，张啸林和他很要好，杜张不分家，宋希勤和杜月笙当然有往来。

另一方面呢，孙传芳是何等精明厉害的人，他对东南半壁上的这一座金矿——上海垂涎已久了，他心里明白：上海有那几股最旺的财源，鸦片贩运是其中之一，与其物色人选，另组班底，何不继承卢永祥、何丰林的余荫，轻车熟路，安享财香?军阀与军阀之间，唯有在利害冲突中始有敌意，一旦胜负分明，未尝不可保全友情，何丰林和卢筱嘉兵败以后，曾经受过杜月笙短期的庇护，些微小事，何足挂齿?大利在前，孙传芳也不得不伸出手来和杜月笙一握，不惜宣布戒严，帮忙杜月笙运土，便是双方合作前的一次秋波。

五百箱土一转手间便卖光了，大公司获利甚丰。陆冲鹏那边，很快地便收到了应收价款，他放了心，对杜月笙的为人更加钦敬，这是一位可以结交，可以共事的好朋友。

第三十四回

黄霸主冲冠为红颜　惹军阀遭绑命空悬

杜月笙的土货生意越做越大，与此同时，他的情场功夫也日渐高深。

在一次跳舞中，他结识了一位美娇娘，此人名叫陈婷婷。与佳人共舞，杜月笙岂可措施良机。他突然用双手搂住陈婷婷的酮体。这陈婷婷更是风月场的人物，杜月笙这一搂，她就干脆把胸脯和脸贴上去，杜月笙感觉到她贴紧的身体的体温，全身都酥了。这轻曼的音乐本来就使人情意绵绵，她这一弄竟然使得风月场的老手杜月笙无法自持……最终，陈婷婷被杜月笙收做了二房。

正所谓“上梁不正下梁歪”，就在杜月笙与陈婷婷发展情爱关系的同时，他的恩师、老板黄金荣却与杜月笙一样，正处在与京剧演员露兰春的风花雪月之中。事情还得从黄金荣捧女京剧演员露兰春说起。

露兰春本是黄金荣的一个徒弟、名叫张师的翻译官的养女。在黄金荣娶了林桂生、势力已雄霸上海法租界的时候，露兰春还是一个七八岁的小女孩呢！

因为张师和黄金荣的关系，在小时候，露兰春就常常到黄公馆玩。但是，那时她就显出美人胚子的模样儿了，一双大大的黑眼睛，粉嘟嘟的圆脸，天真无邪的神气，在黄公馆里里外外蹦着跳着玩，管黄金荣叫“公公”，管林桂生叫“奶奶”。全公馆上下的人都喜欢她。

杜月笙认识露兰春，是他来到黄公馆不久，正在厨房里当差的时候，和师兄马祥生在一起，每次碰见露兰春的时候，总要去逗逗她，叫声：“乖，小囡。”露兰春就立刻笑着跑过来，甜甜地叫一声：“叔叔好！”

童年的时候，露兰春就和黄公馆的人混熟了。露兰春稍长大以后，她的养父张师带她去剧院看戏，发现她乐感很好，是块唱戏的好料，就在家里请老师教她学戏，唱文武先生，练刀马功夫。

谁知这露兰春一点就透，一学就会，没几天，就已唱得有板有眼。这里正时兴女唱男角，露兰春唱生角，尤其是武生，口里唱腔、身上功夫，样样皆精，学了几年，可以登台了。于是，她开始了优伶生涯。

张师想让女儿找个后台，好使她在剧院里不受人欺负，便带她来拜黄金荣。

露兰春几年不到黄公馆来，一来倒把黄金荣吓了一跳：好一个绝世美人！两道细细弯弯的秀眉，一双顾盼生辉的美目，面似桃花，唇似含朱，身段窈窕，步法轻盈；一袭粉红滚黑边的旗袍，裹着刚刚长成的少女娇躯，勾出迷人的曲线，仪态娇雅，衣饰华丽，清秀中透出风流，挺拔中饱含娇嫩，恰似一朵带露牡丹、出水荷花。

露兰春跟着张师，款款走到黄金荣面前，甜甜地叫了声：“公公好！兰春向您老问安！”一口地道的京腔令人倾倒。

这时，黄金荣已看得两眼发直，顾不上答话，半天才扭头对张师道：

“好个张师，真有你的！把个女儿调理得可够水灵的！”

然而，他在这个少女面前竟不知如何说是好了。坐在旁边的林桂生只淡淡地点了点头，就招呼别人去了。这时，她怎么也没有想到，这个露兰春以后会被黄金荣弄来，取代她成为黄公馆的女主人。

黄金荣见此美人，心就再也放不下来了。

老板娘林桂生和黄金荣结婚时年纪已不太轻，但是她心思缜密，行事练达，为黄金荣出谋划策，立下了汗马功劳，在黄公馆的地位举足轻重，一直是一个主事的内当家。

但是，黄金荣被林桂生管束得太久了，此时的林桂生早已人老珠黄，再加上黄金荣霸势已成，不思进取，林桂生既已没有什么用处，也就乐得把她踢开，好自由自在地寻欢作乐去。黄金荣心里装上了露兰春，就整天想着怎样讨好她，以博得美人的芳心。

马祥生足智多谋，善于见风使舵，他看出了黄老板的心思。一天，他向黄金荣献策道：“师父，咱们的‘九亩地’可是个好地方，师父何不一用呢?”

“那儿的四周不是咱们的店铺吗？哪儿还要做什么用?”

“师父您没想到，原来那是个破老舞台，若拆了改个新大舞台，就凭那个繁华热闹的街面儿，生意肯定错不了。”

“修舞台有什么好？费钱、费功，没什么意思！”黄金荣没有意会到马祥生的意思，不耐烦地说，“我看不用了。”

“师父，目前露小姐登台正没有什么好去处，在外面搭别家临时的班子，离咱们家又远、又不方便，要是让她来咱们家的舞台唱戏不是更合适吗?”

最后这几句话说得黄金荣眉开眼笑。一番筹划之后，他特地在华法交界的“九亩地”上建造了共舞台。这时，戏剧舞台上男女合演还不很普遍，取名“共舞台”的意思，就是男女“共”演的戏院。

在黄金荣的不住催促下，几个班子不分昼夜地加班加点，很快，共舞台就建好了，黄老板开始对露兰春大献殷勤，他让露兰春在共舞台登场，挂头牌，竭力捧她出道。露兰春登台唱戏，黄金荣亲自下戏院为她把场子，带一帮人为她喝彩叫好。

露兰春学艺精湛，唱念做打皆有独到之处，人又漂亮，扮相风流俊雅，马上就一夜唱红，名声响遍了法租界乃至上海滩。

共舞台从此场场满座，生意兴隆，人们争相来一睹露兰春的风采。黄金荣更是得意非凡，他差人到各大报馆走动，要他们着意吹捧露兰春。

在黄老板的关照下，报纸上每期为露兰春登的戏目广告，都放在最抢眼的位置："露兰春"三个字，每个有鸭蛋般大小。露兰春摇身变为一流红星，身价倍增。

同时，黄金荣对她大献殷勤。露兰春去戏院，黄金荣派车子、出保镖，保接保送。露兰春休息，黄金荣在共舞台边为她修建了休息室，独门小院，装点有如行宫一般。

露兰春此时也无可奈何。大凡红伶都逃脱不了被人玩弄的命运，更何况她露兰春是被黄金荣一手捧红的呢？而黄金荣又是赫赫有名的一方霸首。露兰春半推半就，就做了黄金荣老板的外室。

而林桂生此时也大不顺心，任她八面威风，足智多谋，黄金荣偏偏迷上了露兰春，她却奈何不得，也只得把苦水默默地往肚里咽。

黄金荣既得了露兰春这样的风流尤物，夫人又管不着，正是春风得意的时候，日夜陪着美人转，前也是美人，后也是美女，好像露兰春就是他的心头肉，没了她，他黄金荣就活不下去了……

然而，没几天，他却没想到半路却杀出个程咬金来，结果掀起了上海滩的情场风波。

在这场情场风波中，大名鼎鼎的黄金荣却栽了个大跟头，这在黑社会里人们称之为"跌霸"。

那么，引起这场上海滩情场风波的人到底是谁呢？他就是浙江督军卢永祥的儿子——卢筱嘉。

卢公子年少气盛，倜傥风流，也是一位翩翩公子。他一身白绸衫裤，带着两个跟班整天出入于酒肆、剧院、舞厅等声色场。

这时，正值第一次直奉战争以后，直系军阀战胜奉系，控制了北京政府。皖系段祺瑞、奉系张作霖，与在广州的孙中山暗中联络，结成孙、段、张三角联盟，共同对付直系军阀曹锟、吴佩孚。

居间联络的则是四少公子：孙中山之子孙科、张作霖之子张学良、段祺瑞之子段宏业，还有卢永祥之子卢筱嘉。时人称此四人为“四大公子”。

这位卢筱嘉年方二十又二，交际甚广。他长居上海，对当地旦角名伶了如指掌。露兰春一唱红，各家报纸纷纷报道，自然招惹了不少蜂蝶。卢筱嘉就是其中一个。卢筱嘉最爱听戏，他一听说报上捧露兰春，当即轻车简从，专程前往老共舞台。

醉翁之意不在酒，这位公子哥儿来看戏，其实是看人来的。卢筱嘉到共舞台看了几次戏，看中了露兰春。露兰春虽唱的是生角，但风情做派，一吟一唱都带有一种媚人的娇柔。

卢筱嘉初次听露兰春的戏，露兰春刚一出场，一个飞眼就把卢筱嘉飞了个心猿意马。从此卢公子就盯紧了露兰春，戏台上下，送花、约会，展开了猛烈的攻势。

这一天早晨，卢筱嘉起床后洗漱完毕，就吩咐佣人把早点拿来。伺候卢筱嘉早点的是个20来岁的后生，名唤阿旺，生得精明伶俐，最善于揣摸主人的心思。他把早点放在卢筱嘉的桌上，故意在下面压了一份《晨报》，这种报纸专门报道上流社会、娱乐圈中的艳闻逸事，供一些有闲阶层的人们消遣。

卢筱嘉先端起了果子露，同时用眼瞄了一眼底下那张报纸。恰好报纸折在上面的那一版上，登载着露兰春主演《落马湖》的报道，鹅蛋般大小的“露兰春”三个字赫然映入他的眼帘，他心中又荡起绵绵情意，不由抬眼望了一眼阿旺。阿旺垂手侍立，会心一笑：“少爷，今儿可有露兰春小姐的戏啊！”

"露兰春，露兰春，你就不知道出出主意？"卢筱嘉沉吟了一下，喃喃说道，随后又问："阿旺，你一向鬼主意多，你说说，怎样才能赢得露小姐的芳心呢？"

"少爷，恕我阿旺多嘴，"阿旺一边说，一边偷偷察看着卢筱嘉的脸色，"哪个女人不爱金银珠宝？更何况像她这样的梨园戏子，多给些小恩小惠，她肯定会动心。不过……"阿旺故意卖了个关子，把话茬刹住不说。

"不过什么？"卢筱嘉转身盯住阿旺，"有什么好吞吞吐吐的。"

"少爷，这个露兰春小姐可是黄老板的意中人哪！"于是，阿旺把露兰春的身世和黄公馆的关系，以及黄金荣如何看中露兰春、着意讨美人欢心，为她捧场宣传等一一讲述了一遍。

卢筱嘉听完把眼一瞪："他黄麻皮是个什么东西，年纪一大把了还占着这样一个美人胚子？今晚就去共舞台，我倒是要看看这支出墙红杏摘得还是摘不得!"

当晚，卢公子带了两名马弁，早早来到戏院。他们在包厢坐定，戏还没有开场。卢筱嘉唤过一名跟班，将一枚金丝钻戒交与他，让去后台送给露兰春小姐，并约定戏散以后一同吃饭。

露兰春正在化妆，见此举动可左右犯了难。她唱戏的这个共舞台是黄金荣的地盘，并且每次散戏后都是黄金荣派车接回，今天所得到的一切名誉、待遇都是黄金荣给的，这次若去和卢筱嘉约会，岂不是砸破了醋坛子，捅翻了马蜂窝？若拒绝了卢筱嘉，那也是没有好果子吃，卢筱嘉是大名鼎鼎的"四大公子"之一，浙江督军卢永祥之子，有权有势，更是不敢得罪。

这露兰春也不是等闲角色，她收下了戒指，至于约会之事，只推说今晚没有空，没有接受，也没有拒绝。

跟班来回卢筱嘉，卢筱嘉不由一阵冷笑，顺手掏出一张帖子，丢给跟班，命令道："去，露小姐不喜欢私的，少爷就来公的。"

露兰春接着帖子，心慌意乱，还不曾想出对策，戏台上已锣鼓敲起催着上场了。她急忙站起来，走进门口，做了几下深呼吸，力使自己神智清爽一些，然后出场了。

这晚，露兰春反串小生，演岳飞《镇潭州》。大剧院里人已坐满，一些绅士、名媛、阔少、太太们都在一边喝着茶、吃着点心，一边等着戏开场。黄金荣坐在特座上，身后跟着两个随从，正得意洋洋地眯起眼睛笑着。他左手夹着一根燃了半截的雪茄，右手在扶手上扣着鼓点，由于天气热，脸上不住地往下淌汗。

看见黄老板耐不住热，戏院一个打杂的跑前跑后地忙乎，又是用蒲扇扇风又是拧毛巾送上。黄金荣接过毛巾正要擦脸，忽然听到一声怪声怪气的喝彩："唷，唷，好——"

黄金荣撂下毛巾往喝彩方向一看，见是包厢里的一位公子哥儿站在座位上，拔直了喉咙叫好。黄金荣再往台上定神一瞧，露兰春刚从"出将"门上场，甩了一下水袖，移步台中亮相，想将腰上的垂带踢上肩头，连踢三下，都没踢上去。台下人看着，由于慑于黄金荣的威势，没有敢声张的。

但是，卢筱嘉作威作福惯了，无所顾忌，再加上肚子里正憋着一股闷气，当下便怪声怪气地喝起倒彩。

"唷——！乖乖，好功夫！"

露兰春一听有人喝倒彩，忙抬头用粉眼朝卢公子方向一瞟，做了个应景的俏眼，意思是请包涵一些。可是这卢公子却硬是不领情，仍然是一个劲地起哄："唷，漂亮！啊哈哈！妙哉！"

台上的露兰春难堪极了，顿时觉得头昏目眩，身子晃了一下，差点昏过去了。

"别着急，再踢啊！"卢筱嘉的随从也跟着主子大喊大叫起来。

卢筱嘉正得意洋洋地说："名角又怎么样？连这点功夫都没有？啊，好——"

他这边损人出恶气，黄金荣那边已气得肺都炸了。卢筱嘉一句话还没有说出来，右边腮帮子上"啪"地一声，已挨了一记响亮的耳光子。黄金荣一脚踏着坐椅，一手叉腰，大喝一声："好猖狂的小子，给我打！"

"是！"散在附近的一群打手马上冲过去，抓住卢公子的衣领提拎了出来，一把将他掼在空地上，拳打脚踢就像一阵雨下来。

黄金荣的这群打手，本来就是一些市井流氓、泼皮无赖，平日无事尚要生非，如今有了这么一个闹事的机会，岂肯放过，一个个狐假虎威，争先恐后，拳脚劈头盖脸落了下来。

卢筱嘉带来的两个马弁本来见主人被欺，想上来帮忙；但是，看见这些打手各个面目狰狞，凶神恶煞一般心狠手毒，自己人少势单，缩在一边不敢上前搭救。但是，他们即使是这样，也吃了黄金荣手下的一顿打。众打手把卢筱嘉打得鼻青脸肿，过足了瘾，这才罢手。

尽管卢筱嘉被打得哭爹叫娘，但坐在不远的黄金荣怒目相向，脸上的麻子颗颗绽起，待哭喊声小了后，喝令把那个捣乱的家伙带过来。

卢筱嘉被打得鼻青脸肿地拖了过来，黄金荣刚要骂娘，突然却像被谁捏住嗓门，一句话也挤不出来了。他认出了卢筱嘉。

这一惊真是非同小可。黄金荣虽说霸道，但毕竟只是一方毛神，而那卢永祥则是权倾东南的督军，双方实力之差，无异是天上地下。

黄老板打一个愣怔，心想，若当面赔礼，这卢筱嘉不依不饶，众目睽睽，可太栽面子了，于是装作不认识，把这件事当做误会，当下咬紧牙根，喝了一声："好，放你一马！"

这时，卢筱嘉满身满脸都是血，笔挺的西装被撕成碎片，他缓过气来，咬牙切齿地说道："好，姓黄的，走着瞧！我不叫你尝尝我少爷的厉害，算我没本事。"

转过身，带着两个也被打得一瘸一拐的跟班，出了戏院，扬长而去。

卢筱嘉和黄金荣为露兰春争风吃醋，以至斗殴的消息不胫而走，迅速传遍上海滩，人们估摸卢筱嘉不会善罢甘休，都在等待着看好戏。

卢筱嘉挨了一顿毒打，当然忍不下这口恶气。连夜跑回杭州，去向父亲浙江督军卢永祥哭诉。

到了杭州，他直奔督军府。府门前有两名兵士站岗，认得卢筱嘉，当即"啪"地一个军礼："大少爷！"卢筱嘉也不答言，径奔客厅。

卢永祥正在与郑秘书下棋，见状吃了一惊："筱嘉，怎么了？"

卢筱嘉放声大哭，边哭边把被大流氓黄金荣聚众殴打的事说了一遍。卢永祥一听火冒三丈："这个麻皮，不过是法国佬的一条狗。我儿子再不行，也不到你白相人来管。我倒要看看这麻皮的能耐，你头上生了角，我也能把你踞掉！"

卢永祥当即致电上海淞沪护军使何丰林，责令他出面为卢筱嘉出气。

1922年前后，上海地区是皖系军阀卢永祥的势力范围。何丰林名义上受江苏督军齐燮元的管辖，而实际上则事事听命于浙江督军卢永祥。何丰林是卢永祥部下，怎能不尽心竭力地为他效劳。

黄金荣打了卢筱嘉，得胜回了同孚里黄公馆。林桂生并不知道老公是为着露兰春起的风波，满以为卢筱嘉仗势欺到黄门头上了。她看黄金荣长叹短吁有些害怕，便笑他胆怯，将嘴一撇，连连冷笑："嘿嘿，总探长，你这块牌子也该收起来了。连个毛头小子都摆不平，还是好好在家猫着吧。"

林桂生一激，黄金荣一股热血冲上脑门，脸上那几颗大麻子颗颗涨开。他猛一拍桌子，跳起来大吼大叫："不信老子就摆不平他！走着瞧，老子给他点颜色看看！"

第二天，黄金荣带领保镖倾巢而出，直奔老共舞台，临出门还亲自给法捕房去了电话，要全班华捕到场助阵。刹那间，老共舞台戒备森严，各出口、太平门旁都站着全副武装的华捕，场中巡逻的则是黑拷绸短打的保镖。

这些保镖一个个卷着袖子，敞着怀，露出臂膀上的"刺青"和胸前悬挂的金灿灿的金表链，目露凶光，杀气腾腾。他们不住地往包厢里射来警惕的目光，搜寻着可疑的看客。

那些来到老共舞台消闲听戏的看客们见此阵势，哪里还有什么雅兴，一个个提心吊胆，生怕怀疑到自己头上。

可是，直到戏散，都不见卢筱嘉的影子。黄金荣倒松了一口气，其实，他心里也知道自己敌不过人家的势大，来此只不过撑撑黄老板的面子而已。既然卢筱嘉没有露面，黄金荣当即将头一摆，吩咐备车回府。

一连几天过去了，老共舞台仍然风平浪静。

这天，黄金荣吃罢晚饭，只带了四个贴身保镖摇摇摆摆走进了共舞台大剧院。共舞台今晚要首演《枪毙阎瑞生》。这是根据一件轰动一时的社会新闻编的新戏，讲的是阎瑞生诱骗杀害妓女黄莲英的故事。露兰春饰妓女黄莲英，有一段《莲英惊梦》是她的拿手戏，还灌了唱片，在留声机里放着。

为了露兰春这一出戏，黄金荣摆出法租界大亨的权威，事先发了请帖，请租界里各帮会、商会的头面人物来看戏，为露兰春捧场。

剧场打人的风波已过，剧院恢复了往日的热闹场面。太太、小姐们打扮得花枝招展，手拿檀香粉扇，与一些公子哥儿、阔少们打情骂俏，娇言浪语，眉目传情，茶水、糖果、点心一桌桌摆满，相熟的人们凑在一起谈论轶闻趣事，这个坤角、那个名伶，以及正上演的新戏；有的戏迷们摇头晃脑地哼几句戏文，逗得人们哈哈大笑。跑堂的、卖小吃的、小混混们在人群中来回穿梭，凑个热闹，整个老共舞台乱哄哄的一片。

锣声一响，露兰春踩着碎步上场。由于是新戏，她今天的行头全是上海最时髦、最风流的装扮，行动间动作身段，风情尽露；啼唱宛转，媚波频传。一出场就是满堂彩。

黄金荣乐得心花怒放，他眯着眼，翘着二郎腿，合着锣鼓点子，光脑袋摇来晃去。他看得很入神，很痴迷……戏正唱到高潮，“莲英”一句摇板，令台下观众又一次欢呼鼓掌。

黄金荣将头一仰，哈哈大笑。就在这时，突然十几个便衣悄悄溜进了正厅包厢。一个身着白色西装的青年掏出手枪顶住那颗光脑袋，一声低喝：“姓黄的，幸会了。”

黄金荣睁开眼一瞧，不由得倒吸了一口冷气：“你、你……”

“是我，卢筱嘉。”西装青年冷笑一声，头一摆，吩咐便衣队动手。几个便衣上来就狠狠地给了黄金荣两个耳光，打得他头晕目眩。随后一个便衣朝他腰间又踢了一脚，黄老板马上一捂腰，蹲了下去。

“麻皮，你的命连狗都不如，要是不相识，爷们现在就送你上西天。”说着，有人上前又狠狠地打了十几个耳光，又飞腿向他身上猛踢。

这边形势一变，剧场里立刻乱了起来。观众们四散奔逃，女客们尖声怪叫，劈里啪啦，桌倒椅翻，人人恨不得插上翅膀飞出门去。

黄金荣带的那四个保镖早已被便衣军警制服。人家手里都有手枪，他们只有两只拳头、一把匕首，若硬往上冲，岂不是以卵击石，白赔一条小命？光棍不吃眼前亏，一个个乖乖地被缚绑起来了。

卢筱嘉更不多废话，一挥手，两个便衣架起黄金荣，拖出大门，上了早在门外等着的一辆轿车。轿车载着卢筱嘉一行，在夜色和霓虹闪烁的街道上，风驰电掣般地向淞沪护军使署驶去。

黄金荣在老共舞台上被绑架的消息迅速传遍了上海滩。第二日，各大报纸纷纷报道了此事。堂堂华捕第一号黄金荣、大名鼎鼎的黄老板，竟然在自家的一亩三分地上遭人绑架，不说他的徒子、徒孙们觉得脸上无光，只说那些小泼皮、小混混们，过去靠在黄金荣门下吃饭的，也将黄老板低看了三分。至此，大亨黄金荣真是丢尽了面子。

这一次的被绑票，使黄金荣在上海滩的显赫声名、一方霸主地位一落千丈。

第三十五回

善逢源打通救师路　龙华寺勾连泯恩仇

黄金荣被绑的消息传到黄公馆，林桂生急的如热锅上的蚂蚁。她迅速找

上海淞沪护军使何丰林

来杜月笙、张啸林商议如何救人。可是杜月笙却默不作声，他要重新分析一下脉络，然后对症下药。后来在他的授意下，林桂生通过自己的关系居然打通到了何丰林的家里，拜了何丰林的老娘何老太太为干娘。但即便如此，何丰林还是没有放人。

这几天，黄金荣手下的徒弟、徒孙，大小流氓们，生怕失去自己的靠山，如丧考妣，无计可施。他们只好去找杜月笙，要杜月笙下令去攻打何公馆，把黄金荣救出来。

这时候，杜月笙却有了自己的打算。赫赫有名的大亨、有着几千徒弟的老头子黄麻皮金荣被抓到龙华关起来，这件事在上海滩称之为“跌霸”，关押的日子越长跌得越惨。

黄金荣一抓，杜月笙开始时也很着急，后来静静地一想，老头子跌下去，我就可以趁机爬上来，何丰林多关他几天，于我反而有益，于是迟迟按兵不动。

等到林桂生把一切都办得差不多了，那么何丰林为什么迟迟不放人呢？原因是什么？杜月笙摸透了军阀的心思，精明过人的他马上意识到归根到底是一个字：钱。

钱在杜月笙眼里是一把万能钥匙。有钱能使鬼推磨，有钱能让那些平日里高高在上的官老爷们给他跪下来当孙子。所以，钱在杜月笙眼里并不重要，只是一个敲门的工具而已。更何况黄金荣有的是钱。

黄金荣开剧场，做鸦片生意，开赌局，日进斗金，赚了多少黑财？黄金荣名为法租界华捕第一号，而实际上主要精力都用在经营这些产业上。所以人们称他为“黄老板”，而不是“黄捕头”。

这一次黄老板跌在何丰林手下，何丰林手握这根竹杠焉能不敲他一笔而轻易放人？区区金观音、竹罗汉算得了什么，虽然名贵，也值点钱，但只是两件玩物而已。他何丰林要的是现钱，要的是算得上是一大笔钱的东西。

杜月笙肚子里有了底以后，便带上金廷荪孝敬的10根金条，到龙华去见何丰林。到了何公馆外，杜月笙把装着金条的锦盒交给卫兵，请他进去通禀，三鑫公司董事长杜月笙求见。

何丰林听说杜月笙来了，以为他可能要动武了，问："他带了多少人?"

"开车的不算就他一个。"

这下何丰林就放心了。卫兵又递上杜月笙送来的金条，见到黄灿灿的金子，何丰林摸着两撇小胡子笑逐颜开，不住地点头："还是'水果月笙'明事理，会办事。这年头，不动真格的，光凭一张薄面办不成事啊！——你去请杜先生到小书房见，说我还有一点事，处理完了马上就到。"

何丰林接见人，一般在客厅里，被安排到小书房，实属特殊待遇。这恐怕要归功于那几根金条的面子了。

"欢迎、欢迎！杜先生是稀客，我何丰林有失远迎，失敬了。所以请在这小书房里见面。请坐，吃茶。"

何丰林从垂花的门洞里走来，双手抱拳，一边拱手，一边招呼。

长衫礼帽西裤皮鞋的杜月笙一见何丰林，立即站起来行鞠躬礼，斯斯文文地恭维道："将军在上海驻守，保土安民，万人称颂。今日我有幸再睹将军风采，真是三生有幸!"

"哪里，哪里。我是个粗人，有话直说，有事公办。能为百姓做一点事，使百姓安居乐业，我老何就乐了——你们上海人叫开心。坐，坐下谈。"

杜月笙重新归座，端起勤务兵送上的茶盏，揭开盖子，轻轻地吹了吹飘在上面的茶叶末，喝了一口，盖好放下，这才再次启齿："何将军，您是个爽快人，我说话也不会绕弯子，有什么就说什么。今天来拜访，是有件重要的事要和您商量。"

何丰林听了心里好笑，明明是求我放人，却说"有事商量"。他心里这么想着，可脸上并没露出来，还一本正经地应道："杜先生有什么事，请尽管吩咐。"

“我想办一个公司，请将军入股。”杜月笙避过正题，把给何丰林的好处当做一件正事来谈。他这样既争取了主动，又抬高了自己的身价，稳稳当当，不露声色：“我们想借将军的威风，好多多发财。”

“办公司?”何丰林无论如何也想不到杜月笙是为了这件事来找他的。办公司、赚大钱，他最听得进去。于是他侧过了身子，伸长了脖子凑过来：“入一股要多少钱?”

“您一个铜子儿也不用拿，只要将军参加，股份我们奉送。”杜月笙十分慷慨。

“那太不好意思了。”

“我们只借用将军的名望与财运，每月都可以参加分红。”接着，杜月笙又详细地告诉何丰林，他已和张啸林、黄金荣三个人筹集了一千万资金，准备开一个名叫“聚丰贸易公司”的烟土公司，全力从事鸦片贩卖。

何丰林一听喜出望外，走到门口向勤务兵吩咐：“我与杜先生有重要事情商量，别人一律不见，电话不接。若上峰来电话，就说我不在。”

吩咐完了以后，他回身又请杜月笙进小书房后边的一间密室商谈。

杜月笙接着说：“如果你和卢督军两位愿意加入，所得红利，五人平分，你俩不必出钱只需在运销上向部下打个招呼，在浙江各地，‘聚丰’的货畅行无阻就行。”

这件事对于何丰林来说，可是一件从天而降的好事。作为军阀，虽然手握重兵镇守一方，但除了盘剥榨取一点客商的赋税以外，并不直接与公司、商业打交道。如果一旦能在杜月笙、黄金荣等人办的公司里加入股份，发财的大门不就是向自己打开了吗?更何况股份是白送的，并不要掏钱。如此不出本钱白拿红利的买卖，一旦错过，可向哪里找去?何丰林当场拍板成交。

关于卢永祥入股的事，何丰林却替他的上司做得了这个主，知道他肯定会同意。果然，一封电报拍过去，没过两天，卢永祥的回电就来了，电文说“同意”，还派了卢筱嘉来沪与杜月笙商谈。

卢筱嘉此次与杜月笙会面，两人一见面居然谈得很投机，成了好朋友。

原来，涉及到发财大事，卢筱嘉报私仇扣押黄金荣的矛盾就变得芝麻大一丁点儿，一切便不言而喻了。

杜月笙创立这个“聚丰贸易公司”，是为他的烟土事业寻找保护人的。因为当年的烟土生意虽然利润极大，却常常面临着丢失烟土的危险，土商、烟贩，以至像黄金荣、杜月笙这些大老板常常被弄得忧心忡忡，十分头痛。

但如果军、商彼此能够合作，他们的烟土运输就可化暗为明，由军警一体保护，严禁沿途骚扰，是能保证烟土生意永远平安发财的最佳办法。而军阀看到利之所在，这无本而万利的生意还有什么犹豫之理，当下一拍即合，“聚丰贸易公司”成立，局面豁然开朗了。

从此，三鑫公司的营业更是蒸蒸日上。没有了后顾之忧，生意就可以大胆做了。三鑫公司每年收取的保护费就在100万银元以上，连同自身的营业收入，年盈利最高曾达5600万银元之巨。财源滚滚，如海水滔滔而来。它不但操纵了货色的进出，而且也控制了价格的涨落，形成一个大垄断公司，恐怕是中国有史以来最好的生意了。

而此时何丰林既与黄金荣成了公司里的同仁，当然不能再关押他了。照何丰林的意思，就要马上派人去请黄金荣，到司令部里一道谈谈，以示修好。

不料杜月笙却摇手阻止道：“别忙，别忙。还有一件事呢。”

“什么?”何丰林却不明白。杜月笙难道不愿意黄金荣放出来?

杜月笙微微一笑：“何军使，黄老板也算地方上的一个人物，对不对?”

“是啊，当然。黄老板威名赫赫，雄霸法租界，也算这地方的头号人物了。”

“何军使说的是。当日威风凛凛的黄老板被押到龙华关了五六天，最后就这样悄无声息地放了出来，不是要把面子丢光了吗?”

何丰林连连点头，暗暗佩服杜月笙想得周到。杜月笙提出两条：一是在龙华寺请一次客，庆祝“聚丰”公司成立，也是何、黄两家认干亲的家宴。当然，何老太太一定要出席；二是恳请何丰林向卢永祥说情，由卢永祥呈请北洋军阀政府陆军部颁一枚奖章给黄金荣，并聘黄金荣为护军使衙门督察。

这两件不费吹灰之力的小事，何丰林自然一一答应照办。在军阀看来事情虽小，但却给大亨黄金荣争回了面子，补偿了黄金荣手下大小流氓的心理损失。

黄金荣在龙华寺吃了酒，认了干亲，又接受了陆军部颁给的荣誉勋章，携夫人风风光光地回到了同孚里黄公馆。

黄金荣被放回后，为了回报，对杜月笙、张啸林两大弟子的奔走营救，使在华格臬路造了两幢房子，都是三间两进，前一进是中式二层石库门楼房，后一进是西式三间三层楼洋房。西边一座 216 号，送给杜月笙，东边一座 212 号，送给张啸林。

但对林桂生，黄金荣却十分绝情，后来索性把林桂生打入冷宫，直至二人“和平分手”。黄金荣至此费了九牛二虎之力，还在大狱里吃了几天泔水，终于把露兰春娶到了手里。

为了一个女人一怒冲冠，受尽苦难，也算他黄金荣是一个痴情汉。但让人大跌眼镜的是，黄金荣娶到露兰春没几天，这小娘子居然给他黄哥来了一手卷包会，把黄金荣所有金银铜钿全部卷走不说，还让黄金荣带了一顶绿色的帽子，黄金荣差点气吐血。

黄金荣经过这次的打击，彻底的成为了“跌霸”，从此一蹶不振。

就在黄金荣彻底“跌霸”以后，法租界众多流氓这才知道天外有天，黄老板并非法力无边，也有“吃瘪”的时候。

就像新一轮的洗牌一样，这些有权力地位的人在不知不觉之间，开始重排了新的座次：第一位，杜月笙；第二位，黄金荣；第三位，张啸林。

此后，杜月笙搬进了华格臬路 216 号。现在的他有了自己的公馆，工作人员也做了重新安排。他终于凭着自己过人的心机与手段，踩着黄金荣的臂膀，借他人之力又一次实现了人生的飞跃，从此雄霸上海滩。

第六章 壮势

杜月笙的交际面涉及黑白两道，上至达官贵人，下至流氓地痞，所以他经常能神通广大，别人感到棘手难办的事情，往往在他这儿迎刃而解。杜月笙既能仗义，也精于厚黑，他敢于与洋人打官司，收买人心比谁都强，而劝募捐款也同样积极……杜月笙的胆识和魄力，使得他在上海滩成了响当当的一号人物。

第三十六回

行善事解决四方难　显神通结识八方客

由于杜月笙的交际面涉及黑白两道，上至达官贵人，下至流氓地痞，所以他经常能神通广大，解决一些难题。别人感到棘手难办的事情，往往在他这儿迎刃而解。

杜月笙帮助别人，却从来不求回报，这在无形中使他的影响更加得以扩大，所以无论是邻里老幼、政界商贾都愿意来找杜先生寻求帮助。

杜月笙的名气渐渐地在上海滩上如雷贯耳，很多人开始用目光重新审视起他来。

一天，杨多良坐在何丰林的客厅里，佣人不停地替他烧烟。这大烟膏子是由上等的印度土熬制而成，平时抽起来，杨多良向来是觉得特别过瘾的。但此时，他却觉得索然无味，抽一口，呛几口。

他已经三天三夜没合眼。那六大皮箱的珠宝古玩使他的心如同被一剪子一剪子剪碎那样疼痛，如果找不回来，他这后半辈子和一家老小的生活便毫无着落了。

在福建，杨多良是督军周荫人的秘书长。20年来，他搜刮民财曾让许多人陷入家破人亡的境地；当然，他大肆敛财受贿也曾使许多人飞黄腾达。

结果，他自己从上任到离开时，有了这6大皮箱的珠宝古玩。

上海这个花花世界是有钱人的天堂，只要有钱，山珍海味，名酒美人，应有尽有。他以前曾因公事在这住过一个月，最令他难忘的是那些美女，要多少有多少，仪态万方，风情万种，一晚上换10个都有，永远有新鲜的感觉。当时他就想将来一定要到上海来享受享受这一切。

离任后，他马上想到到上海这个花花世界来打发余生。谁知他一来上海，一切都并不像他想像的那样好。当他派4个保镖押运着多年搜刮而来的6大皮箱珠宝古玩，乘着法国邮轮来上海时，却被上海的女人给暗算了。

那两个女人是什么时候上船的，4个保镖都不清楚，他们只记得船到长江口时，她们都出现了。当时，她们俩在舱门前说笑，声音又大又尖，浪荡得很。

“看他那肚皮，还想和我跳舞，我躬着腰也搭不到他的肩!”

“真是个臭家伙！请我们吃完牡蛎后，又要我们结账买单，这算什么男人?”

重排座次的三大亨

杨多良的4个保镖在舱内吸着纸烟，似乎对眼前的一切，谁也没有听见，谁也没有看见似的。

“两个小婊子，还我钱!”这时，外面响起一个男人粗粗的声音。紧接着，外面又响起了厮打声。

终于，有一个保镖忍不住了，打开了门。“救命!”这时一个身上只穿着胸罩和裤头的女郎耗子一般钻进舱门，接着，另一个女郎也倏地钻进舱来。

“老子就在这里把你们都解决了。”

保镖们这时才看清，这是一个肚皮比戏台上的猪八戒肚皮还大的家伙，脖子下挂着一条猪尾巴样的领带，脸上的胖肉差点把眼睛给挤合缝，正冲过来也要进来。

“让我进去，”他用力一拨舱门边的一个保镖，“她们拿了我的钱，想跑，能跑得掉吗?”

保镖被他一拨，差点摔倒，不由得瞪起眼睛。

胖子抓住想往回跑的女郎就往另一头跑，保镖们急忙追了过去。拐过一个弯，胖子不见了，而那个女郎却坐在甲板上哭。原来，她的长裙被扯掉，身上只剩下胸罩和短裤了。

保镖们安慰着女郎：“要不要我们保护你?”

“不用，我们的舱房就在前面。你们快回去，防止那家伙再去找我姐姐的麻烦。”

“对，快回去，防止意外。”一个保镖似乎突然想起了。大家也有所悟，纷纷往回跑。

推开舱门，他们全愣住了。那个女郎早已消失，地上扔着她的胸罩和短裤，那装满珠宝古玩的6只大皮箱一个也不见了。

此时，汽笛长鸣起来，邮轮已驶进吴淞口了。甲板上，很多人正在往岸上眺望……

远在福建的杨多良正准备启程到上海，接到珍宝丢失的消息，顿时就吓得变了脸色，这可是他为官一生，四处敲诈勒索的全部财产啊！他立刻赶到上海。

淞沪护军使何丰林是他的老相识，他请何出面，帮他查找珍宝的下落。何丰林倒也爽快，对他说："三天后来听音讯。"

杨多良从往日在福建的经验中得出，只要何丰林出面，事情差不多能解决。但那些珠宝古玩是他一生的心血，不怕一万，就怕万一，所以，三天来他一直没睡着，干脆厚着脸皮去何家住了下来了。

3天后，何丰林来到客厅，进门，他无奈地说："实在抱歉，老兄，兄弟无能，你的东西实在难以寻找。"

一听这话，杨多良顿时像泄了气的皮球似的一屁股坐到地上。旁边的佣人立刻上前扶起。

"难道，难道，"杨多良结结巴巴地说，"难道就这么丢了！"

"哎！老弟，在上海滩，并不是一切都是我说了算。这就不是你在别处领兵所领教过的了。可以说，谁来都没有办法，它一半华界，一半洋界！"

"没有办法？我这后半生，就这么完了？"说着，这杨多良也不顾自己的身份，竟然当着何丰林的面哭起来了。

何丰林踱了两步："去找杜月笙吧。杜先生肯定是有办法的。"

当杨多良拿着自己的名片，来到华格臬路216号的杜公馆时，心里十分不安。杜月笙的名字他早已听说过，但他不知道杜月笙有多大的能耐，能不能把何丰林找不到的东西找回来，因此他一边走着，心情还是如同死了爹娘一样阴沉沉的。

杜月笙看过杨多良的名片后，立刻把他请进客厅。

杨多良行过礼后，在一张太师椅上坐下。这时，他仔细看了看坐在他对面的这位名震上海滩的人物。

杜月笙突出的特点，便是有一个剃得光亮的大脑袋和两只如树上的蘑菇那样支愣着的耳朵。他的脸坑坑洼洼，很不规则，宛如装满土豆的袋子。杨多良并不知道，这是他小时候常常挨揍的结果。他的嘴唇在突起的牙齿外面绷得很紧，总是呈现出一副笑的模样。其实，这是一种假相，他即使是发怒时也是这样。他的左眼皮耷拉着，好似老在眨眼，有一种挑逗的味道。

杨多良实在摸不透，对面这个大耳朵的家伙到底是什么样的人，他有什么能耐，能帮他找回这6只箱子，他对何丰林的话半信半疑。

杜月笙倒显得很闲适。他简单问了问事件的经过，即叫来管家万墨林，“打电话给顾嘉棠，叫他快点查一下。”接着，他又问了杨多良在福建任上的事，便吩咐送客。

杨多良临走前，杜月笙说：“杨先生放心，只要东西一有着落，我立刻派人通知你。请你放心，不会超过今天。”

杨多良将信将疑地回到了旅馆。事已至此，急也无用。他要了一瓶酒，四个小菜，自斟自饮起来。

过了一个多小时，杨多良酒足饭饱。三天三夜没合眼了，现在疲倦从脚底缓缓而来，他昏昏欲睡。

“杨先生是住这吗?”外面响起了敲门声，把杨多良吓了一跳。他立刻开开门。

“我是杜先生的手下顾嘉棠。你的东西我帮你找回来了，请过目。”

说着，他轻轻一摆手，后面进来3个人，一人拎了2只大皮箱，放在了他面前。杨多良一见6只箱子，不多不少，便激动地抚摸着皮箱：“是我的，正是我的。”

“杨先生，请打开看看东西少不少。”

杨多良一只一只地把6只箱子全部打开，里面各种珍宝和古玩整整齐齐地摆着。他一一过数，全部都在。

“不少！一个也不少!”

“那好，杨先生歇着吧，我们告辞了。”

“别，别走！兄弟我这有点零钱，请弟兄们喝碗酒吧。”

当天下午，杨多良带了一尊金佛、一个金香炉、两颗猫眼、一串大珠，来到了杜月笙的公馆。

"杜先生大恩，没齿难忘，这点小意思，万望笑纳!"

杜月笙看了看几样东西，连声称赞说："果然是好东西！自家人，何必这么客气？你带回去吧。"

"哪里哪里，杜先生不要客气。"

"带回去吧。今天，我们就算是交个朋友，以后有什么事，尽管开口吧!"

帮助朋友，让杜月笙获得了不少人脉资源，他通过这些受过帮助的人，制造了一套非常有效的用人体系。当他遇到什么事情时，他可以随时加以利用，还可以取得事半功倍的效果。

第三十七回

外强权难压地头蛇　不做声施压还颜色

杜月笙的地位在法租界中空前巩固，上海滩所有的青帮人物都开始托关系与他结识，叙"兄弟"情。杜月笙并不傻，他非常清楚这些人看重自己的无非是自己的关系与实力。但他更清楚，自己早晚也有能用到这些人的一天，所以，他开始做起了"人情投资"。

不久，一件与外国人牵连多日的事，使杜月笙的声望更加高涨起来。

工人罢工事件结束，法租界的费沃礼总督被革了职后，法伯逊中校奉命来接替。此人比较耿直，而且清廉，更兼有法兰西民族的傲慢，同时也接受费沃礼同上海滩的流氓来往而被革职的教训，所以十分讨厌流氓，更不屑与流氓来往。

但杜月笙不理这一套，他有着自己独特的个性，他既能仗义，也敢于厚黑，随着他在上海滩地位的逐渐上升，他开始有了自己的霸气。上海滩上，他不愿给你，你拿命也换不去；他要给你呢，你不要也得给你。

这是一个晴朗的日子，在法租界的一幢漂亮的洋房里，颇有军人气质的法伯逊中校迎来了3位客人。他们在书桌上放下一只精致的红木圆盘，像一只微型的小圆台。在小圆台上，他们排下了黄灿灿的金碗、金碟、金勺和两双金筷。

“尊敬的法伯逊中校，这是杜先生的意思。”来人说。

法伯逊毫无表情，他围着书桌踱方步。忽然，他停止了脚步，往书桌边的椅子上一靠，开口道：“你们听着，本人不吃这一套，把桌上的东西拿回去！还有，转告你们主子，要他解释清楚，这是什么意思，然后登报声明保证，以后不再发生类似事件。否则，我将下逐客令，不准你们呆在法租界！送客！”

送礼的人回到杜公馆，把情况一说，杜月笙笑了笑，没吱声。

高鑫宝恰巧在一旁，火冒三丈地说：“他娘的，强龙不压地头蛇，这小贼新官上任三把火，烧到我们身上来了。得给他点颜色看看。”

“何必呢？老弟，”杜月笙缓缓地说，“人各有志，不可强求。”

三天后，法商电车公司的工人全部罢工。工人们提出了反对压迫、改善待遇等一系列要求。

罢工的领袖是赵子英和沈静彝，他们鼓动起了每一个工人，使罢工的声势越来越大，法租界的电车交通全部瘫痪。

法伯逊上任不久就遇到这样的事，十分尴尬，然而，他更担心上司不知内情，认为他无能，所以，他很想快些平息事态。然而，尽管多次与工人们交涉，但总不能达成协议。

两个月后，有人告诉法伯逊，带头罢工的赵子英和沈静彝都是杜月笙的徒弟。法伯逊由于上次对杜月笙送来的礼物态度蛮横，不好意思去与杜月笙打交道。

但事到临头，尽管法伯逊没办法焦头烂额，却依然叫人找来杜月笙的手下，说："杜先生公开登报声明的事就算了，但请先生写个书面保证，保证下次再也不会有这样的事发生了。"

"可以，中校先生。但是，这点小意思还是请中校先生笑纳。中国有句话，叫做'恭敬不如从命'；中国还有句话，叫做'下不为例'。先生既然来中国，还是要明白点。"来人不客气地说。

法伯逊中校只好将原先退给杜月笙的金器全部收下。第二天，法商电车公司的工人全部复工。杜月笙自然也谈不上写什么保证书了。

面对法伯逊中校的神气，杜月笙暗中施加压力，最后逼迫对方就范，不得不低下"高贵"的头颅。

第三十八回

唇将亡里齿焉能立　拼强敌决不任人欺

遇到关乎己身利益的事情，杜月笙是不会作出任何妥协的，即使对方再强，他也敢于去拼，敢于去争。这种凶狠的霸气使他从小瘪子声名鹊起，更使他在上海滩可以横行无忌。

杜月笙帮助“江北大亨”顾竹轩与洋人打赢了官司，是震动上海滩的一件大事。

“江北大亨”是上海滩对天蟾舞台的老板顾竹轩的称呼。顾竹轩，江苏盐城人。清末民初，苏北天灾兵祸，顾家子女众多，顾竹轩排行第四，有一年逃荒到上海，以后当过工部局巡捕，拉过黄包车。几年后，顾竹轩稍有了积蓄，开了一片车行，拜“大”字辈曹幼珊为师。继而，他也收徒弟开香堂，人称“顾四爷”，在闸北大统路、潭子湾一带作威作福，因其祖籍苏北，故称其为“江北大亨”。

顾竹轩开车行不久，结识了一个小寡妇，此人叫王月花，有财有貌，扬州人，满嘴扬州平话般的口音。顾竹轩经常以老乡的身份找她聊天，谈家乡风土人情。一来二去，两人有了感情，成了相好。

从此，顾家车行里不断添置新车，王月花俨然以老板娘自居，发号施令，顾竹轩对这位财神奶奶也言听计从。

顾竹轩开车行发财以后，经常和王月花一起到湖北路和丹桂舞台听戏。这时，京剧在上海渐渐走红，像丹桂这样的戏院，几乎天天客满。

顾竹轩想，开车行毕竟和黄包车夫打交道，难以和上流人物攀辈分，不如开个戏馆。他虽然这样想，却不曾和别人讲过。恰巧那一天和他一起当过巡捕的马小六子来看他，两人多日不见，一问起来，小六子已经升了巡官，专门管南京路到福州路一带的茶楼、戏馆、妓院、书场。

江北大亨顾竹轩

顾竹轩留下小六子吃饭，两人边饮边谈。

小六子说：“老四，开戏馆确是很赚钱，你有意思，完全可以开一个!”

顾竹轩哈哈大笑说：“小六子，你

喝醉了吧，而今上海是寸土寸金，买地皮，造房子，全套弄起来，总要得上万元。我到哪儿去弄？你别瞎说了！”

小六子带了几分醉意，说：“我不是酒后胡说，丹桂斜对面，湖北路南京路路口的那块空地，地段不错吧。这块地是工部局圈了的，现在想标价卖掉，这事我有办法，出几千块钱买下来，造个戏院是没有话说的！”

顾竹轩仍然摇头。小六子面孔一板，把酒杯重重一放说：“老四，我对你一片真心，从不开玩笑，你说钱不够，我指点你一条路。”

顾竹轩忙问：“找谁？”

小六子神秘地一笑说：“找你的心上人王月花嘛！”

顾竹轩不由脸上发烧，但是，当晚他果真和王月花商量投资开戏园的事。

顾竹轩的意思是把车行全部盘出，专门开戏园。王月花不同意，她说：“多经营一样，多一条财路，你看黄金荣、杜月笙他们，样样都干，苏北人难道比他们差？争口气，我帮着你，一定要干出点名堂来！”

顾竹轩听了，望着王月花深情地说：“我何尝不想，不过，我财力不够，你有，可那是寡妇人家活命钱。我全心经营戏馆，不会有太大闪失，但是别人的闲话难听，也对不起你。”

王月花用手指头在他的额上一戳：“咱们俩还分什么，你去张罗吧。要开戏园就大大地干一番！”

和王月花谈妥后，顾竹轩就到巡捕房去找小六子，商量吃下工部局的那块地皮。小六子拍胸脯帮忙，接着顾竹轩又亲自找了这一地盘的地头蛇季云卿，打通关节，一切都弄得妥妥帖帖，不久，一座崭新的大戏院就在一乐天茶馆对门盖了起来。

顾竹轩给戏园取名天蟾舞台，大家都知道刘海戏金蟾，当然有天赐金蟾，发财之意。

戏园开张，顾竹轩福至心灵，聘请当时有名文武老生、花旦、丑角演出连台本戏《开天辟地》。这是一出神怪戏，机关布景奇妙，噱头十足，场场客满。顾竹轩因此也很快财源滚滚。

正当顾竹轩财运亨通、踌躇满志的时候，有一天，杜月笙打发人来告诉他说："你那个天蟾舞台要保不住了！"

顾竹轩听了真是大吃一惊，急忙赶往杜公馆，一见杜月笙就问："杜先生，这是怎么回事？"

杜月笙有些着急地说："你园子旁边不是永安公司吗？他们要你这块地方，准备盖10层大楼，开一个旅馆，这公司是在英国注册的，工部局是要买他们账的，听说准备给价收回天蟾地皮。"

"那你合计一下，怎么办？"顾竹轩一下子失了主意。

"这事我和黄老板都帮不上忙。租界是人家洋人当家，我们的力量仅此而已！"

"杜先生，你要帮我啊！"

"我看你还有个法子，你还可以拼一拼。"

"怎么拼？"

"和洋人打官司。这样，有可能赢。"

"拼不赢怎么办呢？"顾竹轩又有些胆怯。

"不拼也不能拱手相让呀！"杜月笙鼓励他说。

眼看戏院要保不住，顾竹轩心里急死了，虽说杜月笙给他指了一条路，但是他还是觉得前路渺茫……

坐了一会儿，他心情烦躁地告辞了杜月笙。回家的路上，他又想起情人王月花。如果戏院关门，怎么对得起她？自己回去再当黄包车行老板，就永远算不上上海闻人了。想来想去，他更加烦死了，不小心脚下被石头绊了一下，一跤跌倒在地上，摔得屁股生疼。但是，这一跌却把顾竹轩的狠劲跌了出来，他一瘸一拐地走着，自言自语说："大不了摔倒收场，回老家种地去。我要拼一下，不能就这样便宜永安公司！"

不久，工部局果然命令天蟾舞台一个月内拆迁，只是象征性地给几百两银子的迁移费。派来执行命令的是一个叫阿华的巡官。

阿华走到戏园写字间，见到顾竹轩，坐下来叹了一口气：“老四，端人碗，受人管，这倒霉的差使偏偏派在我头上。说什么呢？老四，我尽力拖着，你去想办法。”

顾竹轩反而哈哈大笑，用手掌重重拍了一下阿华的肩膀：“阿华，我怎能怪你？不过我顾老四也不是好惹的，我要和永安公司打官司，打不赢，我从此就不在上海滩上混！”

阿华有点胆怯地说：“老四，永安公司的后台是英国总领事，你能跟英国人斗？”

顾竹轩微笑不答。他一下子比以前胸有成竹多了。

原来，两天前，顾竹杆又去找了一次杜月笙，杜月笙表示坚决支持他与洋人打官司。因为洋人今天能挤掉“江北大亨”，明天就能挤掉他这个“上海大亨”。

当天，杜月笙带着顾竹轩又去找了另一位名人，“三北大亨”阿德哥虞洽卿。

虞洽卿听了顾竹轩讲了这事的前因后果，就说：“竹轩，打官司洋人与中国人不同，洋人有时认理不认人，不像我们法院认人不认理，只要理在你手里，你就不用怕。不过，打官司时间长，不知道要打到哪一年？你有没有这么多钱？舍不舍得？”

“没问题，阿德哥，有我呢。”杜月笙在一旁一拍胸脯说。

这时，顾竹轩表情十分庄重，说：“虞老，我顾老四争气不争财，我准备全部家私赔光，绝不退让，大不了回苏北种地去！”

虞洽卿连声拍掌说：“好，你有志气！这忙我帮定了。我给你请两位外国律师，官司打下去，准有好消息！”

于是，这场天蟾舞台做原告，控告工部局违反合同，强迫迁让，官司先告到了英国驻上海的总领事馆。

这诉状一递进总领事馆，顿时使总领事目瞪口呆：中国人告工部局的事，他还是头一次见到。他心想：“此风一长，以后租界里的中国人还能管得了吗?”

他马上叫来工部局经办这事的人，问清了前因后果，半晌讲不出话，只好摇了摇头说：“你们办事太笨了，这块地方怎么能卖给那个中国戏院老板呢？他有了产权，就费事了。不过，绝不能让那姓顾的打赢官司。”

大约过了半个多月，英国总领事馆的批文下来了。这是一纸英文，顾竹轩忙拿去找他请的那个外国律师穆安素。穆安素拿来一看，皱皱眉头说：“这文批得十分滑头。里面说该地皮原是工部局产业，虽卖给天蟾舞台使用，但现在收回，可两方商议议价赎回。现在这事，顾先生，你如果愿意就此了结。工部局会赔偿你的地皮价数。但按照惯例，此款只限地皮款，不包括地上建筑，上面的建筑可以由你处理!”

顾竹轩一听，气得跳了起来，说：“放屁！真是洋人的蛮理，只收地皮，不管上面盖的房子，哪有这种道理。穆大律师，我不能这样了事，反正我已花钱到了这个地步，现在不打赢我绝不罢休。”

穆安素听顾竹轩的口气，知道他已是孤注一掷了。这官司打下去，自然还可以得到一大笔酬劳，这下他的精神也上来了。

他笑吟吟地说：“按照法律规程，总领事只是第一层次的裁决，如果没有公使或大使一级外交官的指示，他的裁决不发生效力。”

顾竹轩问：“如果我们告到公使那儿，公使裁定，算不算最后判决呢?”

穆安素摇了摇头说：“还不能算是最后裁决。因为根据英国法律规程，伦敦大理院的裁定才是最后的裁定。但是我告诉你，上诉到北京公使，还在中国境内，花费不算太大，告到伦敦，那就需要用外币付款，我可以尽力，但我不能说裁决对你一定有利。当然，如果你要把官司打下去，我仍然十分高兴为你效劳。你慎重考虑一下，过两天给我回音。如果决心继续诉讼，我们再签订委托书。”

第三十九回

力撑腰逼宫工部局 顾大亨打赢洋官司

顾竹轩从穆安素那儿出来，心中有些不安。他走到湖北路时，又路过天蟾戏园门口，这时天色已逐渐黑下来，街上华灯初上，戏馆门口车水马龙，十分热闹，他望着熙熙攘攘的人群，伫立在南京路，心潮起伏。这官司是个无底洞，自己已陷在洞里必须挣扎爬出来，他横了横心："打，打到伦敦也要打，就是输了，我顾竹轩也名扬四海了。"

但是，冷静下来顾竹轩又拿不准主意了，他想先找杜月笙商量一下，便叫了一部黄包车，径直来到华格臬路216号的杜公馆。

杜月笙听了他的话，思索了一会儿说："打是定下来要打的。不过具体的事，还是要听听阿德哥的。"

两人随便喝了两杯，就坐上杜公馆的汽车，直驶虞洽卿家。

虞洽卿刚刚吃完晚饭，正懒洋洋地靠在藤椅上休息，见顾竹轩他们进来，一摆手要他们在旁边椅子上坐下，问道："官司听说打下来了，你们打算怎么办?"

顾竹轩把穆安素谈话的内容大致和他讲了一遍，最后说："虞老，官司已打到这个地步，骑虎难下，我想和工部局奉陪到底。您看如何呢?"

虞洽卿睁开迷迷糊糊的睡眼，坐直了身子说："竹轩，这官司你只能打到底，如果一软，恐怕连那几百元地皮银子都会拿不到了。破釜沉舟，这仗准能打赢。你这次敢把官司打到伦敦大理院，这是上海有租界以来，由普通中国人诉讼到伦敦的第一件案子。因为涉及国际视听，英国人也许不能不重视。况且外国人司法独立，不受行政干扰，会依法裁断。我研究过，这事工部局是理亏的，不过你还得按层打上去，先诉北京的英国公使，当然我不会袖手旁观，我是工部局华董，可以给你造些舆论，使工部局在这件事上有点理亏。这样以后那些洋董就不那么神气了，我的话也可比以前讲得更响亮些。"

"对，这段时间，我派一些弟子四处放放风，就说工部局的人接受了永安公司的大量贿赂。"

"这样最好。"

第三天，顾竹轩和穆安素签订了委托书，向北京英国公使上诉，理由为裁判不公，应赔偿损失，不迁让。

结果，北京英国公使接到这份诉状，觉得十分棘手。这个公使是个老官僚，他觉出这事工部局理亏，虽然地皮原是工部局官产，却已经卖断立契，就属于个人私产，不可侵犯，自然有权不让。

可是，永安公司在香港政府注册，而且工部局未曾与顾竹轩协商，就答应把地皮给他，还签下合同，这明明是一个女儿许了两家亲的事情。于是，公使命令秘书通知总领事和姓顾的商量，给予一定代价迁让。

这一天，顾竹轩正在家中休息，正思忖着他在等北京英国公使的批复，心想诉状上去一个多星期了，为什么没有消息呢？他正在胡思乱想，忽然佣人来回禀说："有一个洋人，带着翻译来找你，说是工部局的。"

顾竹轩一怔，但马上想到这可能是北京的状子生效了。于是，他吩咐："请客人到楼下小客厅见。"

洋人满面笑容地进来了，一坐下，把顾竹轩吹捧了一番之后，慢慢转入了正题："顾先生，关于天蟾舞台事宜，公使已通知总领事，要工部局妥善解决。我是工部局英籍董事史密斯，工部局授权予我和您磋商，想听听您的意见。”

顾竹轩平常见了这些外国人都有三分恐惧，但是自从打官司以来，他已经和他们较量过了，觉得这些高鼻子、蓝眼睛家伙，吃硬不吃软，你越怕他，他就越欺侮你，于是也对他们不怕了。

这时，他的嗓门也高了起来：“史密斯先生，我的要求、办法总共有两条，一是不动迁，我也不向你们索取任何赔偿。二是如果一定要动迁也可以，地点一定要在市中心，给我盖一座三层楼的大戏园。不然，我还要继续打官司!”

史密斯脸上的笑容收敛了，他板起了脸，严肃地说：“顾先生，还有没有第三条可以接受的办法呢?”

顾竹轩想了一下说：“其他办法我是不能接受的。”

史密斯悻悻然地站起来说：“我很遗憾，不能给顾先生提出更好的解决办法。不过，我要奉劝顾先生一句，恐怕将来的解决办法未必能达到你的要求，那时你不要后悔!”

顾竹轩听了洋人的要挟，火气上来了，但他竭力放慢语气说：“我顾某官司打到这个地步，大不了全部家当弄光，成个瘪三。但是，我不会退让。请你转告工部局的各位先生，这好意我无法接受。”

史密斯闻言，只好灰溜溜地走了。

史密斯走后不到一星期，穆安素打电话告诉顾竹轩，北京英公使的回文寄给他，表示这事不能由公使馆解决，可以上诉到伦敦大理院作最后裁决。然后，他征求顾竹轩意见，是不是按原来商定的步骤，向伦敦上诉。

在电话中，顾竹轩斩钉截铁地说：“穆大律师，就这么办!”

谁知诉状到了伦敦，一连两三个月，杳无音讯。

这时，有人劝顾竹轩说，算了，船帮船，水帮水，洋人总归帮洋人，最后裁决如果仍和工部局、总领事一样，更会弄得敬酒不吃吃罚酒，更加得不偿失。

在这时，顾竹轩也有些后悔了，心想我顾四在上海混了多年，最后弄个两手空空，回苏北老家去吃山芋稀饭，大概也是命中注定的。不过，这戏园的资本一大半都是王月花的，两人相好一场，把她也拖下去，怎么说也不应该。他想着心里就难过，于是，趁着月色皎洁，他往王月花家里走去。

顾竹轩上街，看着行人都手提月饼盒，这才想到已是中秋佳节。于是，便买了点熟菜和一瓶洋河大曲走到王月花家。

自从打官司以来，顾竹轩的心情一直不好，好久没到王月花家去了。一见面，王月花看他瘦了许多，心中不免有点酸楚，禁不住眼圈红了。

顾竹轩也动了情，从口袋里掏出手帕，轻轻给她拭去泪痕说："月花，我对不住你，把你也拖进来受苦，这辈子算完了，我下辈子做牛做马还债吧！"

王月花听得伤心，也深情地说："不要说这种扫兴话。现在判决没下来，谁也不知怎么样哩！就是官司打输了，家当败光，你到哪里，我也到哪里，嫁鸡随鸡，嫁狗随狗，嫁一根扁担我抱着走，我宁愿陪你做一辈子讨饭婆，绝不分手！"

患难出真情，这话出自王月花的肺腑，顾竹轩一把紧紧握住王月花的双手，说："好月花，有你这句话，我死也瞑目了！"

两人泪眼相对，无限感伤，又无限深情，最后还是王月花打破沉默说："竹轩，咱们伤心也没用，今天是中秋，是个团圆节，我们来喝上一杯，解解闷吧！"

她话语刚落，忽然响起一阵十分急促的敲门声，王月花赶快跑下楼去开门，原来是顾竹轩的一个贴身亲信，跑得上气不接下气，气喘吁吁地说："四爷，四爷，杜先生找你！"

"找我有什么事？"

"他和穆大律师一起来找你，说伦敦大理院的判决下来了。"

"判决下来了？"顾竹轩的心提到了心口上，马上接着问："结果呢？结果怎样？"

"你赢了，杜先生说你赢了。"

一听赢了，顾竹轩欣喜若狂，激动地跳了起来，然后也不顾有手下在眼前，抱起王月花围着屋绕了一个圈子，然后对王月花说："月花，我先去看看。"

到了天蟾戏台的写字间，杜月笙和穆安素正在那里坐着。见顾竹轩来，他们马上递上一份文件。

顾竹轩一看，正是大理院判决书的中文副本。上面写着："顾竹轩先生，你的上诉经本院终审裁定，工部局违约拆迁不合法，应赔偿损失费 10 万元，由你择新址，重新修建天蟾舞台。"

这时，一栋房子只几百元，10 万元可是一笔相当可观的数目。

顾竹轩的名气一夜之间响彻上海滩，而杜月笙由于背后为他撑腰策划，身上的光环更耀眼了。

其实，一个人的魄力可以决定这个人能在事业的道路上走多远。杜月笙就是因为拥有超凡的魄力，才在上海滩大佬中脱颖而出成为霸主。

第四十回

爱票戏爽待众名伶　扶影业捧红大明星

杜月笙虽然是一位黑道大亨，但他与中国戏剧与电影有着不解之缘。戏

杜月笙与明星社交

剧与电影作为一种文化的代表，无形中让杜月笙身上散发出文化素养的高贵气息，这也是他能够从流氓形象转变为与众不同并具有相当魅力的大亨形象的重要原因。

就如同现而今的企业文化一样，内涵的提高让上海青帮老大以一种崭新的姿态重新站在了历史的舞台上，而且不断发展壮大。

由于受到黄金荣和金廷荪的影响，杜月笙除了爱好评剧，他对于全国各地来沪献艺的伶人，一概亲近爱护。上海侠林人物，用浦东腔称“角儿”，就是他由北方话转来的独创名词。

上海是我国第一大都市，洋场十里，笙歌处处，民元前后，自谭鑫培以次的京朝名角，莫不竞往上海淘金。

这些伶人到达上海，照规矩免不了要拜码头，而黄杜张金四大亨都是必须先拜为宜的。这四兄弟对角儿们也真能尽心尽力地照应，彼此往来，亲密有如家人。

因此之故，自杜月笙出道以后的三四十年间，国内知名的伶人，几乎没有一个不崇仰杜先生，感激杜先生，天大的事情，只要杜先生出面，立马可以一言而决。

而名伶们置身上海，只要曾经拜过杜门，自此就可以一心一意把戏唱好，高枕无忧，稳赚钞票，即令天坍下来，也有杜月笙替他们撑腰。

杜月笙一生交结过的名伶多如过江之鲫，私下他颇为推许红遍大江南北，曾使上海万人空巷的梅兰芳。

梅兰芳第一次到上海，是在1913年，演出于许少卿开设的丹桂第一台。他到同孚里黄公馆去拜望过黄金荣，杜月笙和他见过一面。

梅兰芳二度南来，杜月笙已经身为沪上闻人，华格臬路杜公馆冠盖云集，车马盈门，梅兰芳再次谒见，两个人都是黄浦滩上家喻户晓，最出风头的人物，但是主与客的谦恭自抑，虚怀若谷，却也同样的是等量齐观。梅兰芳在上海，无论唱戏如何繁忙，经常都会特地抽出时间，到杜公馆去望望。

杜月笙几个在上学的孩子，因为父亲的启发奖诱，从小便对评剧绕有兴趣，兼以戏听得多，学习起来特别便利，念小学时便能粉墨登场，票几出戏。

其中以老大杜维藩、老三杜维屏工老生，老二杜维垣唱黑头，这三位小兄弟合演一出“黄鹤楼”，拖出金廷荪的大儿子金元声饰演赵云，居然有声有色，苗头十足。

往往梅兰芳也参加他们的排唱，唱出压轴子，而小兄弟们的“黄鹤楼”则挂到第二，算是大轴子戏了。凡此场合，杜月笙和他的众家亲友，当然是兴高采烈，笑口常开的基本观众。

等到梅兰芳的压轴子戏唱完，杜月笙带头大批人马上后台，当他看见梅兰芳妆都没有卸，先赶着向前台后台的伙计们道乏，连那些跑龙套的，他也双手一拱，向他们连声他说：“辛苦，辛苦!”

杜月笙必定会告诫他的孩子们说：“你们看好，我要你们学的，就是人家的这种谦虚诚恳。这才是真正了不起的。”

杜公馆有一名老佣人，名唤阿柄，阿柄死得早，他遗下一个弟弟，小名毛毛。杜月笙乃将毛毛收养在家里，平时并不把他当做佣人看待，毛毛有小聪明，在杜公馆“见多识广”，皮簧音律，居然无师自通。

杜月笙觉得这孩子大可造就，便央托梅兰芳的琴师王少卿，试试这毛毛有否学胡琴的天分。

王少卿绰号二片，他是梨园世家，梅兰芳头回在上海露演，便是给王少卿的父亲王凤卿跨刀。二片一试毛毛的琴艺，也认为他“孺子可教”，便经常把毛毛带在身边，亲手指教。接连有几次，毛毛到过梅兰芳的寓所，帮忙拉拉二胡，往后梅兰芳吊嗓子，王二片偷偷不去应卯，便叫毛毛为他代劳。

一天下午，杜月笙趁自己的孩子在跟前，特地把毛毛喊了来，和颜悦色地问他：“梅老板待你怎么样?”

毛毛赞叹不置地回答：“哎呀爷叔，梅老板的做人真叫没有话说；像我这样的小鬼头，每次到他家里，他总归要立起来迎接。告辞的时候，他一定亲自送到大门口，把我当个贵客似的。还有，明明是他在教我，他绝口不说什么教呀指点的，梅老板总是这么笑嘻嘻地说：‘这个地方，让我们来研究研究。’”

“你们听听，”杜月笙立刻指点他的子女，“一个有学问的人懂得谦虚不难，难在梅兰芳只不过是个角儿，他是个唱红了半边天的角儿。”

杜月笙的皮簧癖，同样的影响了他两位结拜弟兄，张啸林和王晓籁，张啸林天生异“嗓”，王晓籁腔大声宏，中气之足，远胜杜月笙。所以他们两个都学黑头，往后便时常陪着杜月笙票戏，就串那一出“连环套”，一向是杜张老搭档，黄天霸一角由杜月笙扮演，这出戏笑话多，于是彩声更多。

顾嘉棠、高鑫宝，叶焯山这一帮老弟兄眼见老大哥出钱出力，反而挨人喝倒彩，哄堂大笑，难免有点气忿难忍，有时候亲自带领徒众，到戏院子里去怒目横眉，把场示威。

杜月笙听说到每每加以阻拦，他会这么洒脱地告诉他们：“戏馆里是要闹得猛一点才好!”

杜月笙不喜欢看电影，他嫌电影院里“漆黑”、“气闷”、“人多且杂”，而且电影故事“千篇一律，没什么意思”，所以他除非必要，决不涉足电影院，中国片不看，外国片也是望一望便离开了。

当然，随着后来电影事业的突飞猛进，水准之提高，与当初是不能相提并论的，当中外电影取评剧、话剧而代之，渐次成为中国人的主要娱乐，而杜月笙照样不屑一顾，那是因为他有了先入为主的观念，以及他事务繁忙，后来的气喘痼疾身体不允许他到电影院去泡上一二个钟头有着直接的影响。

1927年以前，上海的国产影业，向为“天一”、“明星”和“联华”三大公司鼎足而立。“天一”即今香港邵氏影业公司的前身，由邵醉翁、邵村人、邵仁仗、邵逸夫等昆仲一手创办。“联华”是往后倾向左派人士的组合。唯独“明星”，以资金雄厚，人才荟萃的纯民营姿态出现，曾经稳执我国影业牛耳二十余年。

开风气之先的明星公司，它的创办人如周剑云、张石川等，都是当年杜月笙出类拔萃的学生，当他们有意振兴中国电影，杜月笙曾经给予多方面的协助，为他们筹措巨额的资金，甚至把杜美路的房子一度改建摄影棚。

因此，不但在明星公司创办人的名单上，杜月笙始终榜上有名，同时更使他和影业人士关系密切，熠熠红星如胡蝶、徐来、阮玲玉辈，莫不为杜门座上客，就连郑鹧鸪、郑正秋等也成为他夹袋中的人物。

而杜月笙的法文秘书李应生，其千金李旦旦稍后亦曾当了电影明星，自然与杜月笙的大力提携有着密切的关系。

第四十一回

兔三窟冷庙当热烧　眼玲珑巴结新权贵

一般人烧香都要到最为鼎盛的庙宇去，冷庙往往是无人问津，无论这冷庙的神灵是否也神通广大，他们只相信世俗的认定。当然，这已构成了一种成功的选择，可是，趋炎附势总是不好的，一味地向当权当红的人们靠拢，自然会极大地伤害自我人格，至于说如何伤害了自我人格，有良知的人们都知道。而且，同样世俗地讲，神明再厉害也得照顾到所有的信徒，这样，你的福荫就会是被分得若干分之一，似乎不如向冷庙靠拢。

杜月笙深知冷庙热烧的道理，他不但对台上的人一味巴结，还对台下的人礼遇有加，这使他的人品和名声都大大增加。

杜月笙在上海滩如鱼得水，声望日隆之时，正值北洋军阀混战。直系、皖系、奉系各派军阀，今朝我联你，明天你打我，闹得不可开交。总统、内阁如走马灯般在北京城转换。

由于在政治、经济、外交上的特殊地位，上海无可避免地被置于这一巨大漩涡之中。志士仁人、政客军阀都在上海留下了他们的活动足迹。

在这动荡不已的政治局面之中，杜月笙比其他人表现得更加机巧善变，既能巴结上台的新贵，又善安抚下野的旧要，这些都游刃有余。后台虽然屡换，他非但毫毛不损，反而大大扩展了自己的势力。

上海原是皖系军阀卢永祥的势力范围。杜月笙通过何丰林，与卢永祥建立了关系。但直系军阀、江苏督军齐燮元对卢永祥独占上海，早已耿耿于怀。1924年，随着卢永祥反对直系的态度日益露骨，终于爆发了齐卢之战。

杜月笙夹于两军对垒之中，充分施展了八面玲珑、狡兔三窟的手段。他首先力图支持卢永祥取胜，以保住上海的已成局面。齐卢之战的第一次战役发生于浏河前线，齐燮元部下团长冀汝桐，率军突破了卢军在太仓方面的防线。

杜月笙动员黄金荣、张啸林等分头奔走，多方联络，集中了法租界里的大部分卡车首尾相接，一字长龙般地开往龙华，供卢永祥运兵遣将，急援太仓，使得浏河前线转危为安。

但不久，另一直系军阀、福建督军孙传芳应齐燮元之请，乘机袭取浙江，卢永祥腹背受敌，力所不支，被迫和淞沪护军使何丰林一起通电下野。

随即杜月笙立刻向孙传芳频送秋波，接受孙委令，担任督署咨议。与此同时，杜月笙仍然与卢永祥藕断丝连，在孙传芳抵达上海之后，杜月笙还悄悄将卢永祥的儿子卢筱嘉藏至家中避难。

早在皖系兵败后，段祺瑞通电下野，时任总统的徐世昌下令通缉祸首，指斥徐树铮“称兵畿辅，贻害闾阎”，严令全国军警一体严缉捉拿。

徐树铮起先躲到北平东交民巷日本军营，一住 70 天。但因英、美、法三国公使帮助直系，力主“驱逐罪魁”，于是，他只好躲进一只柳条箱里，由日本在天津的驻屯军司令小野寺的帮助下，“运”赴天津，逃到上海。

来到上海后，他住在英租界麦根路，借用前浙江督军皖系大将卢永祥部下一名师长陈乐山的房子，不久又搬到英租界南洋路 9 号。

后来，他又辗转到广州，由广州往桂林，和孙中山先生会晤。谈得十分融洽。之后，到福建延平，会合他的老部下旅长王永泉，通电成立建国军政制置府，自任总领，奉孙中山先生以段祺瑞为领导；然而王永泉不久又把他撵走，徐树铮返沪，旋去日本。

1923 年 9 月 21 日又回上海，仍旧在南洋路住着。他在福建轰轰烈烈的那一幕，对于国民革命军消灭陈炯明，以及往后的完成北伐事业，曾有很大的帮助。

1924 年齐卢之战，卢永样兵败，3 天后，英租界巡捕房立将徐树铮加以软禁，之后，派人强迫他登上达达鲁斯货轮，遣送到英国利物浦，规定他一路不许下船。

徐树铮离国没多久，北方政局又发生变化，直系垮台，段祺瑞出当临时执政，立即给徐“考察欧美、日本各国政治专使”名义。

杜月笙这一交情没有白做。1924 年底，卢永祥势力在奉系军阀的支持下，东山再起。奉军以宣抚军第一军军长张宗昌为统兵前锋，南下江苏，驱逐齐燮元和孙传芳。张宗昌统兵为前锋，直指京沪，一路收缴齐燮元败兵的军械，孙传芳自浙援苏的部队也退到新龙华，双方划地而治，暂时相安。

张宗昌是山东掖县人，人高马大；胳臂粗腿子长，因此他绰号“张长腿”，坐在汽车里面，都是蜷身缩脚，又因为他嗜赌，最喜欢玩一翻两瞪眼的牌九，北方人称赌牌九为“吃狗肉”，于是他又有个“狗肉将军”的雅号。辛亥革命，他曾投身上海光复军。现在他卷土重来，也算是旧地重游。有许多旧朋友，争先恐后的为他洗尘接风，花天酒地，一席千金，为黄浦滩上的人欲横流，纸醉金迷，恰似夕阳晚照，添了最后的一笔绚烂彩色。

张啸林绰号也是“张大帅”，见到八面威风的真张大帅到了上海，他比谁都高兴，一边怂恿杜月笙，要作盛大热烈的欢迎，杜月笙欣然同意张啸林的提议，他心里却在另有打算。

事先，杜月笙和张宗昌的驻沪代表单先生，接触频繁，他们是龙朋友，这次招待应该怎么样办。单先生把张宗昌的性格脾气与所好，跟杜月笙分析得清清楚楚。

1925 年 1 月 29 日，张宗昌率领奉军 10000 余名，源源开入上海华界，他的部下有白俄军队、山东大汉和东三省改编了的红胡子，这些兵痞凶猛粗暴，风纪极坏，他们头戴皮帽，身穿灰棉军装，个子高大，穿得臃肿，见人眉扬，口一开，不是“妈特个×”，便是“妈拉个巴子”。

上海人没见过这班红眉、绿眼睛的人物，胡兵奸淫烧杀把华界居民吓坏了，逃长毛贼似的争先恐后往租界里搬。

但是，上海的几家阔佬公馆，豪华酒楼，正忙于布置灯彩，安排山珍海味，牌九麻将，盛大热烈地欢迎张大帅。

张宗昌曾是李徵五的手下，现在李徵五是上海商报的老板，声望地位相当的高，老部下亲率“十万雄兵”来到上海，这位老上司乐滋滋地要抢在前头聊尽地主之谊。这一天，由于杜月笙派人婉转示意，李微五便备了份请帖，请杜月笙和张啸林到席作陪。

这一次宴会豪奢而隆重，杜月笙已经看得出来，胸无城府、粗鲁不文的张宗昌对于那些繁文褥节，丝毫不感兴趣。他记起了单先生供给他的情报，张大帅就是喜欢玩，玩什么呢？打牌和玩女人。

于是，轮到他做东时，他暗中决定了他的招待方式。第二天，他干干脆脆请张宗昌到长三堂子富春楼里吃饭。

这时，上海滩被杜月笙捧红了的名妓有许多，但是其中最美的一个应推所谓“花国大总统”富春楼老六。

富春楼老六叫王海鸽，是姑苏美人，长身玉立，艳光四射，她爱梳横爱司髻，一口吴侬软语，眉目传情，明眸皓齿，风姿极为迷人。她因为一登杜门，声价十倍，特将香闺设在汕头路，门前下马停车尽是沪上的达官巨贾。

杜月笙借富春楼老六的香闺设宴欢迎张大帅，总算是投人所好，他晓得张宗昌的脾气，又代为邀集花国的10大美人作陪。

这一夜，由于主人殷勤，美女留情，使得张大帅手舞足蹈，乐不可支。席间，王海鸽开个玩笑，她美目盼兮，莺声沥沥地说：“哎呀；今朝我们这里有了两位张大帅了。”

张宗昌忙问缘故。单先生把张啸林的绰号也叫“张大帅”一说，张宗昌呵呵大笑，他竟来了个颇为可人的幽默，他说：“你是张大帅，我是张小帅。”

张啸林不好意思，满脸通红地说：“大帅不要开玩笑。”

“真的嘛！”张宗昌叫嚷起来，“不信你问，我的号叫效坤，我手底下的人都喊我‘效帅’，你们上海人说‘效帅’，可不就是‘小帅’吗？”

于是，举座哄堂。但是，杜月笙翌日回家以后说起这件事，他说：“别看张宗昌外貌像个粗人，他的肚皮里还不简单。”

这一席盛宴一直吃到10点多钟，张宗昌赌兴大发，麻将间里早已备下了赌具，大亨豪客陪着倚红偎翠的张宗昌，走到隔壁。

“怎么个打法呢？”张啸林问。

“自然是推牌九。”王海鸽笑着说。

“我对上海人把大牌九拆开来打，分为前后亮牌，而且还有什么轮流推几副的赌法，一点不熟啊！”

“那我们搓麻将吧！”杜月笙忙打圆场说。

因此，杜月笙他们陪张大帅搓了一夜的麻将。

张宗昌在上海整整住了半个月，2月14日，他便以北上磋商军事为名，在上海居民的交口咒骂中，率大队撤走。不过他仍留了一条尾巴，派一个补充旅在沪“协助清乡”。

第四十二回

排众议保全徐树铮　好人缘脚涉直皖奉

1925年11月，杜月笙迎来了徐树铮。

徐树铮从国外回到上海，由于段执政徒有虚名，大权握在张作霖、冯玉祥手里，而任何一个有野心的军阀都不愿段、徐之携手合作，进而促成国民革命军和安福系的南北呼应。所以徐树铮的归来，到处都隐藏着杀机。

徐树铮周游列国，他是从日本乘大洋丸回来的，轮船抵步之前，有一位神秘人士来到杜公馆，他和杜月笙是旧相识，早先曾在卢永祥的部下，因此，他也是皖系人物之一。他率直的向杜月笙提出请求，徐树铮这次到上海，关系重大，希望杜月笙能够公开加以保护。

这个任务很艰巨，很危险，若以这时的政治情势而论，更是极其微妙。因为徐树铮在意大利时，曾经和墨索利尼订立协议，支持段、徐，供给大量军火，如果徐树铮能够回到段祺瑞的身边，段祺瑞即将由傀儡而重新掌握军事实力。这对于争权夺地、年年征伐不休的军阀，无比重大。

所以，一般人认为徐树铮这次回国，随时都有遭到暗害的可能。保护这么样的一位政治人物，真是谈何容易？

杜月笙和黄金荣、张啸林筹思密商，黄、张两位都不赞成。黄金荣说："徐树铮的公馆在大英地界，以法租界势力量担任保护工作，岂非隔靴搔痒，难免力所不及。"

"张大帅"呢，他这时和奉系军阀正亲近，言辞激烈地说："皖系早已徒有其名，毫无实力，替首脑公然露面的皖系冒险做事，我百分之百的反对。"

可是，杜月笙却独持异议，他针对黄金荣和张啸林所提的反对理由说："卢督军和何丰林，多年来和我们的交情不错，患难之中，派人来请托，这是他们看得起我们，这件事就人情上来讲，我们不便推脱。再则，尽管徐树铮住英租界，我们一样可以保护他，正是我们露脸的机会。"

说完，他又望了一眼张啸林说："锦上添花的事让人家去做，我们多来几次雪里送炭，这才是江湖上所讲的义气。"

杜月笙

黄老板赞许地点点头，张啸林哑口无言，杜月笙心里很欢喜，他还怕张啸林临时反悔，先约好了说："船到的那天，我们一道先上去接。"

张啸林刚把眉头皱起，杜月笙又抢在前头说："这是件大事体，一定要我们三个同去。"

这一日，大洋丸抵吴淞口，黄金荣、杜月笙和张啸林，黄浦滩上威镇八方的"三大亨"，轻裘缓带，乘一艘小火轮，官方欢迎人士尚未出现，他们便已先上了大轮船，先行迎接徐专使，徐树铮满面春风的接待他们。

码头上，摩肩接踵，人群麇集，有的是官方为了敷衍段祺瑞，派来欢迎的官员，也有的是报馆记者，还有跑来看热闹的小市民，以及杜月笙事先安排好的群众。其中，许多人是杜月笙派来进行保卫的青帮流氓打手。

大洋丸徐徐驶近，徐专使穿一袭西服，在甲板上含笑出现，看热闹的眼见沪上"三大亨"，黄老板、杜月笙，张啸林一致出动，站在徐专使的身边，寸步不离左右，人丛中爆出了欢呼这是一个极难获见的盛大场面，"三大亨"保护徐树铮，三个人在上海的实力总加起来，何啻十万雄兵！

黄、杜、张一路护送徐树铮到英租界南洋路，自此派人日夜轮班守护。这时，已统一东南，自称五省联帅的孙传芳闻讯后，"晚一步"从南京"匆匆"赶来，迎接徐专使。

于是，第二天便由上海各民众团体，在市商会举行大会，隆重欢迎徐专使与孙馨帅——馨远，是孙传芳的大号。

住了一天，孙传芳和徐树铮，联袂专赴南通，拜访南通状元、中国第一任实业总长张謇。这位东南耆彦，这时已经70多岁了，仍还是朝野同钦、举足轻重的政治人物。

张謇和徐孙两人几度长谈，并且邀请他们往游东奥山庄，但是，他本人却以年老体衰为由，没有奉陪两位佳宾同去，他命人备一桌素席招待。

12月初，徐树铮从南通回上海，他要到北平去见段祺瑞。段祺瑞打电报来叫他暂缓动身，以免危险。他不肯听，19日乘顺天轮离开上海。杜月笙全始全终，保护之责总算是尽完了。24日，徐树铮到北平，跟段祺瑞晤见，两人对面跪拜，抱头痛哭。他在北平住了 5 天，力劝段祺瑞下令讨敌。

29 日，他忽然起意南下，段祺瑞以及其他皖系人都劝他等些时候再走，但是徐树铮又不理，30 日终于在廊房车站，被冯玉祥的部下拖下火车枪毙。

杜月笙保护徐树铮，招待张宗昌，皖系奉系都很看得起他。如日中天的直系将领孙传芳和他的交情则是建立在利害关系上的。四川方面，常在川东一带活动的范师长范绍增，和他在业务方面经常都有往还，杜月笙的触角越伸越远。

1925 年，陆冲鹏特由北京带来段政府财政部的两张委任状，聘请杜月笙、张啸林担任财政部参议。

第四十三回

帝国狗狂吠大上海　杜老大怒扬爱国情

对于政治与社会事业，杜月笙表现出异常的热衷，可谓苦心经营，他深知政治能为他的黑道生意提供庇护，所以他始终对此不遗余力。而在中国民族气节上他也表现的大义懔然，这也正是他赢得更多人拥护的原因之一。

1925 年 5 月 15 日，日本人开设于上海的内外棉纱厂，由于罢工事件，演成劳资双方激烈争执，日本人竟用手枪射击手无寸铁的工人，当场击毙顾正红一名，同时有八名工人身受重伤。

东洋人闯了大祸，心里也很紧张，他们唯恐激起中国人的公愤，会对他们不利，因此采取高压手段，竭力弥缝，威胁报界不得刊登新闻，压迫官方取缔工人行动，更向公共租界工部局请调大队巡捕，四出弹压。

这么一大血案便暂时被压了下来，报纸只字不提，上海人都不晓得出了这么大的事。被压迫的工人由于停工过久，生活发生困难，商请上海总商会出面调停，总商会骇怕东洋人的蛮横，意存观望，一味拖延。

工人们乃求助于上海学生联合会，21日文治大学举行募捐演讲，被捕房捕去学生两名，22日有四位上海大学学生前往参加"顾正红追悼大会"，又被巡捕悉数捕捉。两校教职员随赴捕房要求保释，复为捕房坚决拒绝。工人和学生们情绪激动，热血沸腾。

马超俊正在上海联络各大学学生，创立孙文主义学会，促进学生与工人的联系，引导青年思想纳入正轨。他辗转听到这些消息，他和在上海的国民党人商议，决定分头联络绅商学工各界，同作正义的声援。初步决定五月卅日在九亩地举行民众大会，向日本人公开提出抗议。

可没有想到，在五月卅日民众大会举行以前，上海学生联合会发动了学生、工人与商民两千多人，组织了一个声势浩大的宣传队，分途出发，在各繁盛地区，演讲日本工厂枪杀工人的暴行，同时散发传单。于是竟在南京路、海宁路、老靶子路一带，和公共租界的巡捕发生冲突。南京路的老巡捕房，一下子抓了三百多人，送进牢监。

紧接着便有一万多名群众围集在巡捕房门口，要求释放被捕者，双方正在坚持，英探目爱霍逊突然向群众开了一枪，印度巡捕立刻又开了一排枪，当场血肉横飞，秩序大乱，群众死十三人，重伤二十余名，又被巡捕拖进去了五十多个。这便是惊天动地的五卅惨案发生的经过。

当时，凡是通过租界，赶赴九亩地开会的群众，一概被荷枪实弹的巡捕拦阻。公共租界的巡捕，那天不但全部出动，他们更向吴淞口外的英国军舰求援，于是英国的海军陆战队全部武装登陆，公共租界全区宣告戒严。

由于民情激昂，人人奋不顾身，九亩地的民众大会仍能如时举行，出席大会的群众多达十余万人，马超俊主席悲不可抑，宣布今天所发生的惨案，与会群众中不时爆发哭声，大家一致声讨帝国主义者的暴行，他们在中华民国的土地上滥杀无辜，酿成空前绝后的大血案。大会议决吁请全国同胞，发挥团结力量，共同抗御强侮，这一项呼吁，立即获得全国各地的热烈响应，大规模的示威游行正在方兴未艾。

杜月笙听到了一连串的噩耗，有些愤慨了。南京路上血的教训，激起了潜伏在他深心的怒火，那天，他竟破口大骂："外国鬼子真不是人!"

偏偏那些早先坚持反对意见的朋友，此刻还在用幸灾乐祸的口吻说："我们说过最好不要参加的吧，你看，现在果然闹出大事体了。"

杜月笙从来不会在朋友面前这么失态，当时，他睁大了眼睛瞪住他们，眼睛里射出了熊熊的怒火。

那般人噤若寒蝉，开始悄悄地溜走，就在这时候，电话铃响，杜月笙亲自去接听，话筒里传来口头通知，当晚八点，在沪国民党人马超俊、叶楚伧、刘芦隐，在法租界环龙路四十四号，举行上海各界紧急会议，商讨援救被捕人士的办法。

刚放下电话，张啸林发了急，他高声地问："你可不可以不去?"

"不可以。"

"要么，你派个代表去。"

"不，我一定要自家去。"

"开会的事情，多你一个和少你一个，那有什么关系?充其量，他们商量定了什么，出钱出力，我们暗底下来好了么!"

杜月笙定定地看着他，歇了半晌，他仿佛有许多话要说，苦于一下子不知如何措词，最后，他仅只加重语气说了一句："我们住租界，但是我们是中国人!"话说完，他便转身上楼换衣服。

杜月笙上了二楼，立刻便唤人叫万墨林上去，拨电话是万墨林的专责，一两百个电话号码他可以熟记胸中，无须查阅。杜月笙命万墨林拨电话给王晓籁、陆伯鸿，约好了夜晚大家一道去开会。

那一次的会议，参加者除上述诸人，还有冯少山、余日章和国民党员郎醒石、桂崇基、林焕庭等，会中人人悲愤无比，情绪激动，连公共场合绝少开口的杜月笙都作了狮子吼，帝国主义压迫下的"子民"终于觉醒了，他们一致议决，从6月1日起，全上海的学生罢课，工人罢工，商人罢市，同时通话海内外，控诉英日两国的罪恶，请求世界公理，举国上下一致援声讨。

6月1日，英国巡捕蛮横如故，因为南京路上有人阻止电车行驶，他们又开枪杀人，当场死四名，伤十余名，被捕者亦复不少。这么一来，风潮更为扩大，上海交涉员许沅，向上海领事团南京路英国巡捕两次开枪杀死学生和民众案交抗议书，领事团将抗议书束之高阁，置之不理。

情势越来越紧张了，外国舰队的陆战队和洋商团的团员，纷纷武装开入公共租界，他们居然搬出了大炮和机关枪，分路据守，如临大敌，于是零星的冲突，仍在不断地发生。新世界的游戏场，和四间学校，都被外国兵加以占领。到了6月4日，上海已经成为一座死市。

由于长时间的罢工，使上海十余万工人面临严重的生活问题，有关方面发起捐款救济，杜月笙又是最先响应，他出钱出力，从不后人，自己捐出了大笔款项不算，更发动他在工商各界的朋友。据统计，捐款数字约为一百万元。当时确实由于这笔庞大的捐款，维持了爱国工人最低限度的生活，才使得帝国主义资本家，无从施展其压力。

北洋政府也向领事团一再交涉，双方各派调查团到上海，从事实地调查。到8月12日，由中日官方协商，内外棉纱厂罢工案单独和解，订立条件六类，日厂赔偿工人伤亡费一万元，补助工人停工损失十万元。上海市民为五卅惨案提出的主张，则由北洋政府和领事交涉累月，几经波折，终于获得部分解决。

由于五卅惨案引起了全国上下一致的对英经济抵制运动，使英国在中国锐意经营了一两 百年的经济侵略，蒙受了极其惨重的打击。

古老的中华民族苏醒过来，帝国主义加诸中国的侵略，并不曾因中华民国的肇立而停 止，自辛亥革命以来，祸乱频仍，纷扰不休，人民陷于水深火热之中，国家濒临分崩离析，而这里，都与国民政府的腐朽和帝国主义的侵略分不开的。

他们以武力作后盾，以不平等条约为工具，攘夺我关税，妨害我司法，垄断我金融，扼制我工业，把持我农产，草菅人命，恣意屠杀，至于那些窃据各地，拥兵自重的军阀，他们本身就是洋人的爪牙，每一个军阀的背后，都有帝国主义者的大力支持。

于是，中国人民觉醒了，他们深刻地认识到：必须“铲除军阀，打倒列强”，中国始有生机。汉口、北京、广州，一连串的发生抗议示威运动，因而也再传出列强杀戮的恶噩，终于，这一次民族觉醒加速了北伐的完成。同样，它使杜月笙面临个人历史的新页。

1925 年五卅惨案过后，全国同胞的同仇敌忾之心，和杜月笙个人声望，同如巨浪滔天，扶摇直上。当时的黄浦滩头，杜月笙的地位已可与沪上大老，浙江财阀领袖虞洽卿相提并论，同辔并驱。

第四十四回

附风雅拉拢知识界　控新闻织造关系网

杜月笙虽然继承了黄金荣的势力并作了发展，但其影响主要是在黑社会当中。

社会名流、知识阶层与他们虽有往来，内心深处对他却不无鄙夷，大多采取敬而远之的态度。因此，杜月笙深深懂得要想在上海滩真正作番“事业”，光有打手不成，还必须接近士人，拉拢、利用，乃至控制一批知识分子。

也就是说，他必须把自己黑社会这层外衣脱掉，然后变成一位温文尔雅的儒士去给人以亲切感。

为了达到这一目的，杜月笙开始附庸风雅。首先他在自己的服饰方面作了变换，改变人们对他的印象。

旧上海的流氓，包括黄金荣这样的大头子在内，传统打扮是黑拷绸短打，对襟中分，单排密扣，卷着袖，敞开怀，露出臂膀上的“刺青”和胸前悬挂的金怀表链，表链越粗，身价越高。手指上则大多戴一只耀眼的金刚钻戒指，跷着大拇指，凶相毕露地招摇过市。一般市民见到这等打扮，便知遇到了流氓，避之惟恐不及。

杜月笙继黄金荣而起之后，命令手下各大徒弟一律去掉短打装扮，盛夏季节也不准赤膊露体。他本人则一年四季身着长衫马褂。平时，他暗暗打量那些有身价、有地位，而且有教养的绅士的装束和打扮。一天，他突然发现，这些人没有一个手上戴戒指的，他回家后立即把自己手上的大戒指取下来，入进了保险箱。

他连讲话也学着大亨的腔调，每天接待来宾他雍容和蔼，答以那么三句：“你的事体我晓得了。”

“我会替你办好。”

“好！再会!”

晚年时，杜月笙曾向人透露他爱穿长衫的秘密。原来杜月笙年轻时手臂上刺有花纹，长衫袖子长，捋下来，便可将“刺青”遮盖无遗。著名记者徐铸成见到这位“闻人”，原先他认为此等人物纵使不是红眉毛、绿眼睛，总该是一赳赳武夫，但见面之后，却发现只是一个修长身材，面色带青的瘦削老人，看上去“手无缚鸡之力”，言谈中也很少带“白相人”常说的粗话，一副文质彬彬的作派。

杜月笙正是以这种新的作派，开始周旋于原来陌生的阶层，着力拉拢知识分子，结交文人墨客。

这时，上海滩有位“名律师”，叫秦联奎，是个有真才实学、经验丰富、精湛的法学造诣，他洞彻人性看破事态，判断力强，因为他喜欢替人拆字，屡猜屡中，人们送他一个绰号叫“天眼”。

刚执业时，他听说杜公馆多设赌局，场面豪华，年少好奇，托人带去玩。去后，秦联奎小小押了几注，结果连输 4000 大洋。4000 大洋，对刚执业的秦联奎来说，并非小数，心中不免懊丧，悻悻然付了赌账，起座离去。

恰好他的这一场面，被杜月笙见状，便问带秦联奎来的人朱如山：“这位是什么人?”

朱如山介绍了秦的身份，杜月笙当即拿出 4000 大洋，托那人带还秦联奎，并无不体贴地说：“当律师的靠摇笔杆、用心血、费口舌为生，没有多少钱好赚，我不能赢他的钱。请你帮我退还给他。”

朱如山将钱和杜月笙的话带给秦联奎后，秦大为感激，以后常去杜家，乐于效力，成为杜月笙的义务法律顾问。

章太炎是著名的朴学大师，学界泰斗，杜月笙早想结识，只恨无缘。一次，居住在法租界的章太炎的侄儿，与一位颇有背景的人物发生房屋纠纷，相持不下。章太炎风闻杜月笙是法租界炙手可热的人物，便给他去了一封信，请求帮助。

杜月笙见信后，不但即刻为章太炎的侄儿排难解纷，而且借此机会，专程去苏州拜访章太炎。临告辞时，杜月笙悄悄将一张两千银元的钱庄庄票压于茶杯底下。

回上海后，他又每月派人送钱接济当时境况并不太好的章太炎。

结果，他与章太炎建立了所谓“平生风义兼师友”的交情。以后，章太炎曾以一代朴学大师的身份，为杜月笙修定家谱。

上海滩的“才子律师”江一平，留学法国、获博士学位，后担任国民党上海地方法院院长的郑毓秀，乃至曾任北洋政府司法总长的章士钊，经杜月笙巧为拉拢，都先后出入杜门，成为杜月笙的座上客。曾任吴佩孚的秘书长、人称“江东才子”的杨云史，当过国民党监察委员、号称“诗人”的杨千里，也被杜月笙罗致为私人秘书。

为了便利知识分子投入杜门，杜月笙不惜改变原来沿用的青帮收门徒仪式，将开香堂改为点香烛，磕头改为三鞠躬，徒弟改称“学生子”，杜月笙本人则由“老头子”改称“老夫子”或“先生”，写有三代简历的拜师帖改为门生帖，拜师帖上“一祖流传，万世千秋，水往东流，永不回头”的套语，简化为“永遵训诲”。

杜月笙还在法租界善钟路创办了一所正始中学，亲任董事长，由陈群任校长。并在老家浦东耗资10万元，建起“浦东杜氏藏书楼”，附设学塾。

为了左右舆论，杜月笙极力拉拢新闻界的知识分子。《新闻报》编辑唐世昌，成为他在新闻界所收的第一个徒弟。以后，如汪松年、赵君豪，姚苏凤、余哲文、李超凡等著名报人，也都或明或暗地成为杜月笙的门生。经过这些人，杜月笙控制了新闻界一大批从业人员。

新闻界凡依附杜月笙者，不但职业有保障，而且按月有津贴。据说津贴数额相当可观，按当时币值，如被津贴者将所得津贴存入银行，一年可买一辆轿车。然而，他们如对杜月笙不买账，不但饭碗会敲掉，甚至会有性命之虞。

经过这样软硬兼施，杜月笙俨然成为新闻界的幕后操纵者，许多重要新闻，甚至是排好了版的头条新闻，只要杜月笙“闲话一句”，往往会忽然不见。靠着在报界新闻界的力量，杜月笙帮助不少达官贵人抽掉了不宜外扬的桃色丑闻。受惠者因而感激涕零，以后遇到与杜月笙有关的事，一个个都设法帮忙，作为报答。

经此一系列活动，杜月笙不仅在黑社会，而且在知识界也有了自己的影响。所以，上海滩的“三大亨”中，黄金荣、张啸林分别被称为“黄老板”、“张大帅”，惟独杜月笙却得了个文雅称呼——“杜先生”。

第七章　安势

杜月笙在上海滩叱咤风云时，正值中国的政治格局风云变幻，难以揣摸。在这种大背景下，杜月笙为了获得自己的生存权力，采取的是左右不得罪的办法，运用外圆内方、刚柔相济的策略。这样，无论是趋进，还是退止，都能泰然自若。无论时局如何变化，杜月笙都能游刃有余地应对，并且从中获利。但他为了安抚当政者，拉拢靠山，却不惜用卑劣而毒辣的手段镇压工人运动，手上沾满了鲜血，这也令世人对他深恶痛绝。

第四十五回

会骑墙瓦解军心志　设盛宴绊住毕花痴

在势力与势力之间周旋是一件非常复杂的事情，但杜月笙恰恰在这一点上能够做到左右逢源，独善其身，他的这个出众之处使他无论在军阀之间，还是后来的国民政府统治时期，他都能够让当权者满意，让各方势力信服，从而充当他的靠山。

1926年前后，中国政治风云变幻，革命北伐军与北洋军阀的战争进入了生死较量的阶段。

杜月笙这时的态度是左右骑墙，谁也不得罪，谁都交往，随着局势渐渐明朗，他料定国民党的北伐军控制上海后，仍然离不开他。因此，他有恃无恐，直到1927年初，还和北洋军阀在上海的负责人毕庶澄打得火热。

1927年，3月，上海人大难临头。南北两大军阀，会师大上海，张宗昌的直鲁部队，孙传芳的五省联军，耀武扬威，杀气腾腾，以北火车站毕庶澄的司令部为中心，在大街小巷堆沙包，拉铁丝网，布置防线，没有人晓得什么时候会爆发巷战，全市的报纸都已经被迫停刊，上海成了孤岛，消息完全隔绝。

与此同时，共产党也正自四面八方悄然的集中，顾顺章和周恩来在多方搜集军火，建立工人武装。李立三、汪寿华、瞿秋白，赵世炎，罗亦农、侯绍裘等领导上海总工会，掌握了上海80万工人，自2月份以来，接二连三的罢工、暴动，工厂拉上铁门，商店自动打烊，几乎使上海华界成为了死市。

尽管英、法两界照旧歌舞升平，繁华不减，但却也笼罩着巨大的恐怖阴影，一旦打起来，子弹不长眼睛，租界和华区唇齿相依，地界犬牙相错，谁能保险不受战火的波及？

大罢工后，中共上海市委和中共中央发表告民众书，积极筹组“上海市民政府”，建立苏维埃式政权，在这上海势将成为外国军队、军阀武力，乃至革命大军陷于混战的战场，不分华界、租界同归于尽的时刻。

上海滩的地方士绅和社会群众领袖都在忧心忡忡，四出活动，他们不惜运用一切手腕，采取多种途径，殊途同归，分头努力，保护自己，免得战火燃起，玉石俱焚，将这七百年来罕有刀兵之灾的东方明珠毁之于一旦。

在上海的红道黑道不约而同所作的多方面活动之中，黄金荣、杜月笙和张啸林一致从事软化毕庶澄，瓦解直鲁军的军心斗志的工作。

因为只要他们能够绊住这位直鲁军大将，不但有助于革命军的顺利推展，同时也可以消减上海滩的剑拔弩张、刀光闪闪的紧张气氛，并且免除了许多一触即发的冲突。

倘使他们更进一步劝诱毕庶澄早日归顺革命阵营，一举解决这两万余人的直奉军主力，那么，剩下孙传芳的第九师李宝章部，官兵2800人也就成了癣疥之疾，革命军尽可传檄而定，战火也将远离上海而去。

3月10日，由杜月笙、张啸林出面备了一份请帖，请毕庶澄赴洗尘宴，席设英租界上海名妓花国大总统富春楼老六的香闺。

毕庶澄考虑再三，终于欣然应命。杜月笙心知毕庶澄不会不来。

因为一则他知道杜、张都是他顶头上司的要好朋友，摆这一桌酒，无非是给毕军长一个面子。二来只要毕庶澄想在上海立脚，他就不能得罪威镇上海滩、一呼万诺的“三大亨”。

另外，一年多以前他还是一名小小的补充旅长，几曾哪里沾到过“三大亨”的边？“三大亨”肉林酒池，穷奢极侈招待张宗昌，山东河北与关外，无人不交口赞羡，传为美谈。现在轮到他统率兵马，拥兵沪上，“人生几何，对酒当歌”，这一番十里洋场繁华梦，现在不享受一番，更待何时？

杜月笙和张啸林在富春楼老六的香闺为毕军长设宴洗尘的时候，上海花事正当荼蘼盛放，还有张素云、云兰芳、和芳卿三位娇娃，与绝代佳人富春楼老六旗鼓相当，艳名大噪的4人合称四小金刚。

她们各个都有沉鱼落雁、闭月羞花之貌。在邀请毕庶澄之前，杜月笙曾经亲访富春楼老六，和她关门密谈，杜月笙一走，随即便有各色人等纷至沓来，把富春楼老六那幢一楼一底的房子，布置得美轮美奂，焕然一新。

1927年3月19日，毕庶澄一袭袍褂，轻车简从，悄悄地从上海北站，一出站他就坐汽车到了富春楼老六香闺门口。

杜月笙和张啸林亲自去相迎。这是他们初次见面，但是杜、张不禁大吃一惊，毕庶澄身穿湖色夹衫，一领墨禄马褂，这位直鲁第八军军长、渤海舰队总司令长得唇红齿白，风流俊俏，分明是个掷果盈车的翩翩浊世佳公子，谁也看不出他竟是直鲁军阀中的一员大将。

杜月笙暗暗称奇，心里在说：“难怪他自夸周公瑾再世。”

热烈握手，寒暄已毕，毕庶澄被杜、张二人迎到楼上。

一进房内，房内窗明几净，四壁布置着名人字画，古董珍玩琳琅满目，美不胜收，隐约中似有阵阵幽香袭入鼻子。毕庶澄已如醉如痴，他以为这座海上琼楼的女主人，已在客厅恭候着他，这时他是多么急于一见富春楼老六的艳容殊色，但是他失望了，客厅里只有4名穿着大红大绿的双丫侍儿，在那儿穿梭来往，接待佳宾。

富春楼老六艳名远播，毕庶澄心仪已久，偏偏接下来的安排是酒宴，在火车厢里熬了几天的毕庶澄，由于这一次的盛宴，才开始有了置身十里洋场、金粉世界的感觉。酒过三巡，女主人还不见珊珊来迟。杜月笙这一别出心裁的设计，使毕庶澄心痒难搔，等得心焦得不得了……

就这样接连喝了好几杯，毕庶澄突觉眼前一亮，一阵浓郁芬馥的芳香扑鼻而来，令人心旌摇摇，不饮自醉，定睛看时，原来是花国大总统富春楼老六王海鸽登场了。

王海鸽长身玉立，顾盼多姿，一袭绣花绸旗袍，衬出她迷人的曲线，玲珑剔透，呼之欲出。她淡抹素妆，脑后绾一个横S髻，一身翠绿，映得她雪白的皮肤灿若羊脂。

在她的身后，却有4位一色艳红的少女，都比她矮了一截，众星拱月般构成一幅举世无双的仕女图，当富春楼老六秋波一转，电光石火般和毕庶澄四目相接，她大大方方，嫣然一笑，风情万种，艳光照人，毕庶澄仿佛泥塑木雕，完全呆住了。

张啸林和杜月笙互瞥一眼，会意地笑了笑。

王海鸽比一见钟情更胜几分，对待毕庶澄好像是多年的好友、热恋中情人，不是乍逢初见，而是昨天刚刚分别；她娉娉婷婷，走向他身旁一坐，还没开口，先是一阵香风，她向毕总司令道歉，方才是在更衣，因而迟了些入席，一口吴侬软语听在毕庶澄的耳朵里，都成了莺声呖呖，简直像在唱歌曲。

在席间，受了富春楼老六的鼓励，毕庶澄不拘形迹，放浪形骸，在两位大亨面前，他千杯不醉，意兴遄飞，一次次的讲笑话，找人猜拳行令，时而又跟富春楼老六耳鬓厮磨，窃窃私语，那种纵欢作乐，旁若无人的风流英雄本色，比张宗昌的狂嫖滥赌还略胜一筹。

“醉卧美人膝，醒掌天下权。”杜月笙十分欣赏他的本色，禁不住对张啸林说。

王海鸽这一晚低吟浅唱，打情骂俏，她暖酥销，腻云享单，媚眼儿频频的飘，把混身解数全部都施展出来了。

开始杜月笙还说好陪毕庶澄赌一局的，但是，他一看毕庶澄和富春楼老六的情景，便知道这一个节目不如早早取消，酒足饭饱，他向张啸林抛个眼色，做主人的反而先离座告辞。富春楼老六和毕总司令也不挽留，于是大家相视一笑，就分手而去了。

由于革命北伐军与北洋军阀的战争进入了生死较量的阶段，中国当时的政治格局可谓风云变幻，难以揣摸。在这种大背景下，杜月笙为了获得自己生存的权力，他最先采取的是左右不得罪的办法，运用外圆内方、刚柔相济的策略。这样，无论是趋进，还是退止，都能泰然自若。静观风云变化，水来土掩，兵来将挡，随机应变，是高明的应对方法，也是他在乱世中安身立命的一项生存技能。

第四十六回

毕司令续梦富春楼　王老六施言枕边风

毕庶澄初到上海，鼙鼓雷鸣，军情紧急，他本来有心发奋振作，在上海力挽狂澜，为直鲁军建立不世的功勋，但是，黄、杜、张定下了锦囊妙计，而王海鸽也甘愿绸缪，加以羁縻，而使他一筋斗跌进桃花阱里，心猿意马，易放难收，日夜在销金窟里花天酒地。

这一次，毕庶澄沉湎于烟花苑中，挥金如土，花大钱的手不在他顶头上司张宗昌之下。他送给富春楼老六的头一笔缠头资，就达两万大洋，后来开心落胃，玩得昏天黑地，便叫副官、卫士把成捆的钞票搬来打发。富春楼老六的香闺不设账房间，同时又没有保险箱，副官或卫士只好用钞票垫在臀下做凳子，随时等候总司令下令付账。

毕庶澄在富贵楼尽情挥霍，一掷万金，一下子渤海舰队总司令失踪了，第八军官兵见不到军长的面。驻沪海军总司令杨树庄拒绝渤海舰队南下，由他的舰队担任水路防卫。部下找到富贵楼来报告，毕庶澄连声好好，结果是6日之后，杨树庄宣布就任国民革命军总司令，这一来第八军不但腹背受敌，而且断了归路。

北伐东路军下衢州，定杭垣，克宜兴，箭头指向上海，一路势同破竹。张宗昌转战徐州，孙传芳南京苦守，3月17日，张传芳为毕庶澄一支孤军陷在上海心急万分，接连拍发急电，严令全军前去支援南京。

谁知这时毕庶澄正玩得忘形，他用钞票攻势连续掼倒上海花界四小金刚，燕瘦环肥，左拥右抱，哪有功夫过问军事应付张大帅？索性来上个将在外帅命有所不受，将一封封紧急电令束诸高阁，置之不理。

自从毕庶澄搬进富春楼老六香闺长住，杜月笙便机智地不再露面，富春楼老六王海鸽自有方法跟他联络。张宗昌惟恐毕庶澄发生什么变故，3月21日请安国军总司令张作霖发表他为海军副总司令，毕庶澄便把指挥部便设在汕头路长三堂子里。富春楼老六一日日跟随着他，直鲁军每天的动向了如指掌，于是重要情报源源不绝地传到了杜月笙那儿。

毕庶澄抗命以后，前线军事节节失利，他一下子焦灼彷徨，杜月笙看看时机成熟了，又叫富春楼老六进一条苦肉计。于是，她在毕庶澄面前有意无意地提起："我有一次偶然听杜先生说，他曾经怂恿蒋尊簋劝孙传芳向北伐军投降。"

"是吗？真有这事？"

"孙传芳当时已经同意了，去年10月26日蒋尊簋还到过南昌，晋谒蒋总司令，代表孙传芳接洽投诚条件。孙传芳提出要求：他只想保持苏、浙、皖、赣、闽五省总司令的名义。蒋总司令明知孙传芳心存诡诈，他的答复是：'如果孙传芳能够先行订定撤退江西、湖北各路军队的日期，准许公开设立国民党党部，开放人民组织集会之自由，筹备国民会议，其余的事都好商量。'"

毕庶澄听了将信将疑，他急急地问：“杜月笙怎么会认得蒋尊簋的？”

富春楼老六回答得极为巧妙，她笑吟吟地说：“连你们大帅都是他的好朋友呢？他为什么不能认识蒋尊簋呢？”

于是，毕庶澄告诉她：蒋尊簋，字伯器，他是中国有数的兵类专家之一，他在军界资格很老，曾经参加辛亥革命杭州之役，并且在民国元年，就继汤寿潜之后，出任第二任浙江都督。

富春楼老六格格地笑，她也细细地讲给他听：“蒋伯器先生在法租界住了很多年，他不但跟杜月笙是好朋友，而且还时常到杜公馆走动。孙传芳尊敬他是老前辈，不好意思请他出山帮忙。不过，他对蒋伯器先生的话很听得进，所以才有代为接洽投降的这桩事体。”

听床头人解释得这么清楚，毕庶澄深信不疑。富春楼老六趁此机会，劝他不如也学孙传芳，她说：“现在上海已经很危险了，人家五省联帅孙传芳都投过降，为什么你还要硬挺？我看你不如趁早接洽，北伐军答应了，你照样带兵做官，留在上海不走，我们不是可以做天长日久的夫妻了吗？”

毕庶澄正在进退维谷，束手无策，这时王海鸽的并头私语乘着软玉温香，吐气若兰，阵阵吹送到心坎上，他渐渐下了投降的决心。

第二天，杜月笙恰好飘然出现，顺追来访和他密谈，然后穿针引线，通过国民党驻沪特派员钮永建，毕庶澄提出条件：“只要北伐军不攻打淞沪地区，我决定演一出‘让徐州’，率领部队由江阴退往江北。”

东路军兵不厌诈，为了想留下他这一支海上孤军而加以彻底消灭，免得这直鲁军的精锐逃回北方，重新整顿后再和北伐军为敌。

可东路军方面虚与委蛇，给毕庶澄一个喜出望外的答复：“假使毕先生留沪不走，在东路军进抵上海时，缴械投诚，东路军总部可以呈报蒋总司令，派他担任国民革命军第 48 军军长，兼华北海防总司令。”

毕庶澄喜从天降，当天，他就把直鲁军最机密的全盘作战计划交出表示他的诚意。

然后，他又乐滋滋他回到了富春楼老六这儿，把她亲亲热热地一抱，高兴地说："化险为夷，转危为安，哈哈，我是堂堂国民革命军的高级将领了，来来，一起亲热一下！"于是，从此他一心一意，抱着娇娃高枕无忧，只等东路军早早开来。

东路军一面稳住毕庶澄，一面依旧挥戈北指，一步一步地向上海推进。何应钦亲率第四、五、六纵队，攻宜兴、溧阳，取丹阳常州。白崇禧率一、二、三纵队，进兵嘉兴，直指淞沪。3 月 15 日何总指挥到达深阳，白总指挥便在 3 月 16 日，分兵两路，会攻上海。

18 日孙传芳因为情势紧迫，援军无望，悄悄地潜离南京，逃往了扬州。19 日，周荫人、白宝山等 4 个师分别渡江撤走，退守江北。20 日，东路军前敌总指挥白崇禧挥师进攻松江第 31 号铁桥，毕庶澄的一个部仓皇应战，一击马上溃散，随即京沪、沪杭两铁路被截断；整个江南，除了毕庶澄这支孤军，只剩下些散兵游勇，到处流窜。

这时候，毕庶澄正被富春楼老六迷得欲仙欲死，他所率领的第八军群龙无首，连主帅在哪里都找不到，而北伐大军如入无人之境，顺利进驻新龙华，跟法租界只隔了一座枫林桥。

协同毕庶澄扼守上海的李宝章带着他的一师人早就全部撤退，只留下空荡荡的一座"淞沪护军使衙门"。山东开来的直鲁军军心涣散，斗志荡然，于是共产党利用这千载难逢的机会，宣称："毕庶澄正在和北伐军接洽投降，第八军即将成为俘虏，押解到南边去整编训练。"

山东老乡听到这个消息，更加心慌意乱，他们就怕老死回不了家乡，见不到爹娘。当夜便有一批批的士兵弃械逃亡，军官们弹压不住，只好反转过来哀求自己的部下和士兵，请他们不要跑散，可是士兵们并不理睬自己的上司，照旧堂而皇之地开小差。

因此，从 3 月 21 日起，共产党领导 80 万上海工人，开始进行暴动，将上海华区分为南市、虹口、浦东、吴淞、沪东、沪西与闸北 7 区，组织群众，攻击第八军和虹口区警察厅。

这些警察平时只是欺软怕硬的东西，现在一受到攻击，毫无准备，马上就被解除武装，“扫地出门”。警察们被赶到街上，惊魂甫定，仔细一想，才感觉这场混乱实在很不简单，于是有人打电话向邻区警署和上级机关求援，然而电话摇不通，上级机关和邻近警署都遭到袭击。

虹口地区的流氓头子叫孙介福，和杜月笙关系密切，绰号“铁胳膊”，天生膂力无穷，性格毛焦火躁，他在青帮属悟字辈，是杜月笙的同参兄弟，时常路见不平，拔刀相助，在地痞流氓中颇为有威信。

虹口警署里面便有不少他的徒子徒孙，因此“铁胳膊”和虹口警署一向声应气求，虹口警署突遭袭击，全部易手，就有一些人十万火急地找到“铁胳膊”，纷纷要求“铁胳膊”仗义勇为，救救警署的这次大灾大难。

“铁胳膊”听工人们起来造反冲击警署勃然大怒，立即奋袂而起，在他的家中一声令下，已有一二百人荷枪执械，大声鼓噪，紧紧跟在“铁胳膊”的身后，扬言要替警察报仇，打垮暴动者，“铁胳膊”一面在大街上拔足飞奔，一面恨恨地破口大骂，因为最使他恼怒的不是警署被打垮了，而是暴动者事先没和他打招呼：“打那！这些混蛋！也不想想，虹口是啥人的地界?”

在他的心目之中管他什么革命，造反、暴动、罢工，甚至于两军对仗，只要事情是在虹口发生，就必须事先得到他的同意。共产党在虹口闹出这么大的乱子，居然连他“铁胳膊”都一无所闻，就是这一点，天王老子也拦不住他去跟共产党拼命。

一二百人的队伍走上北四川路，大呼小叫，手儿连招，于是黄包车夫放下车杠，棍堂茶房丢开毛巾，扦脚匠、剃头司务、汽车司机、搬运苦力、赌场的保镖、妓院的乌龟，三教九流，万众一心，一个个暂时放下自己的营生，加入他们老头子“铁胳膊”率领的队伍，一二百人化为成千上万。虹口居民看看苗头不对，纷纷的关门打烊，准备避乱。

这时候，有人打电话到华格臬路，将虹口大战迫在眉睫的消息，通知了杜月笙。

危急时沉稳赴火线　显威望立决息战烟

杜月笙接到报警电话，大吃一惊，犹如丈二金刚摸不着头脑，这批暴动者究竟是什么来路？虹口暴乱没通知“铁胳膊”，全上海七处暴乱，杜月笙也是同样的事先毫无所闻，不过他的联想力比“铁胳膊”丰富，遇事尤能沉得住气。

杜月笙打电话请教钮永建，他不在，机关部的职员答话的时候含含糊糊，不得要领。然而，杜月笙从他的语气中听出国民党与这场暴乱可能有所关连，那么，“铁胳膊”怎么能去扰乱“革命大业”呢？

杜月笙心中着急，他深切了解老把弟“铁胳膊”的脾气，当机立断，带了贴身保镖，迈步便向门外走，一上汽车，他便急急下令：“快点！虹口警署！”

一个人在危急之际，反而越发能沉得住气，这是一个干大事业者必须具备的心理素质。杜月笙就具备这种素质。

几分钟之后，杜月笙的汽车飞驰到了离开警署不及百丈之遥的地方，杜月笙性急地摇落玻璃窗，探首车外，他已经听到人声鼎沸，“打呀！冲呀！”的吼声此起彼落，不绝于耳。

两虎相斗，必有一伤，何况根据他的初步了解，双方都是国民党的同路人，也就是他自家的好兄弟，一想起那火拼械斗的场面与结局，他心中更急，坐在后座，直在顿足催促："开快点！快一点！"

这时，虹口警署前面，完全是一片混乱紊杂的场景，突然就在这时，连珠响的枪声"砰砰砰"地传来。

"糟了！"杜月笙失口惊呼，重重地一跺脚。

从虹口警署的各个门窗，枪弹横飞，直指向警署大门的青帮子弟，早已有人身受枪伤，躺在血泊之中呻吟哀号。

青帮子弟兵也不是好惹的，一上阵便吃了亏，"铁胳膊"气冲牛斗，尽管他暴跳如雷，但是枪子儿是不认人的，他无可奈何，只好喝令全队后退，再命令带枪的人各自找好掩体，拔出枪来，频频地向警署回击。

双方正在相持，枪弹"嗤当"的飞，杜月笙在三名保镖的簇拥之下，来到了最危险的地带，他找到了面色铁青、两眼布满红丝的"铁胳膊"。

"你这是在做啥？"他先发制人，劈头便是一声质问。然后，他大声地说，"大水冲了龙王庙，自家人不识自家人了，你知道吗？占警署的朋友，正是响应北伐军的朋友呀！"

众目睽睽下，"铁胳膊"虽然吃了杜月笙的排头，但是，兄弟已经倒了几十人，他恼羞地大嚷大喊："管他是那一路的朋友！管他有多紧急的军国人事？既然要在我的地界发动，为啥狗眼看人低？事先连招呼都不打一个。"

看到"铁胳膊"的情绪反应，杜月笙知道他已因激怒而丧失理智，于是他回头一笑，伸手揽住"铁胳膊"的肩膀，十分亲热地对他说："你总是这么直心肚肠，你也不想一想，人家既然是在办军国大事，当然就要保守机密。"

杜月笙说完，也不等待"铁胳膊"回答，自作主张地开始代替他的同参弟兄，大声发出命令："全体解散，各自回家。至于那些受伤的人，则赶紧送往附近医院。"

直到这时，"铁胳膊"才服服帖帖，遵从杜月笙的指挥，他和杜月笙一字并肩，低声地告诉他说：“我方才还拨了一路人马，叫他们去攻打湖州会馆里面的总工会。”

“打不得！”杜月笙惊喊起来，鉴于情况紧急，事态严重，他又马上拖着“铁胳膊”上了汽车，风驰电掣，又赶到湖州会馆。

果然，这边的情形和虹口警署差不多，双方正在进行枪战，远远的有大批流氓地痞呐喊助威。杜月笙和“铁胳膊”手拉着手，跑到最前面去高声喝令停火，然后指挥子弟兵平安撤退，子弟兵浪涛滚动地急向后涌，刹时间，湖州会馆面前便静悄悄地不见人影。

张宗昌、毕庶澄一手编练的直鲁军精锐之师第八军，加上举国闻名、剽悍善战的白俄部队，包括他们的大铁甲车，在一日之间竟被一群手无寸铁的工人打得落花流水，风流云散。在骚动不已、情况危迫时，毕庶澄还在富春楼老六的香闺中追欢作乐，等候东路军的委令。

俄顷，副官马弁接踵而来，报告大事不好毕庶澄起先还不相信，等到听到了枪声，才匆匆忙忙，穿好衣裳。他望一眼千娇百媚的富春楼老六，英雄末路，喟然一声长叹，然后黯然神伤，离别了销魂毁骨的金粉世界，驱车飞驰，赶赴车站。

这时，北火车站还掌握在直鲁军手里，他登车升火待发，这时有一位记者，在千军万马中找到了他，上车求见，毕总司令还算客气，对那位记者先生殷勤接待，略谈数语。

当记者问起，外面风传毕总司令已经和北伐军议和了时，毕庶澄不等他说完，便抢着回答：“上有青天，下有黄泉，外面的谣言，日后自会有事实证明。”

事实上，毕庶澄撤向江北，趑趄不前，这就证明其中的问题，火车离开上海后，毕庶澄一直不敢回山东去，张宗昌因为他违抗军令，贻误战机，4月5日，命人把他诱到济南，执行枪决。

第四十八回

屈强势充当手中枪　心狡诈手染工人血

虽然杜月笙及时制止了“铁胳膊”与工人们之间的争斗，但他心里隐隐约约感觉到，共产党越坐越大对自己控制的上海滩青帮势力构成了严重的威胁，已经使自己的土货生意受到影响。

于是他再一次暴露出作为流氓大亨的凶残本性，开始对共产党领导的工人武装格外警惕，他不但派人监视工人的一举一动，还明确警告自己的手下“要离那些瘪三远一点，不要走得太近”。

他的这种警惕感也正是他弱点的表现，他深怕自己的地位与权势和财富受到他人的影响，一旦有点风吹草动，他就会立刻展现出冷血与心狠手辣的一面，以确保自己的利益。

而一个人正好利用了他的这个弱点，那个人就是蒋介石。

蒋介石与上海帮会的关系，可谓渊源已深，而且他本人就是帮会中人。蒋介石早年留学日本时就结识了青帮“大”字辈陈其美，并经陈介绍加入中国同盟会。1911 年武昌起义后，蒋介石投奔已任上海都督的陈其美。辛亥革命后的十年间，蒋介石大部分时间浪迹于上海滩。其间曾和张静江、戴季陶、陈果夫等一起在上海证券交易所做生意，至 1921 年他们合作经营的恒泰号经纪行严重亏空，经交易所理事长虞洽卿介绍，蒋介石拜黄金荣为老头子，由黄金荣资助，赴穗投奔孙中山。

虽然他早就从黄金荣那里取回了拜师帖，但他深知上海滩帮会势力的强大，他更深知如果这股力量为己所用，会对他清除共产党具有非常大的作用。于是他开始密谋拉拢杜月笙，利用他去铲除国民党独裁统治的绊脚石。

就在上次工人暴动事件刚发生后不久的一天。万墨林跑到杜公馆二楼告诉杜月笙，黄金荣请他和张啸林两个人火速到他家，有要事相商。

当他急匆匆的来到黄金荣公馆的时候，才发现客厅里早已有两位客人在等候自己与张啸林。

“哎呀，你是啸天哥？”杜月笙一看其中一个人，顿时惊喜交加。

啸天，就是杨虎，字啸天，曾官拜“大元帅”府参军，时任北伐军总司令部特务处处长，是早年往来于法租界的革命党人，当时杜月笙尚未出道，但他好交游，性慷慨，对革命党人执礼甚恭，杨虎对他青睐有加。

“亏你还记得我。”杨虎说着，亲昵地一掌拍在杜月笙肩上，“来，我替你介绍。”

杨虎要介绍的，是站在他身边的一位中年绅士——陈群。他中等身材，小眉小眼，举止端庄，看上去一脸精明相，曾在孙总理帐下任秘书，时任北伐军东路军前敌总指挥部政治部主任。

“陈群先生大号人鹤，是我在广东最要好的朋友。他在结拜兄弟中排行第八，平时我们就喊他陈老八。”杨虎介绍说。

杨虎和陈群，这两位北伐军高层人物，一武一文两角色，深夜便装来访，是奉蒋介石之名，专程与黄金荣、杜月笙、张啸林来秘密取得联系的。

上海的形势，让蒋介石感到十分苦恼，他感到单凭军队未必能达到自己的目的，尤其重要的是，他怕承担破坏国共合作的罪名。因此，他决定借助杜月笙的帮会力量在混乱中下手，在舆论以及全国各界尚未反应过来之前，一举除掉以80万工人为后盾5000名工人纠察队，捣毁共产党领导的上海总工会。

杜月笙、黄金荣与张啸林听说了这二位的来意后，互相看了看，不发一语。其实他们心中在盘算着得失。

杜月笙非常明白，北洋军阀的时代已经一去不复返了。而蒋介石兵多将广，日后必然会坐稳上海。更何况，有了蒋介石与青帮这层关系，以后他也可以让蒋中正做自己的新靠山，自己的土货生意便可以顺势做大。而共产党与那些赤佬们的关系太过密切，他们的政策又会断了自己的财路。所以，跟着国民党会有不小的回报。

于是在片刻安静之后，杜月笙代表黄金荣与张啸林表了态，表示决心反共，支持国民党。黄金荣与张啸林本身就对反不反共没有什么意见，他们的看法很简单，只要对自己有好处就行。所以他们也表示同意杜月笙的决定。

杨虎和陈群听后非常高兴，因为他们可以顺利的向蒋介石交差了。第二天，得到蒋介石指示的杨虎与陈群又来到杜月笙在华格臬路的公馆密谋磋商，并在以后的一段时间内，按步骤实施他们的计划。

首先一点就是拉拢一些上海滩上有些力量的人物加入反共的行列，这个其实好办，因为上海滩主要的三个大佬都在这里，他们只要随便号召一下，黑道上的人物自然会乐于帮忙。

其次，他们迅速组建起了一支由地痞流氓组成的民间武装，用以监视共产党领导的工人武装的动向，并随时准备为国民党铲除这块心头病。

为了名正言顺，方便联络徒众，三大亨和杨虎、陈群决定给这支民间武装队伍，取一个对外公开的名称，最后决定袭用 1912 年 7 月成立的“中华国民共进会”的名义，定名为“中华共进会”。而其中另一层含义，则为青洪两帮人士，团结在“共进”的大旗之下，通力合作，完成任务。

在推选谁当会长的时候，杨虎和陈群一致认为此位非杜月笙莫属。但狡诈的杜月笙深知这不是一个好差事，于是推举了一名洪帮的大佬浦金荣做共进会的会长。

经过一段时间的组织，共进会下共聚集了将近一万六千人的流氓队伍。他们中有青洪两帮所有大佬的徒众，也有在上海滩中的戏馆、旅社、酒店、混堂、妓院、茶房里做活的伙计。还有黄包车夫、在租界洋人公司当保镖的各色人物。

人手和队伍有了，但是这些人也不能赤手空拳的跟拥有几千支枪的工人武装拼命啊。为了“反共大业”，杜月笙不惜下了血本。他自己出资购进了一批武器装备，分发给手下徒众。

杜月笙这帮人马准备完毕之后，蒋介石也开始了他的动作。4 月 9 日，蒋介石宣布上海戒严，委派白崇禧、周凤岐为戒严正副司令。并调兵布防上海周边，随时准备对工人武装下手。

正当各路人马蠢蠢欲动，马上就要行动时，狡诈的杜月笙突然提出，他要设宴请一个人。这个人就是汪寿华。

汪寿华是上海工人领袖，上海总工会委员长。自从领导上海工人罢工，组织工人纠察队，发动武装起义，汪寿华在上海工人之中名声鹊起，威望甚高，已经成为了上海工人武装的领导。

杜月笙在一场血雨腥风的战斗到来之前请他喝酒，自然不是想与共产党及工人队伍化干戈为玉帛。他多少年来在上海滩中闯荡，早已知晓什么叫做“擒贼先擒王”。只要把工人武装的最高领导干掉，那么他与国民党的图谋就成功了一半，他设的是鸿门宴。

他让万墨林带着自己的帖子去请汪寿华，汪寿华此时虽已对杜月笙、黄金荣、张啸林几位大佬组建的“中华共进会”有所耳闻，但他还是欣然应允赴宴。因为在他看来，革命形势一片大好，工人武装已经实质上控制了整个上海滩，就算他杜月笙有三头六臂，也不敢拿自己怎样。再有一点，他也知道杜月笙为人仗义，向来不会背后下手，所以他一切的顾虑都打消了。

汪寿华错了，而且是大错特错。当一个人在自己人生前途面前选择的时候，他往往会不顾一切的选择那条对自己最有利的路走。杜月笙也是这样，他有仗义的一面，他也有阴险狡诈、心狠手辣的一面。这就是现实，这就是规律。

4 月 11 日下午，浓烈的火药气味笼罩了整个上海滩。英、法租界巡捕房以及英法派驻上海的军队荷枪实弹，戒备森严，仿佛有什么大的事情要发生。大批受蒋介石指挥的军队，包括二十六军第二师的武装官兵，从龙华一批批地开往南市、闸北。在下午四点左右分批抵达后，立即开始巡逻、布岗，华界进入临战状态，许多商家提早打烊。到日落西山夜幕降临时，大街小巷已人迹寥落。入夜，华界宛若一座死城。

此时，杜公馆内的各路人马已经埋伏就绪，只等鱼儿上钩。

4 月 11 日晚上七点多，汪寿华来到了杜公馆，他迈着欢快的步伐，朝着灯火辉煌的一楼大厅走去。走进中门，大客厅的摆设赫然在目，明亮的灯光下却不见一个人影。连个佣人的影子都没有，这让汪寿华感到颇为不可思议。不料，偶尔一抬头间，另一幅景象让他始料不及——

客厅檐前，一盏顶灯放射着熠熠强光。不知什么时候，张啸林出现在灯下。他穿一袭东洋和服，两腿叉开，双手抱在胸前，一对豹子眼愤怒地瞪着，满脸杀气。在他的身边，一左一右站着上海滩有名的两煞星——马祥生和谢葆生，同样是怒目圆睁，满脸杀气。

汪寿华一看苗头不对，转身就往回跑，张啸林三人也不追赶。汪寿华跌跌撞撞地逃回中门，中门早有四个彪形大汉守候，门里门外各埋伏两人。只不过刚才这四人是故意放他进去的，如今再想出去就没那么便宜的事了。

就这样，共产党在上海滩的工人武装领袖汪寿华于 4 月 11 日夜间，被杜月笙的手下趁着夜色绑到郊外坑杀。

杜月笙心中的那块石头终于放下了，现在他与陈群和杨虎等人需要解决的只剩下那几千名手拿枪支的赤佬了。

这个夜晚，浮云遮月，黑夜沉沉。一群群共进会会员，纷纷结队向法租界的几处预定集合地点聚集。他们身穿玄色或蓝色的短打，腰上扎着宽板带，迅速找到自己的队伍，入队排列，井然有序。每一小队 18 至 20 名队员，由队长发给枪支子弹，副队长替他们系上符号臂章，一匝白布，上面用墨笔写个大大的“工”字。

进攻工人纠察队的重要据点——南市华商电车公司的第四路人马，由于路程远，出发最早，12 日凌晨两点三刻，正是伸手不见五指的深夜，500 多人分乘十八九部大小不一车型各异的汽车，首尾相衔，全都熄灯在黑暗中由集合地点驶往南阳桥。

其余三路人马，分别攻打工人纠察队总指挥处所在地宝山路商务图书馆、驻扎100多名工人纠察队的宝山路商务印刷厂、总工会所在地闸北湖州会馆。先出发的整队步行出击，后跟上来的搭汽车前往。

上万名共进会弟兄自法租界出发，静悄悄穿过大英地界。分批由外白渡侨、乍浦路桥、四川路桥、自来水桥、天后宫桥渡过苏州河，沿北四川路、北江西路和北河南路齐头并进，直扑各自的攻击目标。费信惇果然守信，每一条通往华界的道路都豁然敞开，各路全无阻碍。交界的地方却是洋兵麇集，枕戈待旦，铁丝网机关枪准备齐全。共进会的弟兄一过，各路口立即封闭，机关枪架好，铁丝网关牢。

共进会四路大军全部出发后，杜月笙、黄金荣、张啸林等共进会头脑与杨虎、陈群等人，立即移驾法租界西门路紫祥里，在共进会总部宽敞的写字间里遥控指挥。

当夜，整个上海滩硝烟弥漫，枪声炮声响作一团。

这场从清晨5点20分开始，持续到当夜9点多的战斗，前后打了16个小时，共进会方面和工人纠察队死伤都在百人以上。

正当上海滩陷入一片混乱时，蒋介石登场了。

4月12日中午，宝山路商务图书馆尚在鏖战之中，淞沪警备总司令白崇禧贴出了布告：

“本早闸北武装工友大肆械斗，值此戒严时期，并前方用兵之际，武装工友任意冲突，殊属妨碍地方安宁秩序。本总指挥职责所在，不得不严行制止，以保公安。除派部队将双方肇事工友武装一律解除外，并派员与上海总工会安商善后办法，以免再启斗争，而维地方秩序。所有本埠各厂工友，务各照常工作，毋得轻信谣传，自贻伊戚。为此布告，仰各界人等一律知悉，此布。”

借帮会之手打击工人武装力量，然后说成是“工人内讧”，军队再堂而皇之的地出面“调解”，缴获双方武器，从而达到消灭共产党在上海的工人武装力量的目的。这就是蒋介石的高招。

果不其然，在关键时刻，蒋介石的军队名正言顺的进入上海滩“平乱”。上海滩的工人运动就这样被蒋介石与杜月笙等黑帮大佬的联手绞杀下覆灭了。

杜月笙为了自己的利益，不惜对上海滩的工人阶级下此毒手，一方面是由于蒋介石为首的反动派对他进行鼓动与拉拢的结果，而另一方面也是杜月笙在自私与贪婪心作用下做出的必然选择。

在他心里，他的地位、金钱是最重要的，与这两者相比，那些“瘪三”的生死对自己来说不值一提。与其让工人武装做大，威胁自己好不容易打拼出来的天下，还不如献媚与曾经皆为黑帮势力的蒋介石，让他充当自己的靠山，以便在国民党这面大旗下继续发财，继续扩大自己的势力。

他的这种贪欲与自私让他站到了人民的对立面，更让他难逃历史的谴责，最终导致了他晚年悲凉而凄惨的结局。

第四十九回

黄家翁心热遇冷水　欲出山两事把头垂

黄金荣自露兰春事件发生以后，便决定归隐退休，不再过问外面的事务。因为在“三大亨”中，他是有资格享享晚福的。

在上海滩上，他拥有规模庞大的娱乐事业，好几十幢街堂房子，光是收收房租，一个月也有万把块的收入。在漕河泾乡间，他又造了一幢占地60余亩、斥资200万元的颐养之地黄家花园。这座私人别墅是上海的名园胜迹之一。园中水木清华，景观奢丽，正厅名为“四教”，镌有蒋介石总司令颁题“文行忠信”四个大字，假山石笋，都是花了大价钱远自北平和西湖运来。

这时，他又有一项鲜为人知的秘密，即又跟一个女人同居了。由于子孙长大了，以前的床头人别人都知道，因此他只好瞒住家里人，在新城隍庙附近租了小房子住。

60岁的黄金荣只剩下一位近亲的长辈姑老太太。林桂生与他离婚，露兰春也跑了，姑老太太时常劝他再讨一个。

黄老板给逼急了，只好笑嘻嘻地承认：“已经有啦！有啦！”

秘密泄露，小辈们寻了去，才知这原来是上海丈量局局长曾绍棠曾伯伯的下堂妾，跟林桂生也是要好朋友。她抽鸦片烟，喜欢白相，离了曾局长后便和黄金荣同居，黄家小辈因为她住在漕西，喊她西海好婆，杜月笙称她“西海太太”。

黄金荣很想把这位新欢也带进黄家花园，就此关上大门，飘飘然做他的富家翁。

然而，4月12日的清共这一仗，把黄金荣已销沉的壮志又复激发，他心

解放后的黄金荣

知这次功劳建得不小，而国民党的要员之中有不少是他的旧交，因此事后蒋介石论功行赏，特别授他以三等勋章。

于是，他把蒋介石发的勋章和法国领事发给他的少校的奖状，一齐挂在客厅里面。同时，杜、张、杨、陈四位老把弟，不时金荣哥长，金荣哥短的奉承几句，使得黄金荣更是觉得当前的这个大环境真是交好运的时候，只要他动动脑筋，拨拨嘴唇皮，大可以重振往昔的声威，再建自己的势力。

于是，“四·一二”清党政变之后，蒋介石的军队进驻上海之初，黄金荣振作精神，多方联系，一心一意准备东山再起。随后，杜月笙的心腹大将芮庆荣当了行动大队长，黄金荣的左右手徐福生立刻跟进，出任淞沪警备司令部的谍报处长。黄、杜二门，各有其人，掌握了拥有上海滩上生杀予夺大权的两项重要的职位。

虽然，黄金荣老谋深算，机智深沉，有了东山再起的想法，但他并没有马上行动，而是凭他丰富的阅历、犀利的目光，冷眼观察国民党派到上海来的各级干部，以及国民政府经常往返京沪的中枢人物。

但他不久便看出，他最接近的杨虎、陈群，不但不能作为“新派人物”的代表，而且他们终将泥菩萨过江，自身难保，因为在绝大多数的国民党人中，已经涌起了对他们深表不满的暗潮。

随后，黄金荣又发现像陈果夫、陈立夫兄弟是官职比杨虎、陈群高，地位比他们更重要的国民党大员，人人工作紧张，生活刻苦。

不久，他又听说某要人为太太买了一双丝袜，竟然在国府纪念周上挨了骂，更有某红人买进一幢洋房，始终不敢搬进去住，种种传闻，甚嚣尘上，这足以证明蒋介石不同于旧官场，于是黄金荣举一反三，见微知著，方激起的雄心壮志立即冰消瓦解，烟腾云散。因此，他表面上声色不动，暗地里已在准备打退堂鼓。

接着下来，又发生了两件事，促成了他从大上海的新战场上提前退却。首先是他和一位年轻有为、干劲十足的国民党官员交过一次手，其次是露兰春的新任夫君薛二突然被捉。

一天，黄金荣听说上海市政府要检查各戏院演出的戏剧，这使他大为光火，他振振有词，断然地加以拒绝："租界上的事，市政府管不着!"

市政府派一位秘书耿嘉基来向他说明，耿是市政府与租界大亨间的桥梁，专负双方联系协调之责。照说黄老板应该对他客气一点，但是，黄金荣晓得耿嘉基每个月要吃杜月笙1000元的俸禄，他三言两语把他打发出去。

过了几天，耿嘉基写了信来，介绍一位主管戏剧检查的年轻朋友，专诚拜访黄老板。黄老板不会想到市政府的小朋友也这么难弄，接见了，很费了些唇舌，解释清楚自己的难处，然后端茶送客。

这时，他所持的理由是租界上无法奉行市政府的命令，然而隔不多久，法国驻沪总领事、兼法租界公董局总董范尔谛忽然把黄少校请了去，婉转地劝他："中国人开设的戏院，何妨接受中国官员的检查?"

一听之下，黄金荣瞠目结舌，无词以对，他只好答应照办。

第二件事出得更妙，原来露兰春和薛二双宿双飞，恩恩爱爱，小孩子一个个的生下来，露兰春洗去花心，深居简出，一心一意相夫教子，薛二家里有钱，大少爷常年游手好闲，除了在家吃吃鸦片烟，闲极无聊，有时候也难免跑跑赌场，输赢不计，只是消遣消遣。

那一天在江湾跑马厅，薛二正杂在人堆里看赛马，突然有两条大汉挤过来，一左一右，伸手把他一挟，硬邦邦的枪口抵住了肋条骨，接着是低声地叱喝："不要喊!跟我们走!"

于是，薛二被捕。薛二是个锦衣玉食、享惯了福的大少爷，被两名大汉从人丛里抓出来，塞进了汽车，一路驱车直疾驶，还没有驶到枫林桥"清党委员会"，又惊又怕，鸦片烟瘾发作，他已经眼泪鼻涕直流，呵欠打得闭不拢口，两名行动员见他一身软得像泥，两脚下不了地，只好把他连拖带拉，半抬半掖，不经过盘问就先关进监狱。

露兰春等了一天，晚上不见薛二归来，提心吊胆，捱到天亮。她在上海原也交游广阔，认识不少有钱有势的朋友，但是自从嫁给了薛二，两年闭门不出，一般老朋友早就不相往来。

这天因为薛二彻夜不回，她知道一定出了事，急切无奈，只好抛头露面，到处打听老公的下落。

谁知，打听的结果却使她大吃一惊。原来是黄老板那边的人算起两年前的旧账，薛二身陷囹圄，他被囚的地方正是专门盘问处决政治犯的枫林桥！这一下她吓得遍体冷汗，魂灵出窍。

但是，她不敢直接去求黄老板、杜先生，或者“张大帅”，便只好找人托人为她千方百计想法办，拿出大笔钞票，请刀下留人，救救薛二的命。

当天，就有用洋钱银子买得来的消息——薛二是以共产党嫌疑分子的罪名，羁押在枫林桥交涉使署。这就是说，薛二随时随地都有绑赴刑场，一枪毙命的可能。问题的严重性还不止此，消息来源告诉她，再不火速设法，只怕薛二等不到审判枪毙，他就要白送性命一条。

原因是他的鸦片烟瘾奇大，叫他三天不吃饭无所谓，如今关在大牢，黑粮断绝，薛二片刻难熬，并且薛二性欲极强，进去以后没过过性生活，饱受折磨。

第五十回

护颜面不把前帐算　避口实笑看事两全

露兰春和几位热心朋友商量，认为所要请托的对象不但得跟“三大亨”

够交情，而且还要在杨虎、陈群的面前也能说得上话。想来想去，露兰春只好由热心朋友周培义专诚拜访陆冲鹏。

周培义把薛二处境之险恶、薛家上下的焦灼，一五一十告诉陆冲鹏，然后，他请陆冲鹏挺身而出，设法“刀切豆腐两面光”，将这桩事情摆平。

陆冲鹏眉头一皱，摇头苦笑地说：“这桩事情，现在只可釜底抽薪，还不到开门见山谈条件的时候。薛二在监牢里，我先设法使他稳住。黄老板、杜先生那边，讲穿了惟恐尴尬，我只能去探探动静。”

说完，他立刻拿起电话，打到枫林桥，电话是打给行动大队长芮庆荣的，芮庆荣亲自接听，陆冲鹏一听他的声音，当时就直打直地说：“我晓得薛二在你们那边，‘死罪容易过，活罪最难熬’，你帮帮忙放一码。让我派人送几只鸦片烟泡给他，先保住他一条性命，你说好吗?”

芮庆荣在电话里笑了起来，他说：“陆先生，你的消息真快!”

“真人面前不说假话，”陆冲鹏坦率地回答，“来托我的朋友，此刻便站在我的身边。”

“好好好，你把东西带过来吧，”芮庆荣的脾气一向爽快，做事讲义气，绝不拖泥带水，“我负责给你送到。”

“还有一桩，”陆冲鹏顺水推舟，再做个人情，“薛二身体不好，务必优待优待。”

“晓得啦。”芮庆荣应允，接着又压低声音，叮咛一句：“不过，这些事情你最好不要让‘大帅’知道。”

这一句话露出了破绽，放下电话，陆冲鹏疑云顿生，想了好久。明明是黄老板的干系，而杜月笙、张啸林跟黄老板向来三位一体，一鼻孔出气，假使捉薛二是为了“惩治”他诱拐露兰春，芮庆荣接受自己的请托，“优待”薛二，为什么芮庆荣单怕张啸林一个人晓得?

于是，陆冲鹏一面通知周培义，转告露兰春把鸦片烟泡、食物、寝具和给监牢里上上下下打点的钱送去；一面打定主意上华格臬路杜公馆走走，探探杜月笙的口风。

来到杜公馆后，陆冲鹏又转弯抹角，旁敲侧击，趁两个人一榻横陈，抽着大烟时，他提起了薛二被捉的事。

杜月笙放下烟枪，一声长叹，他连连摇头地说："事情老早过去了，何必今天又来翻一次粪缸！"

陆冲鹏大喜过望，因为杜月笙这么一说，他的态度昭然若揭，公报私仇捉薛二他是绝对不赞成的。他知道，杜月笙有这个表示，薛二的事情也就有了转机。

"为这桩事体，啸林哥刚才跟我发过一顿脾气哩。"望着陆冲鹏苦笑，杜月笙感而慨之，"其实，我不过是因为金荣哥打电话来，跑过去问他一声。"

"啊?"陆冲鹏抓住机会问，"'大帅'为什么发脾气?"

"他说我们'狗咬吕洞宾，不识好人心'。"杜月笙肩膀一耸，"他想尽方法把薛二罩上个共产党的帽子，喊芮庆荣捉他进去，无非是替金荣哥报当年的一箭之仇，趁此机会出口恶气。他怪金荣哥和我不领他的情。"

陆冲鹏连忙点头，然后，他坦然地说：自己今天专诚拜访，正是为了薛二的事，因为他不相信外面的传说，薛二的被捕和黄、杜、张"三大亨"有关。

黄金荣二房露春兰

他甚至直言不讳地说道："以你们三位今天的身份和地位，何止于去做这种惹人批评、令人不平的事情？凭良心说，当我听到了这个消息，当时就很着急。薛二固然是不够朋友，老板、杜先生和张先生要是果真有心与他这样计较，那才更加叫我担心。"

"你这个话说得不错。"杜月笙欣然同意，"上海滩上已经人心惶惶，草木皆兵了，枫林桥那边也不知道枉送了多少条性命。我们站得这么近，无风都要起三尺浪哩！还能做出这种事来落个话柄?!"

"杜先生这样说，我就放心了。"陆冲鹏吁了一口气，又问，"不过，杜先生的意思，这件事情应该怎么了呢?"

"你今天来得正好。"杜月笙欠身坐起来说，"因为办这桩事情，我需要用你!"

"用我?"

"啸林哥这一着正好应了一句俗话：'关老爷卖马，周仓不肯画押!'"

譬喻得妙，杜月笙和陆冲鹏一齐笑了起来，两人笑了一阵儿，杜月笙咳嗽一声，又正色地说："金荣哥打电话给我，气得跳脚，他说啸林哥那里是在帮我的忙？他简直是在给我添麻烦！黄金荣破人家庭的事是绝不做的。但是话虽如此，啸林哥那边刚才也是光过了火，说了不少难听的话。因此之故，我现在夹在当中很为难，无论我出面说什么，总归要有一面心里不好过。所以，啸林哥和陈老八那边，最好还是你推说薛家的请托，由你出面去说一说。"

"好的好的。"陆冲鹏很高兴，他满口应允，一跃而起："我这就去枫林桥，先看陈老八。"

陆冲鹏非常佩服杜月笙的高明，又多说了几句心腹之言。陆冲鹏和杨虎、陈群交情很深，现在他又把黄、杜二位的心意和态度一一照说不误。杨虎心知张啸林自作主张，表错了情，有了陆冲鹏出面，他马上将露兰春的心上人薛二宣告无罪释放。

第八章 夺 势

杜月笙的地位和势力迅速增大，他选择实业作为自己“涨身价”的坚强后盾。他翻手为云，覆手为雨。在杜月笙看来，人生就是战场，从商就是战斗，战斗必有权谋。为了给自己的银行筹款，他表面上装得体面，实则明敲暗诈，背后使绊子。在险恶的竞争环境中，杜月笙甚至抛开了道德规范的一切束缚，为自己谋取最大的利益。

第五十一回

机缘巧钱总把事求　趁东风应邀进实业

杜月笙逐渐成为了上海滩上惟一一个势力遍及法、英、华三界的大亨人物。

蒋介石继聘杜月笙为司令部参议之后，又聘他担任“国府谘议”，党国要人陈群、杨虎、王柏龄、陈希增等是他的结拜兄弟，一些党部委员、黄色工会首脑们纷纷拜他做“先生”。

杜月笙在社会上的巨大能量，使上海滩上素来自视出身高贵，从不与“下三界”（流氓、赌棍、烟贩子）打交道的金融实业界上层人物，也开始对他刮目相看，接连抬他出来担任一些要职，如“法租界商界总联合会”主席和“纳税华人会”委员兼首席顾问。

杜月笙唯一的军装照

不久，法租界华董空缺，中外阔佬又捧他登上了5人华董首席的宝座。

但是，杜月笙却有一块心病，他总感到自己的出身底蕴不够，总摆脱不了“下三流”的心理影响。要使自己正式列入“上等人”的行列，必须要有实业作为“涨身价”的后盾。

正当杜月笙朝思暮想如何踏进实业界的时候，机会恰恰就来了。

1928年春节，大年初一，杜公馆来了一位新客人，此人是任北四行储蓄会经理的钱新之。

钱新之，名永铭，浙江湖州人，留学过法国，在清末状元张謇出任交通银行总裁时，他就担任了交通银行的总经理。前些日子出任国民政府财政部次长，如今是“四行储蓄会”的经理，堪称上海金融界的巨子。

北洋军阀时代，私立的银行很多。1927年5月国民政府在南京成立后，蒋介石把自己的中央银行抬为银行之首，在金融上控制其他公私银行及钱庄。原来的两家公立银行——中国和交通，依然保持原样，由“四大家族”的另外两家孔（祥熙）、宋（子文）加以控制。

私立银行中，主要有北四行和南四行。北四行是由原来在北京、天津设立总行的金城、盐业、中南、大陆四家银行组成。国民党政府在南京成立后，北四行的重心也逐渐南移，并组织了四行准备库，发行中南银行名义的钞票，成立“四行储蓄会”，大量吸收存款。后来，还造了当时远东最高的大楼——国际饭店。

钱新之到上海后，住在租界的公寓里，有两只箱子失窃，内中有几件“传家之宝”。他向租界当局报案，巡捕房一连查访几天，杳无音讯，毫无办法。

大前天，他转几道弯子托了个朋友，请杜先生帮忙。

杜月笙满口答应：“我一定要想办法。把东西找回来！”

第二天，也就是大年夜11点光景，两口箱子由司机阿发送到了钱新之的住处，物归原主，里面的东西一样不少。内中有两样已被当掉，是杜月笙派人赎回来的。钱新之要还赎款，司机不肯收，说是杜先生关照，交个朋友。

钱新之感激不尽，大年初一，特地来杜公馆拜谢。

杜月笙一听银行界大名鼎鼎的钱经理来访，一迭声地吩咐："快请，快请!"他自己忙着迎上去。

寒暄之后，杜、钱二人一见如故，在小客厅里谈得十分投机。不到半小时，脑子活络的钱新之便以老友的口吻，向杜月笙进言："杜先生，依小弟的愚见，以您的手腕、名望，今后应大办工商实业。名列工商业界后，您的名望会更大更重，地位更加巩固，在上海滩更令人瞩目。"

"噢——"杜月笙其实早就有这想法，此时却装起了糊涂，久久没有表态做声。

"这个长远打算不知杜先生想过没有?"钱新之坦诚地说。

"钱先生，听君一席话，胜读十年书。我是要搞实业，也想干实业，只是那么多行当，干什么呢?我杜某还有所不知，请钱先生赐教一、二。"

"要搞实业吗?首先应有个银行，先挤入财界。在上流社会站住脚跟，且不说争身份，它也是发财的好门路，银行一面吸收客户的银根一边放债，做生意，借本生息何乐而不为呢?"

"开玩笑吧?钱先生，开银行，说说容易，做起来就难了。我到哪去搞那么多资本?不敢想啊。"

"杜先生经营着五爿赌台，进账一定不少吧，据我钱某所知，先生仅为法国领事那那齐亚每月的红包就有 18 万之多，这还不包括总巡长费才尔、总探目乔万士的 18 万。还有杜先生在闸北、南市经营的福寿宫、凌烟阁的烟馆，也给市党部的陈群 5 万红包，这数也不错的吧!具体做法，容我代杜先生筹划。过两天，我们再细谈。这两天，杜先生可以先找找人，拉些股东。"

钱新之当场表态愿意出力。

杜月笙一听，知道这事有望了，当即表示同意。钱新之一席话把杜月笙的心说活了。

杜月笙何其精明，他是不会发放过任何机会的。钱新之只不过是一个过客而已。如果没有他的出现，也会有王新之、张新之、周新之之类的人出现在杜月笙面前，重要的是杜月笙敏锐的感知能力与对机遇的把握恰到好处，这才能让他随心所欲的在烟土行、银行界、实业界中游刃有余。

第五十二回

开银行全靠凑堆挖　筹巨款明敲暗里诈

大凡行使厚黑时，表面上，一定要糊一层仁义道德，不能把它赤裸裸地表现出来。不管你心里怎么想，起码表面上要装装样子，杜月笙可谓这方面的行家里手。

送走贵客后，杜月笙上车去钧培里。这一次给黄金荣拜年，除了礼节性的意义之外，又加上了一层实质性的东西——请兄长一道开银行。

“月笙，这玩意能赚钱吗?”黄金荣有些拿不准。

“你能不能拿得准？钱赔进去可捧不上来。”

黄金荣对于赚钱的行当，一向以为是贩鸦片、开赌场、戏馆为最，吃“黑”食吃惯了，大模大样地办银行、开工厂，他觉得既出力又不保险。

杜月笙可不一样，他已经认识到了现在弟兄们的社会地位都普遍提高了，不像模像样地办些实业，难以在上流社会立足。虽然黑道也不能丢，但那毕竟是上不了台面的，久了终会使人怀疑。

“大哥，我们现在的情况和以前不一样了，光靠鸦片、赌场，上不了台面，这银行是最体面的，外国的许多大老板都是银行家。你入一股，挂个常务董事的名，不过问事务，到时分红利，怎么样？”

黄金荣觉得这样行。因为他知道，事情由杜月笙去做不会差的，杜月笙不可能做亏本的买卖。他不插手事务，只享受财香，何乐不为？

“我就听你的，入一股。”

趁着拜年的机会，杜月笙又跑了几家，拉了些股份。

到年初三，钱新之果然送来了一套筹款方案。他向杜月笙建议说：“先生可以从三方面筹集资金：凑、堆、挖。”

“何所谓凑、堆、挖呢？”杜月笙问道。

钱新之却笑而不答。但是，精明的杜月笙很快就悟出了他的真意。

而钱新之却不明其里，接着又解释说：“所谓凑，就是从鸦片行、赌场里拼凑。在‘黑’行业中，租界里的10家大土行，每家的流动资金少的十几万，多的几十万，而且盈利极高，为了给杜先生捧场，凑出几十万是没什么问题的。”

杜月笙自己所控制的上海最有名的5大赌场：富生、荣生、义生、利生及源利，每天进出的金额，动辄几万、几十万，提出一部分资金，还不是小菜一碟？于是他又问道：“什么是‘堆’呢？”

“这是银行同业中的老规矩，凡有新银行开张，各同业都需在开幕那一天向新行存进一笔巨款，名为‘堆花’，表示道贺。上海滩有十几家银行，这个数目也是很大的。以杜月笙的名望和势力，谁敢不来‘堆’一‘堆’这锦上之‘花’呢？”

杜月笙点了点头，至于“挖”呢，杜月笙更是心明如水，钱新之也不多说了。

不久，杜月笙就付诸实施“挖”了。

恰巧，这时一个姓吴的小子是上海第一个大财神，名叫吴耀庭。大概是得意忘形，或者色胆包天吧，父亲刚去世，他便与父亲的七姨太干上了。

有一日，他和七姨太赤裸裸地在床上大战三百回合，被家里的其他姨太太当场捉住了。

“谁叫你天天理她不理我们?”众人指着姓吴的小子说。

“你想独吞那 1000 多万遗产吗?”众人指着七姨太说。

一下子，家里闹得开锅一样，几个遗产的共同继承人趁这个机会，准备侵吞那 1000 万，便告他个忤逆，要剥夺他的继承权。

但是，吴耀庭也不是个吃软的人，死活不答应自己少要一分父亲的遗产，一家子正闹得不可开交时，其他姨太太们一下子把他告到了上海县衙打官司。

杜月笙听到这事，一拍大腿，对一个门徒说：“永铭，你去对姓吴的说，这件事我来摆平，1000 万遗产他稳拿到手，只是他要向银行投资 50 万，我给他个董事名头。”

“好，杜先生能帮忙，我想姓吴的正是求之不得的。”

果然双方一拍即合，杜月笙连哄带吓，唬得几个姨太太乖乖地缩了头，50 万大洋捞进了杜月笙手里。

后来又有一个姓朱的，也是靠杜月笙摆平的，得了一宗遗产，把其三分之一入了股，成为银行的大股东。不出一年，杜月笙如此巧妙地集资竟达 200 万之巨。这种资源来得很奇特，在金融界也是绝无仅有的。

经过这么一番筹划，银行当年就开张了，这就是有名的“中汇银行”——中国由大亨开办的第一家银行。杜月笙自任董事长，黄金荣、张啸林为常务董事，金廷荪做了监事。

但是，杜月笙烟赌有道，实业无方，手下的弟兄不是昔日的流氓白相人，就是一些跑街结账的小脚色，对经济可以说一窍不通，结果开张干了两年，只获利十几万元，勉强维持银行职员的工资和业务交际费用。

尽管如此，杜月笙利用其明敲暗诈、月黑风高的惯技，在金融界还是迅速地打开了局面。

第五十三回

发股票诡计多又端　靠炒作巧取更豪夺

介入金融界的杜月笙依然使用他在黑道上的招数，为自己的利益不失使用一切阴险狠毒的手段。在杜月笙看来，人生就是战场，从商就是战斗，战斗必有权谋。每个人每时每刻都站在自己的战斗序列中，每一商业行事都处在明争暗斗之中，稍一疏忽便会被人挤倒。

中汇银行的北面是上海华商纱布交易所，杜月笙办公室的窗子斜对着它。每日里，杜月笙都能看见交易所门庭若市，生意兴隆。

一天，杜月笙望着那车水马龙般的人，自语道："让我也来凑凑热闹吧。"

不久，交易所内一群流氓起哄、怪叫、吹口哨，交易所被迫停业。交易所明知是杜月笙在捣鬼，却也无可奈何，只好叩开中汇的大铜门，请杜董事长出面镇压小流氓。

杜月笙彬彬有礼地答应了。

当然，中汇是从来不做赔本买卖的。不久，华商交易所的理事名单中，忽然冒出了杜月笙的大名。而中汇的金库中，一下又增加了 50 万的储金。

在"豪夺"的同时，杜月笙也常常"巧取"。

外国人发明汽车以后，人们发现汽车比马车方便，既快又省力，而且乘坐舒适。因此，到了30年代初，汽车不断更新换代，轮胎需求量大增，一时使制造轮胎用的橡胶供不应求，市场上的橡胶价格也不断猛涨。橡胶生意空前看好，外国几家橡胶园和从事橡胶生意的商人获得了巨额利润。

做橡胶股票生意很赚钱！上海的外国人嗅觉十分灵敏，有个叫麦边的英国流氓立刻找到杜月笙，说："杜先生，现在橡胶在国际上十分走俏，我想与你合作做这方面的生意。"

"怎么做?"

"我们可以发行股票，你不是有个中汇银行吗？我们可以联合起来炒股票。"

"这些花纸头，炒到最后能赚钱吗?"杜月笙不懂这玩意儿。

"这一点杜先生放心，有你这样的人做后盾，我们是一定能赚大钱的。"

于是，麦边与杜月笙联合在上海开了一家从事橡胶生意的"蓝格志拓殖公司"，兜售橡胶股票。

杜月笙

麦边诡计多端，搞这样的事很有一套。

一开始，他请人写了一篇文章，刊登在几家中外文报纸上，大肆吹嘘橡胶怎么好，用途怎么广，以耸人听闻的言辞大做橡胶广告。

然后，在杜月笙的帮助下，他又拉了一些不三不四的人冒充董事，每个礼拜召集他们开一次董事会，借此机会，大造声势，宣扬他在国外的橡胶园大获丰收的消息。他所做的这一切使人们相信，买麦边的橡胶股票有靠山。

与此同时，这个洋瘪三暗中向外国银行借钱，摆噱头，每隔三个月，用借来的钱发给一些持有橡胶股票的股东们一部分中间利息，给那些想发财的人尝尝甜头，并以此标榜自己守信誉。

在杜月笙的帮助下，麦边雇用了大量人员冒充股票的认购者，虚张声势，一大早就涌到中汇银行门口，排队抢购橡胶股票，致使很多不明真相的人也纷纷涌到中汇银行，争着抢购橡胶股票。

结果，中汇银行因人多拥挤，秩序大乱，不得不停止营业。消息传出，轰动全市。麦边和杜月笙就这样变着戏法，乘机把橡胶股票一涨再涨。

他们看到股票价格一日比一日上涨，快涨到极限时，中汇银行突然宣布，某月某日，所有的橡胶股票停止押款。

布告贴出，犹如晴天霹雳，急得那些股东们想去跳楼。因为银行拒绝股票押款，说明橡胶股票已分文不值，完全成了一张“空头支票”。人们做梦也不曾想到，这些花花绿绿的橡胶股票一夜之间就成了一堆废纸。而麦边则带着分得的近千万元，拍拍屁股、卷起铺盖逃之这次橡胶股票风潮致使上海滩几十家商号、工厂、钱庄等纷纷倒闭。夭夭了。

其余的一半钱，则被杜月笙悄悄地吞了下来。

这次橡胶股票风潮致使上海滩几十家商号、工厂、钱庄等纷纷倒闭。其中正元钱庄的老板陈逸卿、北康钱庄的老板戴家宝和谦余钱庄的老板陆达生，挪用各自钱庄客户存入的远期支票，向其他钱庄调换巨额资金，套购了大量的橡胶股票，最后钱庄倒闭，三人手挽手在涨潮时在吴淞口外跳了海。

在这种险恶的竞争环境中，杜月笙抛开了道德规范的一切束缚，为自己谋取最大的利益。他故意指使流氓地痞去交易所闹事，对方明知是杜月笙在捣鬼，却也无可奈何，只好叩开中汇的大铜门，请杜董事长出面镇压小流氓，当然，这一切是要付出代价的。而更为损人的一招，是他利用股票的幌子，与麦边合伙骗钱，这次橡胶股票风潮致使上海滩几十家商号、工厂、钱庄等纷纷倒闭，而杜月笙却从中大发横财。

第五十四回

施手段纵横金融界 弄玄虚平息挤兑风

正所谓兵行诡道，谁能在行业中出其不意，谁就能独领风骚。杜月笙无疑是这方面的老狐狸。他除了利用洋人施骗弄钱，他纵横金融界，还有更绝的招数。

1931年七八月份期间，长江、黄河、珠江流域共有16省暴雨成灾，受灾人口5000余万，有近15万人因洪水死亡。8月12日，杜月笙、王晓籁等人发起、组织了“上海筹募各省水灾急赈会”，大张旗鼓地举行募捐，这倒也不失为一件善举。

就在这期间，杜月笙听说称为“南三行”之一的上海商业储蓄银行投资的一宗食盐生意在长江里翻了船，损失将近200万。

杜月笙得信后，马上指使手下人到该行去存款，等到商业储蓄银行把这些钱放出去后，便让人四处传播谣言，说“商储”亏空了几千万元，银根特紧，董事们正在挖肉补疮云云。

这一谣言一出，市民们惊慌不已，惟恐自已的存款“泡汤”，纷纷连夜到商储门口排起长队，争先恐后地挤兑现金，杜的手下也趁时起哄，前去提款。

最初，商业储蓄银行的董事们仗着实力雄厚，不以为然。可三天下来，提取存款竟达总库存的一半。这下董事长陈光甫急得满头大汗，再过几天，存款定然会全部取光！因为这时挤兑的势头仍有增无减。

陈光甫感到背后有人在“拆台脚”，但他无法追查根源，要紧的是先刹住这股挤兑风，于是急忙向中国、交通两行呼救，要求紧急借贷预付提款。多亏两家总经理的支持，陈光甫紧急借来两卡车银洋，但挤兑之势已如决堤洪水，他怎么弄也无法遏制这股狂潮。

到第 4 天下午，陈光甫已无路可走，急电南京财政部次长钱新之设法解决。

钱新之将商业银行的危机问个明白后，不假思索地说道：“你去华格臬路找杜月笙，就说我请他出面帮个忙。”

当天晚上，陈光甫依照钱新之的指示来到杜月笙府上，好话说到大半夜。

杜月笙自然领钱新之的情。他对陈光甫只说了一句：“明早在开门之前，在商储见。”

次日上午，商储门口突然来了一队小汽车，为首的一辆牌号是“7777”。这是上海市民人人皆知的杜月笙之车。杜月笙等跨出车门，申报存款 300 万元。

见此状况，如潮挤兑的客户顷刻作鸟兽散。杜月笙只需亮个相，一场偌大的难关便闯了过来，这令金融巨子陈光甫惊叹不已。

无独有偶，四明银行也是一个典型的例子。

四明银行创立于清朝末年，名义上是银行，但实际上是一家钱庄，该行由宁波人创办，开始银行行址在宁波路、江西路转角，和广帮的联保保险公司为邻。后来，四明银行从宁波路，迁到北京路、江西路转角的原上海华美书馆的部分基地上。

四明银行的经理叫孙衡甫，他原来是一家钱庄的伙计，但是，工于心计，很会盘算，因而在业务上发展很快，银行最高存款额曾经达到4000万元，成为上海较大的商业银行之一。

然而，四明银行以及孙衡甫本人却倒也很有趣。该行经营作风完全沿袭钱庄那一套。孙衡甫性格怪僻，平时深居简出，不大同人交往。孙自以为很有钱，凡事不求人，讨了大小老婆七八个，各个如花似玉，妻妾们整天陪着他，家中人各个嗜好鸦片，烟枪林立。

一到时候，老子、儿子、老婆、姨太太人人吞云吐雾。孙衡甫偶尔外出，必要坐上装有防弹玻璃的汽车，外加四五名保镖，前拥后簇，好不威风。

除了四明银行之外，孙衡甫还办了一个四明储蓄所，花头也很多，如开办学费储蓄，婚嫁储蓄等，千方百计吸引客户储蓄。他对房地产经营也很感兴趣，用大量资本投入房地产的购买。据说，单就里弄房屋，最多时就曾达1200幢左右。

此外，孙衡甫还利用北洋军阀政府金融管理的混乱，发行钞票，作为其主要的资金来源。四明银行发行的钞票，纸张和印刷很一般。纸张为棉料，浸水即可分为二层。然而，这时上海其他银行发行的钞票都不印2元卷，惟独四明银行印有2元券，故显得十分别致。

但是，四明银行也有触霉头的日子。

1931年底，四明银行也发生了挤兑风潮。由于孙衡甫将银行资金大量收买房地产，一旦碰到这种急煞人的事情，银行就难以招架子。

然而，孙衡甫比陈光甫熟悉上海滩的市面行情。危情一出现，他马上只身一人来到杜公馆，把一张50万元的支票交给了杜月笙，要求存入中汇银行，条件是请杜月笙能调剂出一些现大洋，帮助平息挤兑风潮。

杜月笙便说：“这好办，明天早上我就送银元去，保证让那些兑钱的人放心。”

第二天，杜月笙亲自押了100多只箱子送到四明银行门口。

这时，四明银行门口人很多，秩序很乱。杜月笙让人从汽车上搬下一只箱子，打开，说：“各位客户，请不要拥挤，四明有的是钱，请放心！都能兑到大洋。”

说完，他挥了一下手，有一个手下人把箱子打开，人们一看，果然是一叠叠光亮的银元。接着，银行的职员和押送人员一起上阵，把那100多只箱子全搬进了仓库。

挤兑的人一看，四明的实力这么雄厚，怕什么，钱放在这里最保险。于是，人们纷纷离去了。还有些已兑过钱的人听说了这事，马上又回来，把钱重新存了进来。

其实，那100多箱只有前面几箱是银元，后面的箱子里全是石头。

杜月笙的声誉在银行界顿时鹊起，许多银行纷纷来请这尊保护神，杜月笙一下子成了浦东、国信、亚东等银行的董事长，中国银行、交通银行的常务董事和其他一些银行的兼职。

陈光甫为答谢杜月笙的援助，把50万元无息贷款存进了经营不善的中汇银行，还将“商储”的一部分业务转送给他。杜月笙得此援助，立即扩大“中汇”在实业界的经营范围。

不久，杜月笙被上海滩上的金融巨子们选为上海银行分会的理事。自此，他白相人的长袍外面又罩上了一件“金融家”的绅士长衫。

随着中汇银行的兴旺发达，杜月笙的事业与名望跃上了新的高峰。到抗战前夕，上海滩上请他列名为董事、监事的银行、钱庄、信托公司多达70余家。有一些公司还请他出面任董事长。

第五十五回

横插手仗势欺负人 做好人乱中牟大利

20世纪30年代时，以孔祥熙为后台的"七星公司"在上海大做投机生意。因其情报准确、资金雄厚，在上海市场翻手为云，覆手为雨，赚了很多钱。

对这种利用特权获取暴利的作法，民族资本家极为反感，市面上一时沸沸扬扬，颇多非难。为了保护自身利益，上海一部分商人达成默契，共同对付"七星公司"。

一次，"七星公司"自恃财力雄厚，企图造成黄金价格看跌的趋势，逼上海黄金持有者大量抛出黄金，然后由他们吃进。为此，他们在黄金交易所不停地抛空，黄金价格每日看跌。

但上海经营黄金生意的商人，却串通一气，看着黄金价格惨跌，就是不肯抛售手中黄金，遇上适宜的机会，还吃进一些"七星公司"抛出的黄金。

"七星公司"没想到他们影响市场行情的法宝，这一次竟不能奏效，但空头已做太多，老本大蚀，结果轮到上海商人向他们讨债。孔祥熙虽为"七星公司"后台，但投机生意失败，由他出面公开赖账却也不方便，于是，他授意杜月笙干预。

杜月笙出面，将这次黄金交易中成为债主的诸多商人找了去。

在聚会上，杜月笙不无威胁地说："这次生意，朋友走油跑马，我不会看冷铺，账不管有多少，统统送过来，我准备倾家荡产代赔。"

这些久在上海滩浮沉的商人们，当然懂得杜月笙这番话包含的真实意思，只得强作笑颜地说道："笑话，别人掉了枪花，倒要叫杜先生倾家荡产赔出来，世界上没有这种道理！照杜先生牌头，账一笔勾销。"

到手的钱被硬挖了去，未免肉疼。更令这些从事黄金交易的商人们心悸的是，这次黄金交易所的抛空风潮，虽然以他们险胜而平安度过，但"七星公司"如卷土重来，做更大的投机买卖，他们将很难抵御。

出于这种顾虑，他们想了一个所谓妙计，即推举杜月笙担任金业交易所理事长，想借他的面子使孔氏家族有所收敛。

这种想法正合杜月笙心意。杜月笙插手这次风潮，就是为了向当事者双方显示他的实力，一方面抬高自己在四大家族心目中的地位，另一方面，炫耀与四大家族的特殊关系，以吓唬上海滩的商人。

此举果然奏效，在"杜月笙"三个字前面，从此增加了"金业交易所理事长"的头衔。

金业交易所之外，杜月笙还通过帮助孔祥熙任总裁的中央银行和宋子文任董事长的中国银行等控制中国通商银行后，谋取了中国通商银行董事长的职位。

中国通商银行由盛宣怀创办于1897年11月，它所登的广告中必定有这样一句话："我国首创第一家银行"，牌子老、影响大。

盛宣怀死后，该行由傅筱庵接管，是受四大家族控制的中央、中国、交通、农民四行之外的一家重要银行。宋子文、孔祥熙早想染指该行，但一直没有找到机会。

1935年，国民党政府推行"法币政策"，"法币政策"规定："以中央、中国、交通三银行发行的钞票为法币"，1936年又增加了中国农民银行，其他银行发行的、正流通市面的纸币，逐渐以这四行发行的钞票换回，停止使用。

为了防止各银行滥印钞票调换“法币”，在“法币政策”公布前，国民党政府调查了享有钞票发行权的12家银行发行的钞票数量。其中中国通商银行的钞票发行额为3430万元。

掌握了这种情况后，中央、中国、交通行秘密集中了中国通商银行的大量钞票，突然前去该行兑现。因事出意外，加上傅筱庵见上海地价暴涨，正在河南路耗资1000万元建一座“中国通商大厦”，头寸吃紧，未免捉襟见肘，无法满足兑现要求。

国民党政府立斥该行“准备不符规定”，以维持金融为名，提出加入官股，并指派董事或董事长，想全面控制中国通商银行。

傅筱庵不甘认输，极力作梗。国民党政府抓住他与北洋军阀有过来往的辫子，加他一顶阴谋祸国的帽子，下令通缉查办。傅筱庵惶恐之下，只身逃到了日本帝国主义控制的大连躲藏。

傅筱庵一走，中国通商银行陷于一片混乱之中，它若破产倒闭，势必造成上海金融市场的波动。

宋子文、孔祥熙意在控制该行，并不想让它倒闭。但傅筱庵被官方整怕了，并且国民党政府已公开对他发出了通缉令，不便出面请傅筱庵回沪，此事便交给杜月笙办。

杜月笙乐得作好人，当即托人带信给傅筱庵：“请先生回沪把中国通商银行的账目算清，天塌下来，有杜某人顶着。”

傅筱庵仓惶出逃，本是权宜之计，见杜月笙出面作保，决定顺水推舟，返回上海。他对带信人说：“杜先生铁肩担道义，真非常人也。我决定回上海，刀山鼎镬，在所不辞。”

他这话一箭双雕，一方面表示自己是为顾全杜月笙的面子才回沪的，另一方面借着吹捧杜月笙，强调杜必须对他的身家性命负责。词美意深，可谓老奸巨滑。

傅筱庵回沪后，七拼八凑，又将投资千万、尚未竣工的“中国通商大厦”作价300多万元拍卖，勉强还清债务。但是，遭此打击，中国通商银行气息奄奄，欲振乏力。

孔祥熙、宋子文等感到火候已到，便授意杜月笙出面代中国通商银行要求中央银行支持。之后，中央银行便以“救济”为名，把大量“官股”塞入中国通商银行，并将中央银行业务局长顾诒谷调去中国通商银行任总经理。杜月笙担任了中国通商银行董事长，因此在金融界的地位当然更非昔日可比。

商业之间本来就应该公平竞争，可杜月笙利用自己的权势，仗势欺人，插手黄金交易所的抛空风潮，这凸显了他霸道的一面。

凭借与官僚资本的特殊关系，杜月笙还相继担任了中国、交通银行董事，浦东、国信等银行的董事长，以及上海市银行公会理事。虽然银行公会理事长的头衔未归于他，但他在金融界终于也成为一个能兴风作浪的人物了。

第五十六回

用人情空手套白狼　拢人心当选理事长

如果说杜月笙插手金融业，是以建立中汇银行为开端，那么，盘得华丰面粉厂，则是他跻身工商界的标志。

华丰面粉厂设在小沙渡路上，老板为卢少棠。30年代时，卢少棠因在赌场上惨败，背上数十万元的债务，无奈之下，产生了卖掉华丰面粉厂的念头。

开设面粉厂在这时是很赚钱的，杜月笙得知卢少棠的想法后，立刻叫他的重要经济顾问杨管北设法将华丰面粉厂搞到手。

杨管北找到华丰面粉厂一位与他熟悉的陈经理，证实卢少棠确有卖厂之意，同时了解到已有人抢先一步在接洽买厂事宜。

杨管北闻讯，心急如火，要求这位陈经理设法将这桩生意让给杜月笙，经他软硬兼施的努力，卢少棠被迫答应以109万元的低价，将华丰面粉厂卖给杜月笙。价格谈妥后，杨管北按杜月笙授意去找傅筱庵。

这时，傅筱庵刚从大连避难回来，为处理中国通商银行的债务及与孔祥熙等人的矛盾，正有求于杜月笙。杨管北见到傅筱庵后，告诉他："卢少棠准备卖出华丰面粉厂，因债务所迫，价格定得相当低，只需109万大洋。"

然后，他虚情假意地劝傅筱庵买下。其实，卢少棠要卖出、杜月笙想盘进华丰面粉厂的消息在当时已不是新闻，以傅筱庵的地位和关系不可能不知此事，他见杨管北突出此语，当然能听出其弦外之音，连忙摇动双手说："不，不，我从没想过要买面粉厂，我不买，应帮杜先生买下来才对。"

杨管北闻言，心中暗自高兴，他知道傅筱庵会猜透他的意思。嘴巴上却仍然甜丝丝地说："还是傅先生买下来妥当。"

傅筱庵干脆进一步点明："不，不，还是由杜先生买下来，交给你来管理。这才是最好不过了。"

"不过……"

傅筱庵不得不接过话头，连忙说："钱没有问题，中国通商银行可以借给低息贷款。"

杨管北东拉西扯，绕了一个圈子，终于得到了他想得到的这句话。就这样，杜月笙不用拔一根汗毛，华丰面粉厂便稳稳当当落入他的手中。

华丰面粉厂到手不久，杜月笙那干瘪但却包藏着无穷欲望的肚腹又开始了新的算计。他的双眼盯上了上海面粉交易所理事长的位置。

因为取得这个位置，可以左右上海，乃至江南、江北数省的面粉生意。

这时执上海面粉业牛耳的是担任上海面粉交易所常务理事的著名实业家荣宗敬及其弟荣德生。

荣家兄弟是无锡人，早年在上海当学徒，积攒一定资金后，开设了广生钱庄。还在光绪年间，荣家兄弟便投资面粉业，在上海开设“茂新”面粉厂，创出了深受欢迎的“兵船牌”面粉。

以后又接连开设了茂新二厂、三厂，直至十厂。“茂新”之外，又设“福新”厂号，也是一厂、二厂，直至十厂。杜月笙以区区一厂之力，通过正常的市场竞争，当然不可能胜过荣家兄弟。

但他有国民党权贵撑腰，有黑社会捧场，有玩弄阴谋权术的超人本领，凭借这些，杜月笙刚刚打入面粉业，便急不可耐地要与荣家兄弟一决雌雄。

杜月笙首先出高价将王禹卿及“兵船牌”商标从荣家兄弟手中挖来。王禹卿绰号“面粉二王”，多年主管荣家以“福新”为厂号的10家面粉厂，在面粉行业中，素以精明干练，经营有方著称。

此外，杜月笙还聘来了大同面粉厂总经理卞筱卿，让这两人与杨管北同任华丰面粉厂常务董事，负责全厂业务，以加强华丰面粉厂的竞争能力。

同时，杜月笙想方设法拉拢面粉行业中与荣家兄弟有矛盾的商人，以孤立荣家，扩大自己的力量。

在上海面粉交易所活动的生意人，分属于两个面粉业公会：上海面粉业公会、苏、浙、皖三省面粉业公会。

荣家兄弟的影响主要在上海面粉业公会，而杨管北因祖上在扬州、高邮等处开有面粉厂，因而与苏浙皖三省面粉业公会关系密切。这两个公会所代表的势力，围绕价格及市场分配等问题，长期以来明争暗斗，角逐激烈。

1931年，国民党实行“裁厘加税”政策后，这种矛盾进一步尖锐。厘即厘金，是旧中国政府在交通要道设关卡，对运销商品征收的一种捐税，1853年清政府在镇压太平天国起义时，由帮办扬州军务雷以诚首推行。

"裁厘加税"政策对苏浙皖地区的面粉业商人是一个沉重打击。因为，他们用于加工面粉的小麦基本在当地采购，不需长途贩运，很少厘金负担，只有把面粉运到上海的途中才需交纳厘金。

所以，"裁厘"未使他们减轻多少负担，"加税"却使他们增加很大支出。而上海的面粉业商人要到外地采购小麦，途长路遥，支付的厘金数额大大超过苏浙皖三省面粉商人。

因此，"裁厘"使他们得益不少。苏浙皖等地的面粉商人，本来就因运费等问题，在竞争上处于劣势，"裁厘加税"政策实行后，他们的境况更糟。

杜月笙看准这是笼络人心的好机会，亲自跑到苏浙皖三省面粉同业公会去活动，敦促三省面粉业商人，一同写了一个"呈文"，一方面表示拥护"裁厘加税"，同时要求考虑三省面粉业商人的损失，所征税收应比上海面粉业商人少百分之五十。

这一"呈文"经杜月笙之手辗转，国民党政府江苏省财政厅送到了行政院财政部和实业部，之后，杜月笙又四出活动经宋子文、孔祥熙批准，江南面粉商人上交之税减少百分之四十，江北面粉商人上交之税减少百分之五十。

杜月笙因此获得苏浙皖三省面粉业商人的好感。

经杜月笙授意，这部分商人又和与杜月笙关系密切的一些上海面粉商人暗中收购上海面粉交易所股票。

在取得拥有发言权的股票数额后，他们立刻要求召开上海面粉交易所股东大会。这时，担任上海面粉交易所常务理事的是荣宗敬，理事长是与他关系密切的王一亭，他们对杜月笙秘密进行的拉票活动一无所知。结果，在股东大会上受到猛烈抨击，被迫同意改选理事。

选举结果，杜月笙名列榜首，志得意满地取王一亭而代之，坐上了上海面粉交易所理事长的交椅，杨管北则随之成为常务理事，从此他在面粉业取得举足轻重的地位。

杜月笙为了跻身工商界，想尽一切办法玩弄阴谋权术。他进入商界，总是以自己的利益为中心，在与对手竞争时，当一己之私受到根本性的威胁，“损人利己”就成了他的必然选择。

其实，竞争就是这样，不是你死就是我亡。竞争的形态也正是通过此消彼长的方式来达到完善与平衡。但杜月笙用的竞争手段从来都与他的黑社会背景瓜葛不清，他总是以生意人没有的那种野蛮与霸道为自己谋利，这也逐渐成为当时工商界对他又恨又怕的原因。

第五十七回

救大达受请再出山　走曲线摆平路上码

自从跻身工商界，挥拳打入面粉业以后，杜月笙的胃口越来越大。他仍不满足，紧接着又盯住了上海的航运业。

大达轮船公司是张謇创办的一家著名民营轮船公司。张謇曾是清末状元，又是近代中国著名的实业家。

张謇，江苏南通人，光绪20年甲午恩科状元，赐进士及第，授翰林院修撰。这年夏天，慈禧太后从颐和园回宫，文武百官照例应该跪在路旁接驾。

这一天恰好雷雨交加，地面泥水几寸厚，张状元被淋成了落汤鸡，又在积水里跪了多时，回到会馆，夜不能寐，他自言自语地喟然长叹：“我读书当官，身列朝堂，难道只是为了做磕头虫而来的吗？我饱读圣贤书，志气何在？”

于是，他辞官回乡。这位42岁的状元公，自4岁开始念千字文，经过38年的寒窗苦读，结果是只做了120天的小京官又回家了。

张謇辞官后从商，从光绪21年到民国15年，他先建立了大生纱厂，以后又连建了8个厂，设置了电厂、油厂、面粉厂、机械厂、轮船公司等无数企业。

1904年6月，张謇在上海高桥租下南市十六铺一带大量沿岸土地，建设仓库、码头，成立大达外江轮步公司。8月，又在南通天生港设置码头和仓库，成立天生港轮步公司。

之后，又从国外买进两艘客货两用轮船，合大达外江轮步公司及天生港轮步公司为大达轮船公司。该公司的轮船班次，被称为沪扬班，专跑上海经南通天生港至扬州霍家桥一线，独占此航线24年。

1926年8月24日，张謇病逝。不久，大达轮船公司经理鲍心斋也辞世而去。创始人的相继故去，给该公司经营上带来一定的混乱。

上海市輪渡股份有限公司

杜月笙开办的轮渡公司股票

不巧的是，以后又连逢两场灾难，一是大达轮船公司存有巨款的德记钱庄破产，大达轮船公司因此损失好几十万。二是大达轮船公司所属“大生”、“大吉”号轮船先后失火烧毁，船上旅客死伤众多，货物损失严重，都要大达轮船公司负责赔偿。这两场灾难使大达轮船公司负债累累。

这时，原由大达轮船公司独占的航线之上，又出现了竞争对手——大通轮船公司。该公司以上海滩的洪门大哥杨在田为董事长，法租界公董局华董费伯鸿为总经理，靠山不弱，实力也强大。大达轮船公司早已处于风雨飘摇之中，受到这一劲敌的竞争，更是步履维艰，渐渐到了濒临倒闭的边缘。

大达公司的主要债权人是镇江帮金融巨子陈光甫开设的上海商业银行，陈光甫眼见大达风雨飘摇，朝不保夕，心里相当的着急；与此同时，通州帮的实业巨子也在为此一问题焦头烂额，不知所措。

于是，镇江帮金融界和通州帮实业界人士频繁接触，最后，他们认为如果能找一位通天教主、大力人士做后台，再聘一名富于魄力、精明强干的经理，也许可以死马当做活马医，解除大达的危机，让它站定脚跟，起死回生。

他们想来想去，认定这一对搭档的最佳人选惟有杜月笙和杨管北。持这一主张最坚决的，是大达公司常务董事兼上海商业银行业务部经理越汉生。

很不凑巧，这时杨管北刚好盲肠炎开刀，在闸北仁济医院里休息。于是，双方在医院里开始了接洽。

结果，已经有了点眉目，忽然又横生枝节，掌握南通事业大权的吴寄尘，坚决反对杨管北去管大达公司的事，他所持的理由是——杨管北年纪太轻，惟恐他少不更事，负不起这么大的责任。

在一般人看来，吴寄尘的理由并非不无道理，但在杜月笙看来，这样的理由只能是糊弄三岁小孩的借口而已。常在各种关系下行走，他当然可以看出这其中的端倪，否则他也不会如此神通广大。

所以，当杜月笙得到消息时，他只是淡然地一笑，他对于吴寄尘与杨管北的关系摸得最透，一听吴寄尘公开反对杨管北，立刻便知道是“南通地产质询”结的冤。

原来早几年，大生纱厂周转失灵，南通实业界元老张謇的得力助手，被张謇所倚重的吴寄尘为了解救大生的危机，竟将“上海南通地产公司”的产业，坐落上海九江路 22 号的整幢洋房进行出售，然后把售得的款项移作大生纱厂救亡图存之用。

这一来，上海南通地产公司的股东为之大哗，南通地产是独立的企业，跟大生纱厂无关，它毫无理由被牺牲了去救大生。

吴寄尘是迫不得已而如此，但是大生的危机解除，上海南通地产的股权问题却又变得无法收拾了。上海南通地产的股东们要求召开股东大会，为保障本身的权益提出质询，要求吴寄尘赔偿全体股票所受的损失。

股东大会举行前夕，愤懑不平的股东们想起了一个难以解决的问题，到时候谁来提出质询？因为南通事业的股东多半是张謇的亲友和旧部，他们站得住道理却是碍不过人情，谁好意思去跟张謇的代表人吴寄尘细算账目，要求赔偿？

于是，有人提出镇江杨家的小开杨管北。杨家及其亲戚投资南通实业为数不少，小开本身是大生纱厂的董事、三厂的常董，又在大达轮船公司和南通地产都有股份。杨管北年纪轻，冲劲足，他学的又是经济与法律。老一辈的有人找到杨管北一怂恿，杨管北果然答应担任开路前锋。

第一次开会，杨管北理直气壮，义正词严，口口声声讲法律，要赔偿，吃亏的股东有了开路先锋群起而攻之、这弄得吴寄尘极不是滋味，更是对杨管北这个初生牛犊感到不悦。

问题拖了又一年，赔偿仍然不见兑现，再召开股东大会时，吴寄尘请了曾任江苏财政厅长李耆卿担任主席，各股东因为血本无归，心情焦躁，于是纷纷发言，措词激烈，竟使李耆卿气得中途退席。从此，吴寄尘将所有令他难堪的账都记在杨管北身上，认为这一个后辈虽然年轻有才，却是不通人情，形同叛逆。

以后，吴寄尘对杨管北始终耿耿于怀。

这件事总得要化解化解，杜月笙想出一位适当的调解人，杨志雄。一则，杨志雄风度翩翩，舌辩滔滔，是他智囊团中外交人才的首选；其次，杨志雄是吴淞商船学校的学生，吴淞商船是张謇一手创办的，杨志雄毕业于该校，后来又曾出任该校校长，因此，他和南通张家颇有渊源。

请杨志雄来一商量，杨志雄说："这件事我倒有两条路子，四先生的少爷张孝若，在汉口当扬子江水道委员会委员长，我也在汉口当船主，我们经常在一起，相当的熟。”

“还有一条呢?”杜月笙知道。四先生就是大家对张謇的称呼。

“吴寄老有位侄子在金城银行当经理，叫吴蕴齐，我们也是要好的朋友。”

“那么，”杜月笙建议说，“你是否先去跟吴蕴齐谈谈，请他劝劝吴寄老，要我跟小开去，无非是挽救大达。我充其量只能挂个名，搞轮船我不会，真要救大达，还得靠小开。”

杨志雄赞同地点了点头，回去了。他这时在德商西门子洋行当总顾问，吴蕴齐常到他办公室来，因此，第二天他便见到了吴蕴齐。他还怕他传话传不清楚，特意转弯抹角说：“我久仰令叔，吴寄老是通州实业界的老前辈，只是自己无缘见面。”

言下之意想请吴蕴齐引见引见。

吴蕴齐很高兴地说：“这有什么问题，我今回去就跟家叔说一声。”

第二天，却是吴寄尘由他的侄儿陪同，亲赴西门子洋行，专诚拜会杨志雄来了。吴寄尘一到，使杨志雄深感不安，颇有点窘。不过吴寄尘兴致很高，他和杨志雄一见如故，促膝恳谈。

在这一次长谈中，杨志雄很技巧地提出杜月笙的见解，认为一切应以挽救大达为前提，杜月笙深知杨管北有彻底整顿大达的能力，使这一历史悠久、具有光荣传统的事业机构，发扬光大。

吴寄尘对杜月笙的热心诚恳，非常感动，他在杨志雄的面前，马上表示出欢迎杜杨的决心与诚意。

当杨管北开刀的伤口愈合，出了仁济医院，他只晓得又有一项新职在等待着他，还不知道其中有过一段曲折。听说杨管北要接大达公司的事，杨管北的亲戚长辈纷纷的把股权移转给他，以使他持有够多的股份强化他在公司的地位。

同时，杨管北也建议杜月笙不必去当空头董事长，杜月笙深以为然，于是也大量收购其股票。

结果在大达轮船公司的股东大会里，杜月笙和杨管北以足够的股权，当选董事，再经过董事会推请杜月笙为董事长；张孝若为常务董各兼总经理，而以杨管北副之。此外还有杨志雄和胡筠庵两人，也当选了常董，杨、胡两位常董同为杜系人物。

这时，苏北一带遍地盗匪，声势滔大。由于盗匪多如牛毛，横行霸道，苏北各地交通几已继绝，商旅通过除非预缴“保护费”，否则随时都会被劫。这样使得在一省之内，从上海汇钱到苏北，100块钱的汇费高达20元。盗匪使得苏北货不能畅运，大达轮船公司的货物也经常被抢。

第五十八回

通阻塞请神降小鬼　货无失大旗拉虎皮

在处世中，“弄张大旗，拉作虎皮”的目的，不外乎让别人产生一种敬畏之心。老虎是山中兽王，谁见了都怕。披虎皮，扬虎威，自然可以吓退平庸之士。杜月笙是个弄大旗拉虎皮的能手。凭他在江湖中的地位和人脉，他可以让自己的利益不受到任何侵犯。

杨管北上任后，立即雄心壮志，准备在这个交通阻塞上打开大达公司的局面。他请杜月笙约来了青帮大字辈前人，在运河苏北各码头坐第一把交椅的高士奎帮忙。

高士奎在青帮比杜月笙高两辈，但是由于时局倒转，情势不同了，高老太爷不但对杜月笙很客气，而且还口口声声地喊杜先生。

高士奎一约便到，杜月笙告诉他说："有点小事情，想请高老太爷走一趟洪泽湖。"

洪泽湖，位置在苏皖边境，早先是蚌埠通往清江浦的要道，后来因为烟波百里，成了强盗土匪的渊薮。

高士奎听说杜月笙要请他走一趟洪泽湖，蓦地兴起怀乡之念，他欣欣然地说："30年没有回过家了，既然杜先生要我去，我就走这一遭吧。"

杜月笙大喜，当下请问："什么时候动身呢?"

"随便，"高士奎答道，"反正我是闲人，明天后天都可以。"

送走了高老太爷，杜月笙又叫杨管北来，吩咐他送高老3000块钱的"路费"。

杨管北不在青帮，但是他跟青帮人物很熟，就在他的手下，大达公司大裕轮的买办，众人称为孙大哥的便是一位大字辈，因此，他选大裕作为此行的专轮。

高老太爷抵乡，消息马上传遍清江浦，码头上黑压压的一片，数不清有多少人来迎接——其实，还有不少青帮人物一路远迎，肃候老太爷在船上吃过了晚饭，轮船驶向淮安，到清江浦时，他又接受了盛大热烈的欢迎。

被清江浦的朋友苦苦挽留了6天，天天欢宴，不曾一刻得闲。6日后，高老太爷乘车往杨庄老家。

在杨庄，高老太爷一住又是10天。他的老亲老眷，街坊乡邻，一拨儿一拨儿地跑来向老太爷磕头。高老太爷也忙着一家家的拜访、叙旧，他家中存有300石米，加上自己带来的3000块钱，一笔笔的送光为止。

到达杨庄的次日，高老太爷派人传个话，叫高良涧和临推头之间，亦即洪泽湖相隔最远的两岸，管事的大寨主吴老幺来见。话传过去，在第4天早上，这位苏北最有势力的大土匪头子挥桨如飞地赶到了杨庄。

一进高老太爷的家门，吴老幺向高老太爷三跪九叩首，执礼之恭出人意外。高士奎跟他叙一叙，这吴老幺居然也是“悟”字辈，算是老太爷的孙子。

高老太爷望一眼垂手肃立的吴老幺说：“你晓得吧？我这次是特为找你来的！”

吴老幺作了个揖，不胜惶恐地说：“老太爷，我怎敢当？”

“上海有个杜月笙，”高士奎问，“你听说过没有？”

“久闻杜先生的大名，”吴老幺答道，“就是至今不曾瞻仰过。”

“这位朱信科先生，”高士奎伸手一指，“就是杜先生的要好朋友，杨管北请来当代表和你联络的。杜先生和杨先生在办大达轮船公司，大达的船要开辟苏北航线。我找你就为这件事——看到大达公司的船来，你要好生照顾啊！”

“请老太爷放心，”吴老幺慨然承诺，“大达公司的船只管来，他们船上要是少了一颗麦，统统由我赔偿。”

就这样，三言两语，打开了苏北航线，甚且远远伸展到蚌埠，清江浦之间。待高士奎回到上海，杨管北立即开始筹备薛鸿记帆轮联运公司，并另行筹组达通小火轮公司，航行皖北、苏北各线，只载货，不搭客。

他设立各地分支机构尽量起用青帮人物，譬如蚌埠办事处请“大”字辈的夏金贯主持，清江浦有“大”字辈冯守义坐镇，扬州、镇江则以通字辈向春廷总管一切。凡此青帮人物一概以经理名义月支薪水大洋200元。但是实际业务杨管北仍得另外选派有经验的人负责办理。

然而，第一次航行就出现了惊险镜头。达通小火轮公司的一艘船驶到了柏树湾，这一带因为地形关系，河道曲曲折折，成之字形，一向是盗匪出没抢劫船只之地。这时行驶于这一地区的船只俨然一条长龙，形成船队。第一艘是扬子公司的轮船，第二艘是戴生昌的船只，达通公司的火轮殿后，还一连拖了十几条木船。

船队驶抵柏树湾，大概是夜晚九、十点钟光景，周遭一片漆黑，伸手不见五指，突然之间，岸上响起清脆嘹亮的枪声，紧接着便有粗犷的声音大喊：

“把灯熄掉！人回舱里去，谁敢探出脑袋，枪就不认脑袋！”

月黑风高，碰到强盗，这时恐怖紧张的气氛达到了极点。达通拖轮和木船上的员工水手，一个个吓得面无人色，浑身发抖，可是他们受惊吓了许久，只听到前面停泊的轮只上哭喊之声不绝于耳，自己的船上竟然毫无动静。

于是，有胆子大些的探首外望，两岸静悄悄，不见人影火光，心想一定是土匪得手以后就撤退了。

当夜他们疑惑不定的各自去睡，第二天清晨一问，果不其然，扬子和戴生昌的两条船、货物和行李全部被劫走了，惟有达通公司的船在匪徒们眼中好像不存在没看见似的，秋毫不犯。

随后，达通公司等于是保了险的、托达通运货土匪不会来抢的，消息迅速传开，托运货物的主顾纷至沓来。达通苏北航线的建立和开通，使大达公司的业务突飞猛进，盈余直线上升。

第五十九回

渡陈仓不动藏声色　反为客静居占上风

杜月笙接任大达轮船公司董事长，派杨管北接管业务，任何人都以为他们上台一鞠躬，要做的第一件事，便是和大通公司成立协议，遏止跌价竞争以免愈赔愈深，两败俱伤。

因为凭杜月笙和通达公司的杨在田、陆费伯鸿双方的交情和作风，他闲话一句，什么事情都可以摆得平的。

然而说也奇怪，当杨在田、陆费伯鸿蚀了不少钱后，眼见杜杨上任上场，笃笃定定地在等杜月笙递过点子过来拜码头，谁知杜月笙闷声不响，声色不动，丝毫没有展开谈判，讲讲斤头的任何迹象。

起先他们很纳闷，后来恍然大悟，杜月笙他们手条子够狠，大达公司自从杜、杨登场，情势已经发生变化。杜月笙他们跟银行界交情够深，拨只电话就可以调来大批大洋。

大达打开了苏北航线，开设大兴公司，一掼下去就有3000万的活动能力。大达、大兴、薛鸿记连成了一条线，代办货物，平安运达，立即押汇，三大业务做得热闹风光，一笔生意三层赚头，洋钿银子滚滚而来，拿这里面的赢余来跟大通公司在一条航线上拼，可以说轻而易举，不费气力——搓麻将掉了人又另扳了庄，大通公司今非昔比，他们着着居于下风。

于是，硬挺了一年，反倒是大通公司要叫救命了——再赔下去，就要掼倒。杨在田和陆费伯反客为主，迫不得已向大达提出要求，希望双方相忍为安，顶好是想个什么法子，盘算盘算成本，打开这个恶性竞争的局面，彼此都能获得合理的利润。

有一个绝妙的法子，但是，老朋友面前，杜月笙却不出口，他振振有词地推托："大达的事情，统统都是小开管。老兄的意思很好，但是要去跟小开商量。"

大通公司只好再去找杨管北谈，杨管北的答复使大通公司方面颇感意外——他抓住大通方面人士的慷慨陈词、顺水推舟地这么说："既然竞争对于双方不利，那么，我奉送各位一个意见——何不联营？"

"联营？怎么个联营法呢？"

"那还不简单，"杨管北双手一摊："大达、大通成立联营处，共同经营上海到扬州这条航线。"

"双方所占的比数，怎么样算？"

“有一个最合理的计算方法，我们联合去请一位最有名的会计师，请他细查大达、大通过去3年的账，以两家公司的总营业额为准，订定双方所占的比数。”

大通情势危急，只有照办，双方请来了上海滩有名的奚玉书会计师，查过了账，纪录显示，在以往3年，两家公司的总营业额中，大达公司占63%，大通公司占37%。

照这样的比例，在即将成立的联营处里，不论船只吨位、新旧、设备、速率，以及包括水上，陆上所有的资产，孰者为多，熟者为少，大达公司所应分得的赢余，要比大通超过将近一倍。

这样，大通说这样不能干，大达说不干就算了。几经折冲，几经谈判，最后则由大达公司让步，将双方所占比例，调整为大达公司55%，大通公司45%。

合约刚刚签好，交通部又召开全国第一次航业会议，杨管北即席提出大达、大通两轮船公司联营10年的报告，请交通部准予备案，同时，由联营处提供保证：不分客运货运，今后绝不涨价。

制服了大通轮船公司后，大达轮船公司的赢利更逐日递增。不久，当虞洽卿因连任二届上海船联会理事长而必须改选时，杜月笙便以大达轮船公司董事长的身份，如愿以偿地获得了这一工商界的重要头衔。

在制服大通公司这件事上，其实杜月笙心中早有他的算计，通过他的商业运作，大达公司迅速打开了苏北航线，并开设大兴公司，业务能力蒸蒸日上。这正是杜月笙老谋深算的地方，他在不动声色中，把商业格局早就打开了，不多久便轻易地从劣势占据了上风，这正是杜月笙的明修栈道暗渡陈仓之计。

第六十回

买股票做空被套牢 闹场子惊动虞大佬

贪大从来都是经商者的大忌之一，杜月笙也贪大，所以他也有失算的一天。但是他的过人之处就在于自己被人牵着走的时候，他总能想出一些卑劣的手段反制对方，并且让对方无可奈何。

早在1928年，杜月笙已开始在纱布交易所做棉纱生意。随着他在工商金融界势力的膨胀，这笔生意越作越大。但他不满足，希望能坐上纱布交易所理事长的交椅，这样他可以更加得心应手地大作投机买卖。

上海的棉纱交易市场，理所当然是杜月笙想加以控制的行业。他在等待着，终于找到了机会。

一天，张啸林眼看棉纱交易的钱好赚，于是也往里面扎。他一上来就抛空，而且抛出的数额来得很大，杜月笙说："此刻抛空恐怕不利啊！"

"张大帅"眼珠子一弹，开口便骂："他妈的！老子抛空就不许不利！月笙，你也来，胳臂不能往外弯，总不能说我抛空，你反倒做多吧？"

杜月笙被他说得笑了起来，点点头说："好，我奉陪，不过，我少做点。"

"不行，要做就大做！"张啸林自有道理，"必须我们两个都做大，才可以把价钱掼下去!"

哪晓得"张大帅"这一宝没有押准，闯出了穷祸，他大做其空，纱布交易所便天天利多，拍一板就涨一截，而且天天涨停板，一连一个多星期，纱布交易所出观了空前未有的怪现象。

每天从早到晚，"张大帅"把"他妈的!"一路骂到底，结果他做空做到了无法收拾的地步，他跟杜月笙隔一盏鸦片烟灯，扳着指头算，他妈的真正不得了哇，现在每拍一板，就要蚀本十多万。

上海棉纱帮以通海人士居多，亦即南通与海门。陆冲鹏是海门的大地主、国会议员、棉纱帮的几位亨字号人物。跟他有交情的其中有一位叫顾永园的，跟他是很知己的朋友。

顾永园当时也在做空，蚀得来性命攸关，一日他忽然来访陆冲鹏，劈头便是一句："不得了，张先生都要倾家荡产了!"

陆冲鹏惊了惊，忙问："究竟是怎么一回事?"

顾永园把张啸林纱布做多，陷身泥潭，进迟维谷的窘况，细细一说。接下来他又义形于色，气愤填膺地道："纱布交易所，从来就没有这种猛涨不停的事体！我们人人都晓得，这完全是里面有几个理事在作弊，就是苦于找不到证据。"

陆冲鹏刚要插嘴问，顾永园忙不迭地又向他娓娓细诉，他把棉纱交易所的种种黑幕，解说得十分详尽。

由而陆冲鹏明白了顾永园的来意，于是他单刀直入地问："要怎么样才可以对付他们。"

事急矣，顾永园自告奋勇地说："要跟鲁智深醉打山门一般，闹个卷堂大散。我愿意当先锋，上台质问，叫他们明天一上来就停拍，否则的话，十多万十多万地赔上去，到了明天这个时候，张先生和我无法交割。"

陆冲鹏懂得了，再问："你当先锋，是要杜先生、张先生做主帅。"

"杀鸡焉用牛刀，"顺水园一声苦笑，"我只要他们做帮我摇旗呐喊的小兵。"

"好的，事不宜迟，"陆冲鹏准备起身，"我这就到华格臬路去。"

他先到隔壁头张家，"大帅"直立檐下，对着空空如也的院子出神。

"啸林哥，"陆冲鹏喊醒了他，"有话要跟你说。"

"唉!"张啸林极其罕见的叹了口气，立刻就又骂出脏话来："他妈的!半辈子不曾这么烦过。走，我们里面去谈。"

一坐一躺，陆冲鹏开口便问："烦什么？啸林哥，是不是做纱布做出了纰漏?"

"他妈的!"张啸林啪地把鸦片烟枪一掼，倏然欠身坐了起来，"老子方才正想着呢，发三五十杆手枪出去，叫他们把那个鬼交易所打成稀烂。"

"打烂它不是办法，啸林哥，"陆冲鹏莞尔一笑地说，"我是来约你一道去隔壁的，去跟月笙商量商量看。"

"好哇！他妈的，"张啸林站下了地，"我们这就去呀。"

杜月笙在隔壁也是烦不过，什么客人都不见，正在一榻横陈香两口消愁解闷呢。

张啸林和陆冲鹏撞进去的时候是中午11点钟，三兄弟唧唧哝哝，从原则谈到细节，计划精密，步骤分明。最后，陆冲鹏面带笑容地驱车离去，又找顾永园，向他"面授机宜"。

第二日上午，坐落在爱多亚路北的纱布交易所，准时开市，然而，稍有警觉的人，就会发现气氛有点异样，交易所里外多了几十位穿短打的朋友，鸭舌帽拉低到眉毛，怒眉横目，腰际还有鼓了起来的"家伙"。

交易所的伙计正要高声宣布开拍，顾永园铁青着脸，一马当先，他在人丛之中指手画脚，慷慨陈词，指控若干理事勾串舞弊，制造一发不可休止的涨风。他要求马上宣告暂时停拍，由各经纪人成立调查小组，彻底清查弊端，然后依法处理。

被指控的理事纠集场务人员，冲向前，要把"扰乱秩序"的顾永园拖出去，扬言送巡捕房究办。

但是这一些赤手空拳的场务人员左冲右突，却受阻于在厅内那些板紧着脸的“陌生客”，谁也没法挨近顾永园的身边，有一名伙计不经意的发现，陌生客腰硬邦邦的那家伙是手枪，他脸色发白，簌簌地抖，神鬼皆惊的一声骇呼：“他们带了手枪的！”

这一喊，交易所里的理事职员轰然一声，四下敞开。

情况十分紧急，其中，一个理事冲进办公室去拨电话，向巡捕房求救。

这时，杜月笙拖出来的老英雄，“大八股党”的老前辈，戴步祥、戴老二已牢牢地守在捕房紧急电话旁边。

电话铃声响，戴老二伸手一接纱布交易所十万火急的请求，戴老二声色不动地听对方把话说完，当对方迫切地在等待回音时，戴步祥轻轻地把电话挂断。

一次、二次、三次……

纱布交易所第四次打电话来，根据沈杏山转述的“锦囊妙计”，戴步祥终于开了金口：“好，我会派巡捕来——看看苗头。”

又过了半天，四名巡捕懒洋洋地来了，经纪人一见如逢救星，正要迎上去诉苦。顾永园又在场子中央大声疾呼，他要求巡捕查封经纪人的账簿，以揭露黑幕，然后按照法律程序进行诉讼。

交易所的人眼见顾永园根本就不怕巡捕，甚至他还想指挥巡捕代他“执行任务”，于是更加着慌，他们打电话给闻兰亭、袁履登。

闻兰亭和袁履登两人一听交易所出现了带枪的人，顿时惊得脸色大变，他们叫交易所的人沉着镇静，切忌慌张，同时安慰说：“不管来人是谁，都没有关系，我现在就去见杜先生。”

袁履登和闻兰亭驱车到了杜家，正待迈步入内，早有杜家的听差拦了拦，赔笑地说：“对不起，杜先生还没有起来。”

闻兰亭好言相商地说：“本来是不敢惊动的，实在是因为事情紧急，没奈何，只好烦你们进去通报一声。”

“真对不起，”听差两手一摊，“杜先生说他要多睡些时，我们底下人，哪个敢去喊哩。”

闻兰亭和袁履登一想，这话说得也不错，总要找一位有资格，够交情的朋友，才可以把杜月笙从被窝里拖出来。两人一商量，自知资格不够，于是又驱车疾驶去求傅筱庵。

不会想到傅筱庵也是高卧隆中未起。这两位大亨逼得没有办法，只好去寻阿德哥——年高德劭、望重上海滩的虞洽卿。虞洽卿不但跟杜月笙够交情，还可以在他面前倚老卖老，他一听袁履登和闻兰亭的报告，当时就知道这件事情不得了。洽老为人向来热心，着起衣裳上了汽车便去杜公馆。

杜公馆的听差看见洽老驾到，不敢再拦，让他带着袁、闻两人，直登二楼，洽老一面走一面在喊“月笙！月笙!”

进门一看，杜月笙真睡着了，但是洽老不管三七二十一，硬把杜月笙摇醒，而且逼着他穿衣着裳，刷牙洗脸，然后3部汽车4个人，首尾相衔，风驰电掣地开到了纱布交易所。

第六十一回

顾大局又充和事老　逐私利再添锦上花

交易所的经纪人，伸长颈子在门口等，远远看见杜月笙的汽车疾驰而来，犹如天降救星，他们一个个雀跃三千，回过头去便是声声高喊：“好啦，好啦，杜先生来啦!”

这时候，顾永园还站在台上慷慨激昂，义正词严，在口若悬河地质问，一听“杜先生来啦”，也不觉呆了一呆，踮起脚来望时，一眼瞥见虞洽卿、袁履登、闻兰亭陪着杜月笙驾到，他一看就明白了，毫无问题，他已经把风潮闹得很大，上海商界领袖全到，是他们把杜月笙硬拖来解决问题的。

方才顾永园在大呼小叫，厉声质问，风浪之猛仿佛把爱多亚路这幢大楼都要掀倒，如今杜月笙、虞洽卿和袁、闻两人在大厅门口一站，好像摇摇欲坠的大楼即刻恢复了重心。经纪人、交易所员工和心中有病的理事一起吁了口气，晃悠悠的一颗心，也稳稳妥妥落回肚子里了。

杜月笙面带微笑，一步步地往大厅里走，虞洽老等人反倒跟在他的身后，拥挤的人潮眼见杜月笙在进来，人潮迅速的划开一条大道。

一直走到台下，杜月笙仰脸望着顾永园，笑容可掬地问：“这位先生，可认识在下？”

顾永园连忙双手一拱地说：“久闻杜先生的大名，就恨缘浅，始终没有机会拜见？”

“笑话，笑话！”杜月笙抱了抱拳，又问：“先生既然晓得我杜某人，我杜某人有一句话，不知道先生愿不愿意听？”

“杜先生的一句闲话嘛，”顾永园坦爽地说，“兄弟当然只有惟命是从。”

“多谢，多谢，”杜月笙笑了笑，“那么，就请先生赏光，到舍下去一趟。当然了，交易所这边的朋友也要请他们到一到，不管有什么事体，让我们从长计议。”

“好的。”顾永园很快地走了下来，“杜先生叫我去，我就去。”

大队人马一走，时间已近中午，纱布交易所虽然风平浪静，安静如常，可是，一上午的功夫就这么耽搁，只好改在下午再开拍。

到了华格臬路杜公馆，双方坐下来面对面谈，杜月笙和虞洽卿是仲裁人，“张大帅”没有露面，他在隔壁头很紧张地等消息。

顾永园理直气壮，毫无怯意，当着这么几位大亨的面，他还是一口咬定，这一次棉纱一路暴涨必定有内情、有毛病，他极力坚持查封经纪人的账，否则，他不惜身家性命，要告到法院。

好说歹说，摊出底牌，真人面前不说假话，董事们承认了促使棉纱暴涨确实是为了打击空头，因而难免做了点手脚，但是，事已至此，骑虎难下，怎么个了法呢？

始终都在注意倾听两方言词的杜月笙，这个时候开口说了话："依我看是容易得很，套一句戏词：怎么来的便怎么去吧？"

有好几个人不约而同地问；"杜先生，请你指示一个办法，好不好？"

"官司呢，不要打了，今天下午，纱布交易所还是要照样拍。否则的话，事体越闹越大，风言风语传出去难听。各位以为如何？"

除了顾永园以外，在座的人一致如逢大赦，喜上眉梢，异口同声地说："杜先生讲的，极有道理。"

"不过，开拍以后，"杜月笙慢条斯里地又说："要是行情再涨，做空的朋友，不是更加要上吊了吗？所以我的意思是，今天下午一开拍，行情就要跌，让它跌停板。然后，后天再跌，天天都跌，一连跌它几个星期，跌回两不吃亏的原价，也好让做空的朋友补进来，天下太平，皆大欢喜。"

做多的人很伤脑筋了，他们搔耳挠腮，迟疑不决地说："这个……"

"不必这个那个了！"杜月笙接口很快，"就照我刚才所说的，怎么来的怎么去，非法获利，物归原主。各位既然会做利多的手脚，这利空的布置，想必更加容易。"

做多的人为之哑然，于是，双方正式成立协议。杜月笙的这一着，不知救了多少做空出毛病、急得要跳黄浦江的投机家，他赢得了这一帮人的衷心感激，另一方面，他公开露了这一次脸，使杜先生的威信普遍建立于商界人士的深心之中。

结果以后但凡出了严重问题，他们都要借重他的片言解决。基于这种心理，纱布交易所一致推他担任理事长，杜月笙不干，让给穆藕初，后来穆氏出长行政院农本局，他才兼领了这重要的一席职务。

经过激烈角逐，杜月笙在金融工商界的势力得到长足发展。他终于取得了在金融工商界具有重要地位的上海市商会的领导权。

面对纱布交易所的棘手难题，大家一时间骑虎难下。杜月笙想出了一个成全大局的办法，他说“怎么来的怎么去，非法获利，物归原主。各位既然会做利多的手脚，这利空的布置，想必更加容易。”

虽然这个办法让董事们感到吃亏，但董事们也承认了促使棉纱暴涨确实是为了打击空头，因而难免做了点手脚，这些利润本来就是非法获利。如此私下解决的办法，既让做多的人为之哑然，同时也救了许多做空的投机商，这其中当然包括张啸林和杜月笙自己。

既顾全大局，又为己谋取私利，同时又借此机会树立了自己的威望，这就是在商业得心应手、厚黑之极的杜月笙。他能把自己的私心建立在所谓的公正之上，还让人信服，可见他不仅手段了得，而且心机也要比常人深上数倍。

第九章 抗势

杜月笙在上海滩节节高升之时，中日的局势开始紧张。在这种国难当头之际，杜月笙深知，国家若是没了，他的一切财富与地位也将化为泡影。所以在国难当头之时，他能够挺身而出。而后，杜月笙又作为一介平民，成为代表中方与日方谈判的重要角色。

第六十二回

抵日货绝不留情　于乔松扣留大亨

1931年9月18日晚，日本关东军按照预谋，派工兵炸毁了南满铁路沈阳北部柳条沟的一段路轨，反诬是中国军队所为，以此为借口，向北大营和沈阳城发动突然袭击，挑起了九一八事变。

对此，蒋介石却命令国民党东北当局，“日军此举不过寻衅性质。为避免事件扩大，绝对不抵抗。”这种不抵抗政策，束缚了东北军队的手脚，东北锦绣河山很快陷入日军铁蹄之下。

日本帝国主义的野蛮侵略，在中国激起汹涌澎湃的抗日怒潮，上海人民奋勇投入这个爱国运动。

9月24日，上海3万5千名码头工人举行抗日罢工，10万学生举行抗日罢课。9月26日，上海各界人民举行抗日救国大会，通过要求对日宣战、武装民众和惩办失职失地的官吏等决议案，会后举行了抗日示威游行。10月初，上海各业80多万工人组织了抗日救国联合会。

民族矛盾的上升，不仅使工人、农民、城市小资产阶级一致要求抗日，民族资产阶级也开始表示了抗日要求。反映民族资产阶级意志的上海《申报》便多次发表评论，抨击国民党政府的不抵抗政策，要求停止内战，一致对外。

这股洪流将杜月笙也卷入其内。经国民党上海市党部首肯，以杜月笙、虞洽卿、王晓籁、王延松、陈霆光等人为常务委员，组成了“上海市反日救国会”，后由陶百川改名为“上海市抗日救国会”，由国民党上海市党部委员陶百川任秘书长。

杜月笙在上海滩飞黄腾达、节节高升之时，九一八事变发生了。在这种国难当头之际，杜月笙没有丝毫的退缩，他挺身而出，具有极强的民族气节精神，甚至把自己的生死都看得很淡。可见，杜月笙之所以受到众人的拥护，个人威信很强，与他这种大无畏的民族精神是分不开的。

杜月笙鉴于五卅运动的时候，对于英国人采取经济抵制的策略极有成效，现在他再次建议抗日救国会从“禁止日货入手”，发动对日本人的反抗。

抗日救国会迅速地在各重要地点成立了检查所和保管所，吁请上海市民，全面拒买、拒卖洋货，检查所人员并采取直接行动，到处搜查日本货物，一旦有所发现，立即加以没收，交给“保管所”去加以储存。

“检查所”和“保管所”需大批的执行人员，抗日救国会除了召募爱国人士和学生义务担任外，主要的人力来源还得靠杜月笙发动自己青帮弟子们，并且，在爱国工人中遴选出大批的干部。

陆京士在上海从事劳工运动多年，他是杜月笙和上海劳工之间的一座桥梁，他负责杜月笙和劳工大众的联系，也是杜月笙处理劳工问题的最高顾问，私人代表。

对日经济绝交，抵制日货运动在上海滩上风行。一天，天后宫桥检查所由邮务工会出身，杜月笙的门人于松乔负责。各地检查所、保管所纷纷成立。他和一位名叫刘心权的热血青年，以“射人射马，擒贼擒王”之势，一上来便到“合昌祥”绸布庄抄出两大箱日本棉布。

于松乔吩付跟去的检查员将这两箱东洋货充公，按照抗日救国会的规定，载送到“保管所”去暂行封存。

与此同时，于松乔和刘心权也回到了天后宫桥“保管所”，坐候好戏开锣。一因为这两箱东洋布大有来头，它的物主，便是上海市纱布同业公会理事长、合昌祥的大老板、在上悔商场影响力极大的陈松源。

过不了多久，果不其然，一部轿车开到天后宫桥，陈松源昂首走进抗日救国会天后宫桥分所，在他的身后还有两名身壮体强的保镖。

“这里是什么人负责！”陈松源大咧咧地问道。

“是我，”于松乔挺身而出，自家通名报姓：“我叫于松乔！”

“久仰，久仰，”陈松源鼻孔里哼哼地冷笑，“方才贵所有人到小号合昌祥，取走了两箱布匹，我恐怕这里面一定是有所误会了。”

“没有误会，”于松乔斩钉截铁地回答，“合昌祥的两箱东洋布，就是我亲自去查出来充公。”

陈松源呆住了，他从来没碰过这么大的钉子，他摸不透于松乔是哪一路的朋友，居然有眼不识泰山，连他陈松源都不认得？态度如此强硬，说话更是一副公事面孔，半点情面也不讲。

两名保镖“食人之禄，忠人之事”，挤过来向于松乔发了话：“喂，朋友，你不要有眼无珠啊，你晓不晓得这位先生是谁？”

“管他是谁！”于松乔挺一挺胸，“我只晓得公事公办，在这种国难当头的时候，还要贩卖东洋货，让东洋人赚钱，造了枪炮子弹打中国，那是奸商，是汉奸，汉奸、奸商贩卖的东洋货就得没收！”

“什么奸商不奸商？”保镖的发了火，“你胆敢当众辱骂我们陈理事长？”

“什么陈理事长不陈理事长?!”于松乔大义凛然，反唇相讥，“理事长要贩卖东洋货，一样的是奸商！”

至此，陈松源赫然震怒，两名保镖破口大骂。于松乔屹然不为所动，他直指陈松源的鼻尖说：“我警告你，我们这里是办公事的地方，你要再这里无理取闹，我就……”

“你敢怎么样？”陈松源厉声一喝，打断了于松乔的话，接下去又是狺狺的骂，而且，他竟指挥保镖干脆点硬上：“你们进去给我搜，把我们的货色搜出来，抬回店里去!”

两名保镖听了老板的吩咐，恶狠狠地抢前一步，正待推开于松乔，直往保管所里闯。于松乔早有防备，动作好快，他伸出手去一把捉牢陈松源的领口，使劲的拖他往里头走，一面走时一面叱喝：“你敢带人来抢我们保管所？好哇！我现在就把你们关起来!”

保镖的一看老板被捉，又气又急，两个人不约而同地拔出手枪，对准了于松乔，大声喝道：“赶快放手！迟一步便请你吃卫生丸!”

“你们敢?”于松乔身子跟陈松源一贴，紧拉住他倒退三步，他决心把这位布大亨关进一间小房间里。

两名保镖大跳大叫：“再不放手，真开枪啦!”

于松乔已经把陈松源拖到小房门口，他侧过脸来高声答道：“有种，你开!”

“砰!”地一声枪响，而于松乔刚好把陈松源推进那间临时拘留所。枪声警动了检查所里的工作人员，大家一拥而出，跑过来就要夺下保镖手里的枪，两名保镖一看大势不好，掉转身去便往外逃。

第二个回合终于平安无事地度过，陈松源被关在小房间里，顿足咆哮，猛力捶门。于松乔只当没有听见，他往房门口的地板上一坐，大声地说：“我今天是看牢你了!”

陈松源的保镖回陈家去报告，陈家立刻央人四出营救，纱布大亨陈松源被抗日救国会的人捉牢关起，消息随即传遍了上海滩，人人吃惊，各个失色。纱布向为上海十大业之一，陈松源是纱布业公会的理事长，这件事几乎掀起了轰动沪上的轩然大波。

于是，天后宫桥抗日救国会的门前车水马龙，开始热闹了。

第六十三回

天后宫冠盖云集　杜公馆话到事息

抗日救国会常务理事兼秘书长陶百川和上海市党部委员吴开先面对于松乔扣留陈松源事件，闻讯后赶到了天后宫桥，他们两位对于松乔的不假情面、认真负责的态度颇为嘉许。

但是，陶百川婉转地向他说明："抗日救国会不过是一个民众团体，我们可以从事爱国运动，但却不是权力机关，我们有什么权力，用什么罪名把人家捉来关起呢？所以于先生你扣押陈松源的事，在法律上是说不过去的，请你马上把陈松源放出来，我们再商议解决这桩事体的办法！"

于松乔依然坐在地上，挡住了羁押陈松源的那扇房门，他声色不动，心平气和地说："陶先生，你地位高，口才好，学问一等。我于松乔无论讲地位、讲口才、讲学问，统统服贴你。不过今天的这件事情，不管我错我对，我已经下定了决心，天王老子的话我也不听。陈松源带了保镖，带手枪来抢所里的东西，我非关他不可，假使有人想来拖开我，"他伸手指一指左侧的网筋水泥墙壁："我立刻就撞墙头自杀！"

陶百川和吴开先一再的善言譬解，讲道理给于松乔听，于松乔偏偏不听，陶、吴两人拿他毫无办法，颓然地走了，另行设法。

门外汽车不停地从远处开来，上海有身价，说得起话的大亨全来了，虞洽卿、王晓籁……

有人疾言厉色，有人娓娓动听，什么好话歹话都说尽，要于松乔释放陈松源，他的回答只有一句话："啥人敢来拖我，我立刻撞墙自杀！"

这边事体闹僵，外面却风波越来越大，上海市商会为了抗议"抗日救国会非法拘留纱布公会陈理事长"，并图加以营救，已在召开紧急会议。

天后宫桥抗日救国会里，冠盖云集，亨字号人物着急焦躁，一大群人面对着于松乔束手无策，上海商界的压力却在不断的传来，再不释放陈松源，商界即将如何如何。

最后，又送来了最后通牒：陈松源如果今晚仍不获释，从明天早晨起，上海各行各业，决定无限期的罢市，以示抗议。

于松乔还是坐在地板上，纹风不动。

乱哄哄的，挤了一屋子人。抗日救国会原为抗日御侮的民众团体，如今闹得将与上海商界全体为敌，兄弟阋墙，徒使亲者痛而仇者快，这将如何是好？人多，口杂，推推挤挤，吵吵嚷嚷，于是有人趁乱想把于松乔抱住拖起来，破了他这一铁卫，开门释出陈松源。

当他们冒险地一动手，于松乔说话算话，剑及履及，他突如其来地奋身猛冲，向左首墙壁狠狠地撞去，"砰"然一响，众人惊呼一声："哎呀！"

再看于松乔时，他已撞破了头，皮绽血流而下，但是他撞壁成伤以后，又飞快地退回小房门口，照样端坐不动，只在气呼呼地连声说道："我就在这里等死好了，我就在这里等死好了！"

这么一来，更加没有人敢近他的身子。

真正到了无法可想的地步，陆京士，这位于松乔的同门弟兄，方才得到消息，匆匆地赶来，他挨近血流满面的于松乔，不胜忧急地问："松乔，你自己身体要紧，你可否告诉我，你要哪一位先生出来说一句话，你才肯听？"

于松乔已很虚弱，他揩揩脸上流着的血说："惟有杜先生。"

大家都听到了，如释重负，长长地吁了一口气，陆京士赶紧打电话到华

东湖路上的杜月笙公馆

格臬路杜公馆，杜月笙刚好在家，他听到陆京士的报告，顿时便说："你去跟松乔讲，他犯不着为这件事牺牲性命。我立刻派车子来，接他到枫林桥骨科医院治伤。"

陆京士又跑向于松乔的身边，把杜月笙交代的话，一一说明。

于松乔仰起脸来问："杜先生的意思是叫我离开这里?"

"当然是的。"

"不管陈松源了?"

"你快去治伤要紧。"

"好吧，"于松乔这才站起身来，目不斜视，跟陆京土挤出人丛，往外面走。就这样，上海全体市民明天不必担心会罢市了，于松乔去进了医院，上海纱布同业公会理事长陈松源也就"刑"期届满，宣告开释。

在抗日救国的大前提下，陈松源自知理屈，于松乔的行动虽然超越范围，但是他满腔忠义、慷慨壮烈的精神，却赢得上海各界人等的一致赞佩，于松乔扣留陈松源的故事传诵遐迩，他成为了抗日救国的英雄硬汉。

这一个轩然大波由于陈松源的"不予追究"而风平浪静了，但是，却为抗日救国工作做了很好的宣传，一日之间，上海滩市面上的东洋货一扫而空，并非检查所的人员将它们全部没收，而是经售的商家，私忖自家的"牌头"不会比陈松源更硬，抗日救国会的人既然如此铁面无私，执行认真，商家避免货色充公，亏损血本，多一半将之退回日本厂方或批销机构，一小部分用货款买的现货，则只好把它暗中藏到仓库里去。

可以说，于松乔在无形之中替杜月笙当了一回枪。杜月笙充分利用了于松乔固执的脾气去杀鸡儆猴，连陈松源这样的大亨级人物都必须对杜月笙俯首称臣，乖乖的听从抵制日货的命令，其他人谁还敢不应令而行。另一方面，当他看到事情有些过火，马上要引火烧身的时候，又利用自己的威信让于松乔适可而止。可见他对事情拿捏的手法是多么的娴熟恰当。

第六十四回

为抗日暗中出招　制蛮人釜底抽薪

东三省的日本关东军节节推进，一路势同破竹，由于蒋介石的不抵抗主义，东三省外加上相继被侵的热河省将被日本皇军全部占领。日本正向中国大陆“胜利进军”，此一事实使所有旅华日人气焰高掇，趾高气扬，他们深信整个中国大陆俱将沦为日本的属土。

因此，当上海高揭抗日大纛，全面抵制日货时，大小商店争先恐后地退回货物，旅沪日人便觉得这是不可容忍的，骄狂的气焰使他们丧失理智，他们也迅速的组织起来，设法对抗，凶残横暴地发动攻击。

这便是“一·二八”事变前夕的上海情况，中日两国国民壁垒分明，敌意甚深，他们在从事淞沪之役爆发的前夕，中国人和日本侨民相互敌视，咒骂、打架、械斗，甚至于破坏和暗杀、纵火、爆炸。

10月12日，杜月笙在家里得到消息，下午1点钟，日本人将在北四川路日本小学，举行“居留民大会”。于是，他开始做一连串的部署，于是，上海的日本人遭到一系列戏剧性的打击。

一点钟，日本人“居留民大会”准时集会，出席的日侨人数超过4000人之多，会场情绪是冲动、激愤、骄狂与跋戾嚣张，他们决议上电日本内阁总理、外相、陆相、海相和关东军总司令，请求速用断然、强硬而有效的手段，根本制止“不法而暴戾”的对日经济绝交，并且彻底解决中日问题悬案！会场日人群情汹涌地宣称：“为达成上项目的，我居留民有忍受任何牺牲的觉悟！”

三点多钟散会，他们又举行示威游行。

大队日侨沿北四川路拖逦向南，他们在行经美租界地段时，中国人默无一言，并无反应，但当他们游行到了华界闸北白保罗路及虬江路一带时，游行队伍中的少数青年再度跑出行列撕毁路旁的抗日的标语。

于是，愤怒的中国青年立即高声喝打，飞快地冲上去抱以老拳，而且在转眼之间从两侧店铺里冲出来更多的愤怒群众，“打东洋人”的喊声响彻云霄。耀武扬威的日本人畏缩了，他们掉首逃回租界，被截留住的人则勉力招架，中国人已经得手，公安局的警察方始一拥而出，就地劝散。

与此同时，又有公共租界的巡捕赶来。这“事出偶然”的中日民众第一仗，是日本游行大队遭到迎头痛击，四下溃逃作鸟兽散而中国民众则打了人又出了气，最妙的是，英捕房巡捕以“保护”为名，捉去了三名日本青年。

东洋人逃回家中气喘咻咻，大不服气，于是又频繁接触，计划出动反击，然而，他们没想到第二天一早他们又挨了当头一棒！

全上海所有的米店和煤炭店，一律拒绝跟日本人做生意。买不到米和煤，使东洋人马上面临断炊的危险，于是他们大起恐慌，而且气忿难忍，但是他们却又不敢动蛮，只好动文的，与米店、煤店老板进行理论。

因为他们已经看到，每家米煤店的附近都有怒眉横目的壮汉逡巡，如果他们不是劳工群中的英雄，便是白相地界里的打手，他们的任务是对煤、米店加以监视，同时制止日本人的吵闹和纠缠。

孰不知，这些暗中组织者和巡逻的打手全是杜月笙的部属。

从10月中旬开始，零星的斗殴事件层出不穷，日本外交当局提出的抗议不绝如缕，闸北江湾一带对于侨民居住最多的日本人来说几乎已成为黑暗恐怖地界，倘若不是成群结队，徒手的日本人简直不敢外出。“打东洋人”成为上海市民成天挂在嘴边的兴奋口号，连三尺童子也晓得“敌忾同仇”、“抗日救国”。

有一天早晨9点多种，公共租界有一个骑脚踏车的日本人疾驶而过，路边有一个小孩冲上来高喊：“打倒东洋人!”这名日本人愤怒之极，下车一耳光将小孩甩倒在地，然后匆匆逸去。

街心立刻聚集大批气冲牛斗的中国人，恰巧有一部汽车满载日人而来，于是汽车被中国人拦住，车上的日人池鱼遭殃，全部被中国人打得一身是伤。

而打日本人的中国人多是杜月笙的弟子。10月28日，浦东申新纱厂秘密向日本新井洋行购买耐火砖瓦14600余件，日本人保证使用海军和陆战队士兵护送货物，但是“抗救会”浦东检查所迅及获得厂内工友告密，28日这批砖瓦将要分装五艘驳船，由安宅军艇护航运送。检查所为此订定了精密的计划。

于是新井洋行的砖瓦刚要装船。检查所人员突然掩至，砖瓦笨重而且体积甚大，但是他们依然迅速地加以没收充公，全部搬走。正在搬进保管所的货栈。日本海军老羞成怒。全体武装登陆；持枪冲锋，中国人见了东洋兵毫无惧色，双方随起一场激烈的械斗。中国人有7名受伤，东洋兵才夺回了一部分砖头。

日本人开设的工厂和商店货物雄如山积，一件也卖不出去，因为“抗救会”的封锁越来越紧。他们握有任何一处的情报线索，东洋货“一见天日”莫不马上遭到没收，中国商人没有一个胆敢贩卖日货，当他们的资敌行为被发现就会被罚金，没收财产，并且本人要穿上印有“卖国贼”字样的囚服，立在站笼里供人参观或辱骂。

在“抗救会”严格执行全面经济制裁的过程中，日本工厂商店惟有宣告关门大吉，老板们躲在里面宛如置身孤岛，他们装置无线电话，和其他日本人保持联络。

面对中国人和日本侨民相互敌视，杜月笙开始做一连串的部署，于是，上海的日本人遭到一系列戏剧性的打击。这一切，自然是杜月笙在背后搞的鬼。杜月笙为了达到自己的目的，可以说不择手段。他明着怕招来是非，便暗中出招，甚至使出釜底抽薪之计，让日本人头痛不已。

除此以外，他还运用自己的影响力，号召社会各界为前线战士捐款捐物，仅他不辞辛苦主办的募捐公演，一个月就募得 20 万元。由于劳累过度，他憔悴许多。身边人看了难免劝上一句“无关已事，何必如此辛苦”之类的话。但杜月笙听后，怒目而视地说：“若不如此，我们便死在这里。”可见杜月笙非常明白，亡国之下，安有完卵的道理，他的一切都与国家的存在密不可分，国家如果没了，他也就什么都没有了。

第六十五回

顾大局相忍为国　守承诺力办避祸

到了 1932 年 1 月份，日本外交当局为抗议“抗救会”行动的官文书已

经堆积如山，但是抗救会不屈不挠，继续纠葛旅沪日侨，1月18日，重大的冲突爆发，成为“一·二八”淞沪之役的前奏。

坐落在华界江湾马玉山路的三友实业社，1月18日下午4时，有5个日本和尚从门前经过，三友工人群起而攻之，将他们打成重伤。3天后，21日凌晨两点半，三友社突然失火，英租界巡捕出动营救，发现了三四十名日本浪人，他们阻止巡捕鸣钟告警，双方发生冲突，互有死伤。

中国工人打伤东洋和尚，日本浪人纵火焚烧三友社，于是中日双方同时提出严重抗议，外交战在1月23日掀起最高潮，日方由日本舰队司令出面，向上海市政府提出最后通牒，要求立刻制止抗日运动，并且解散各抗日团体，否则日本海军即将开始“自由行动”。

上海市长吴铁城于1月7日就任新职，他接获日本舰队司令的最后通牒，立即向中央执行委员会和外交部请示，同时，他因为战祸业已迫在眉睫，急需了解抗日救国会的态度。他和杜月笙公谊私交关系极铁。在此半年以前，杜祠落成，吴铁城不但送匾，捐款与建杜氏藏书楼，而且他更亲临致祭，道贺。

所以，他在1月28日上午，在与日本驻沪总领事村井做最后谈判之前，在他法租界海格路望庐私宅打了一个电话给杜月笙，告诉他说：“情势很紧张了，日本第一先遣舰队开到了黄浦江里，村井约我在12点钟最后谈判，为了避免战祸糜烂地方，日方的要求我们可能会得答应。”

杜月笙在电话中问：“市长的意思是答应制止抗日运动，解散抗日团体？”

“是的。”

沉吟了一下，杜月笙的最后决定仍然还是顾全大局，相忍为国，他说：“假使市长决意如此，我想，抗日救国会暂时宣告解散，便利官方办理对日本的交涉，大家多半是可以谅解的。”

吴铁城却说：“不，问题不在这里？”

“市长是说……？”

“宣告解散抗日团体不成问题，问题在于制止抗日运动这一点。”

吴铁城说得不错，制止抗日运动才是令人为之棘手的难题，民众抗日情绪正因三友实业社被焚事件汹涌澎湃，愤慨激昂，上海的民众团体，已经组成了后援会，要求政府向日方严重抗议，索取赔偿。

而就在吴铁城、杜月笙通电话的时候，闸北、虹口两区的民众不约而同地放弃了自己的家园挈带细软，扶老携幼，像浪潮般地拥入苏州河南的英租界，两区街甫十室九空。这些不愿做日本顺民的上海居民破釜沉舟的表现，是以此说明他们对日本人是有着不共戴天的仇恨心理。

其他方面的反日行动一概不提，单说在那尽弃所有、绝不事敌的紊乱行列里，如果出现了一个日本人，谁也不敢想像将会发生什么样的后果。

如何控制上海市民的情绪，制止一切所可能发生的“抗日行动”，在抗日怒潮高涨至极的时候，莫说上海市长没有把握，即令出动全上海的军警弹压疏解，只怕也是枉然。

因此，当吴铁城说明了当前困难症结之所在，连上海滩上以“闲话一句”驰誉于世的杜月笙不禁也为之踌躇迟疑，不敢承诺。他考虑了半晌，也只好委婉的答复吴铁城说：“这一件事，在现在这种局面之下，能否绝对做到，我想随便哪一位也无法打包票。不过，我答应市长，从放下电话听筒开始，我会千方百计尽力而办。”

得到杜月笙这样的答复，吴铁城已经满意了，20年后，当他撰文哀悼杜月笙之逝时，往事如烟，而他记忆犹新，他在纪念文中写着：

“……1932年，余长沪市之初，即遭‘一·二八’之变，当时日牒之答复，后方之应付，以及停战之协定，地方与政府意见一致，合作无间，因应适宜，实出（杜月笙）先生之助。”

能识大格局者，可以把握住形势的发展方向，并顺应形势的发展行事，自然处处占据上风，并在形势的发展中实现自己的利益。纵观杜月笙的一生，他之所以能够获得巨大的成功，关键在于他能够把握住“识大格局，谋大利益”的主旨。在这件事上就充分的证明了这一点。

1月28日正午，吴铁城获得杜月笙的承诺以后，胸有成竹，满怀欣喜地去和日本驻沪总领事村井仓松进行最后谈判。这一次谈判持续一个多钟头，为了取信于日方，既已取得抗日救国会实际主持人杜月笙的谅解，吴铁城当场在日本人面前下令上海公安局：

“查本市各界抗日救国委员会有‘越轨违法’行为，本市长本诸法治精神，仰该局即将该会取消，以维法纪，切切此令。”

吴铁城的诚恳坦白，决断明快，使村井仓松为之愕然。村井仓松“所愿”已遂，无话可说，再提出5名受伤东洋和尚的医药、抚慰等几点鸡毛蒜皮的要求以后，双方随即达成协议。

村井仓松辞出上海市政府，吴铁城用最快的速度，完成了答复日本总领事抗议书所列载协议各点。他请市府秘书长俞鸿钧亲自当面递给村井，俞鸿钧驱车疾驶，争分抢秒在下午1点45分将答复书送交村井仓松，并且得到村井满意的表示，日方只是敦促上海市政府切实执行而已。

一天风云仿佛已成过去，俞鸿钧匆匆赶回市府向吴铁城复命，吴铁城当即拍发“勘未”，“限即刻到”的电报，将交涉经过分呈南京中央执行委员会和行政院，然后，吴铁城心头一松，拖着疲乏的身体，回家休息。

全上海的新闻记者，只有《时报》的金雄白事先探悉吴铁城“一·二八”中午要接见村井仓松做最后的谈判的消息，因此他独自在海格路望庐吴公馆坐候，两点钟敲后，吴铁城满脸疲容的回来一见到金雄白，他开口便说：“对日交涉已经顺利取得协议，战祸可望避免。”

吴铁城的这两句话字字皆有所依，没有一句假话，他对日交涉不但取得协议，而且村井仓松已经接受了他的答复，日方惟一坚持的条件取销“抗救会”，停止抗日行动，吴铁城尚且在交涉之前就跟杜月笙获致协调，杜月笙顾全大局，这时已在全力疏导之中。

但是，金雄白还有点不能置信，他率直地追问了吴铁城一句：“真的顺利解决了吗？”

吴铁城佛然不悦，厉声地说：“我是市长，又是办理交涉的负责人，不信我的话，就不必来问我。”

金雄白肃然而退，当天下午，上海《时报》以巨大木刻红字为标题，发布此一独家消息。并且《时报》还出了号外：中日问题和平解决。全上海人紧紧绷着的心弦豁然松动，业已迁往上海租界的闸北、虹口两区民众，心中笃定，现出笑容，又在通往虹口闸北的通衢大道组成长龙，仗不打了，大家放心大胆地回家了。

第六十六回
留余地权宜之计 战无情炮声四起

跟吴铁城通过电话以后，杜月笙诚惶诚恐，真把化除敌意、严禁冲突的日方要求遵照吴铁城的意思当做一件大事办理。

在两个多月以前，杜月笙发动劳工大众、帮会兄弟奋不顾身，从事抗日救国，也博得了好名声，而现在他又必须紧急刹车，要全体市民停止抗日运动，出尔反尔，何以自圆其说？杜月笙感到踌躇难决。

当他挂上电话听筒，跑到隔壁去和张啸林一商量，说：“事急得很，不管说不说得过去，还是赶紧采取行动，以免稍一迟延，误了大局。”

张啸林一听也急了。于是杜门中人全体出动分赴上海各区，剀切陈词，并且留下来担任监视，他们传达杜月笙的吩咐，说：“务必保持冷静，尽量避免中日之间的敌对行为，至于这一紧急变化是葫芦里卖的是什么膏药？目前天机不可泄露，事后则大家不问可知。”

由于《时报》号外公布了吴铁城市长的谈话，再加上马路消息，耳语新闻尽在传播着杜先生说如何如何，上海市民动动脑筋据以判断，至少在这一两天内，大上海可保平安无事。

这是大风来临之前，上海半日之宁谧。

正值上海抗日救国会以全民力量，对抗日本军阀的侵略，在上海滩上，租界华界犬牙交错地区，从事抵制与抗衡的战斗时期，有一支中国军队，悄然地从江西剿共前线，奉命警卫首都，被调到京沪铁路沿线各地来，他们的总部便设置于上海。

这便是在20世纪20年代，大名鼎鼎、出尽风头的19路军。

19路军的高级将领都是当年的风云人物，杜月笙的要好朋友，其中包括总指挥蒋光鼐、军长蔡廷锴、参谋长赵一肩。19路军下辖3师，第60师长沈光汉，61师师长毛维寿，78师师长区寿年。

19路军初到上海，他们头戴草笠，赤脚穿着草鞋。一袭黯灰军装，肤色黧黑，神情倦怠，他们的武器只有步枪和手榴弹，此外最具威力的重武器也只不过是轻机关枪而已。

蔡廷锴的指挥部设在真茹，驻扎上海的19路军的营房设在闸北。闸北和虹口很近，虹口是广东人的麇集之地，是老广的势力范围，基于同乡的关系，19路军和虹口居民声应气求，相处得非常融洽。

然而，虹口也是日本侨民丛集之所，日本人和广东人在这一地区经常爆发冲突，广东人因同乡队伍19路军之进驻而得意洋洋，引为后援。

而日本人则对这支其貌不扬、打赤脚穿草鞋的部队十分藐视，因此他们大言不惭地说：“日本皇军一旦发动攻势，保证在4个小时之内，占领闸北。”

1月28日午夜11时20分，纵使日本驻沪总领事村井仓松已接受了上海市政府的“答复书”，《时报》号外发表了令人释然的“中日问题和平解决”的好消息，日本海军陆战队指挥官鲛岛却不顾国际间的道义以及日本外务省的立场，狂妄骄横，不计一切后果地下令海军陆战队兵分3路，向19路军阵地开始攻击。

日本海军陆战队分为3个大队，共约3000余人武器精良，配备得有轻重机枪、野炮、曲射炮和装甲军队。鲛岛以为如此优势的火力和兵力，再加上日本皇军的赫赫声威，一定可以不战而屈19路军，把穿草鞋、打赤脚的19路军吓得节节后退，不敢抵抗。

谁想他这个算盘打错了。扼守宝山路——宝兴路一线的19路军奋起还击，死守阵地不退，这些忠勇无比的草鞋兵一面沉着应战，一面打电话到真茹指挥所，把已经就寝的蔡廷锴“喊”起床来。

蔡廷锴一惊而醒，他听清楚了日军业已大举进攻，不假思索地他下达了第一道令，正与前敌指挥官的意旨不谋而合，那便是动人心弦的一句话：“誓死抵抗，寸土必争！”

1月28日午夜闸北枪声大作，炮火喧天，全上海的居民才心情轻松地准备度过一个晚上，可是枪炮之声又震醒了他们的睡梦，人人惊惶失措，相顾愕然：“怎么又会打起来了呢？”

中日大战一开始，日军丝毫占不到便宜，闸北地区街道狭窄，里弄纵横，以北四川路六三花园和日本小学为根据地的日本海军陆战队一个师，展开攻击的初期显然不甚得利，日军的重武器在巷战中无法发挥威力，当他们的装甲车如庞然巨物冲到了宝兴路时，19路军的弟兄置生死于度外，他们冒险攀登到装甲车上，揭开车盖便将冒烟的手榴弹丢进去，于是轰然一声，车毁人亡，就这样，好几辆日军装甲车接连炸毁了。

天崩地坼的一番恶战，日军伤亡惨重，陆续增兵，他们前后使用了陆军11万、军舰10余艘、飞机数百架，而我方固守阵线的只有19路军3个师，兵力3万，以及稍后中央增援的第5军及其他部队，以陋旧武器、劣势火力顽强抵御。

他的总兵力始终不到8万人，居然能扼守防线，誓死不退，达一个月之久。从此“皇军无敌”，暨“4个小时占领闸北”的日军狂言，为之粉碎。

第六十七回

援前线义不容辞 扬正气民族大义

1月28日深夜，杜月笙被闸北传来的枪炮声惊醒，他披衣起床，出外探视，只见正北一片火光，烈焰腾宵，红光映亮了半爿天，这是日机轰炸所引起的闸北大火。

大战果然爆发了，他痛恨日本人外交言和而又进行军事进攻的欺诈伎俩。同时，他更耽心闸北战区那些惨遭屠戮、家破人亡的同胞，他忧急交并，喃喃自语地反复说道："那边的人怎么办啊？怎么办啊？想想他们现在是多么的着急！"

这是杜月笙对于"一·二八"事变的初步反应。

随即，杜月笙和吴市长、蔡廷锴军长通过了电话，了解实际情况，在电话中他向这两位在沪最高军政长官自动请缨，慨然发出壮语："但有用得着我杜某人的地方，万死不辞！"

第二日早晨，杜月笙便开始奔走，纠合上海的名流、士绅、各界领袖，利用"抗日救国会"的原有基础予以扩大，迅即成立了"上海市抗敌后援会"，他推举上海申报主人、著名的企业家史量才为会长，表示这一个民间团体地位超然，不属于任何派系，而是上海全体老百姓的组合。

十九路军军长 蔡廷锴将军

筹备会议席上，杜月笙除了坚持这一主张，他并且拒绝担任副会长的职务，他说："不论办任何事我负责跑在前面，担任副会长，则任何人都应该比我优先!"

有人问他："为什么要这样做?"

杜月笙的答复很简单："我只晓得我自己一定会尽心尽力的办事，担不但任名义，没有关系。而我把名义给别人，别人要想不做事情，就不行了。"

好一个"担不担任名义，没有关系。"杜月笙就是用这样一份热心，渴望有更多的有志之士，能够投身于抗日之中。为办实事，不图虚名，这份心胸值得令人敬佩!

但是，会场中几乎人人都认为杜先生必须名义和实际一道来，一致推举他为副会长，他无法推卸，只好应允，却又提议增设副会长一名，由上海市商会会长王晓籁充任。

全上海市民对于19路军奋勇抵抗日军，所激发的爱国热忱达到了疯狂的程度，杜月笙对这种民众的情绪，通过其服务新闻界的门人发动上海各报、各电台，以最大的篇幅、最长的时间，全面报导19路军对抗日军疯狂攻势的新闻，报纸长篇累牍，电台日夜不休。

于是，当报纸或电台提出劳军的呼吁，要求后方同胞支援前线，上海人作了空前热烈的响应，从百万富翁到人力车夫，捐钱的捐钱，捐献实物的捐献实物，大众传播工具使前方后方打成一片，由杜月笙负实际领导责任的抗敌后援会沟通前方和后方，使之结为一体，前方将士视大后方为自己的家庭，后方同胞把前方将士当做家人父子。

这弄得报纸电台不得不经常代替该会发出通告："昨天本报（或电台）说19路军需要××，顷据抗敌后援会负责人郑重表示，以各界同胞捐赠数量太多，早已超过实际需要，该会亦无地代为保管，请大家从现在起不要再捐了！”

与杜月笙关系密切的上海市总工会，“一·二八”战役序幕一揭开，立即联合上海工界成立战地服务团，战地服务团按照军队“团”的编制，前后成立第一、二两团各为一千余人，第一团团长由杜月笙的学生朱学范担任，第二团团长则为对杜月笙极景敬的周学湘。

19路军在前线杀敌，战地服务团则作为前方与后方的桥梁，两者的任务同样艰巨辛劳，冒险犯难，但是19路军持有武器，战地服务团赤手空拳，他们所凭恃的仅只是爱国热忱，血气之勇，经常穿越枪林弹雨之间，他们负责救、护伤兵、运送弹药，慰劳品和食物，倘若遇有战区扩大，他们更得冒着生命危险，抢救难胞，护送灾民，他们竭尽所能的为前方将士服务，并且分劳任事，以使将士们能够专心一志，努力杀敌。

杜月笙忙碌紧张，风尘仆仆的领头干，抗敢后援会和战地服务团对于“一·二八”之战的贡献越来越多，越来越大，并且，它们的表现更激发了全国同胞的爱国情绪。

第六十八回

破僵局议当调停　识鬼胎辨出内情

自从“一·二八”之战打起之后，日本海军陆战队遭到19路军张君嵩团迎头痛击，损失惨重。于是，急于停火休战的，不是毫无抵抗准备的中方，而竟然是发动战争的日军指挥官海军中将野村。

野村是继“一·二八”事件祸首、日本第一先遣舰队司令盐泽少将之后出任日军指挥官的。他急急地想停火的原因有二，一是日本海军陆战队兵弱将少，经过连日苦战，屡遭败绩，再打下去，惟恐兵力不继，因而他想用缓兵之计暂时停火，而请国内陆军迅速增援而来。

第二是因为“一·二八”夜袭原是日本恫吓性质，妄想不战而胜，获得与关东军兵不血刃、垂手而攫东北相媲“美”的战果，日本驻沪海军实际上并没有获得日本大本营在上海燃起大战的训令。

而“一·二八”之役已备受国内指责，野村一举没能得逞，便色厉内荏，心里发慌，生怕重蹈关东军总司令本庄繁的覆辙。

另外，英美两国已经公开出面调停，但是日本外交惯伎一向不赞成第三国介入，同时野村更恐当众“示弱”，有失日本海军颜面，画虎不成反类犬。所以，他宁愿采取秘密途径，穿过强有力的民间人士，试探中方的“和平意愿”。

在他的心目中，杜月笙是最佳人选，一则杜月笙是支持“一·二八”抗战最有力量的社会领袖，其次，杜月笙和中方在上海的军政领袖吴铁城、俞鸿钧、蔡廷锴等都很熟悉，同时，他在中央处理沪局的大员如孔祥照、宋子文、顾维钧等人的面前也有说话的资格。

还有第三层原因，日本人对于杜月笙崛起市井，显赫沪滨，早已寄予密切的注意。1927 年 4 月 12 日清党之役后，日方就已千方百计企图拉拢杜月笙。在杜月笙的周围做好手脚，下过功夫，他们不惜派些北洋政府的失意政客，挟资巨万，以“投其所好”的方式，设法跟他接近。

于是，在杜月笙所参加或由他所邀约的赌局中，便常时会有鲜衣怒马、出手阔绰的北方人物出现，如名气响亮、曾为民初政坛活跃角色的李老六李立阁，以及他的本家弟弟，排行十一，爱打大麻将，一输十万八万却无吝色的李择一。

在华格臬路杜公馆，在辣斐德坊姚夫人的香闺，李氏兄弟经常为座上豪客。1931 年、1932 年之交，姚夫人的香闺非常热闹，杜月笙每天晚上在她那边，最低限度有一桌麻将，一桌牌九，呼卢喝雉，通宵达旦。

李择一跟日本人很熟，说一口流利的日本话，他曾在 1921 年，担任中国出席华盛顿会议代表团最高顾问周自齐的随员，他长住上海，和杜月笙结为好友，杜月笙在上海从赌场鸦片干到金融工商，他交际广阔，头绪极多，跟东洋人打交道，机会也不在少。

李择一满口日文，一副东洋腔调，跟日本驻上海的外交官、特务机关、金融工商各界的日侨都有来往，都有私交。因此，在“日本事务”方面，他由于和杜月笙非常接近，自然而然成为杜月笙的顾问，有时候居间介绍，代为联络，传传话，递递信件，为杜月笙效劳。

野村急于邀约杜月笙作投石问路式的私人接触，其所谈的问题必然与中日两国未来前途有关，日本军方要试探停火谈和的可能性。因此，野村一找便找到了杜月笙的朋友李择一，他命李择一去跟杜月笙接洽。

李择一受命之后，马上见到了杜月笙，寒暄已过，他便开口说：“日本军方认为中日间的问题，应该面对面的自行解决，他们不赞成有第三国参与其间，这样反而多生枝节。假使杜先生能以抗敌后援会的身份，祈求避免上海人民生命财产的损失，而想从中促成的话，兄弟可以想个法子，约一位野村中将的高级幕僚来谈一谈。从他的谈吐之中，也许摸得出他们的停火方案。”

玩味李择一的这一番话，杜月笙胸中很清楚，李择一说的并非他自己的意见，最低限度他是得到日本军方同意而来的，他心里虽然十分欢喜，但是仍在表面上装做声色不动地回答：“这件事情，就算对我个人来讲，也是极严重的，你可否让我考虑一下。”

李择一懂得这事重大，知道杜月笙的意思是这事必须事先征得中国官方的同意，才可应允跟日本军见面，因此，他连声应允，说道：“当然可以，杜先生什么时候考虑好了，务请赐我一个电话。”

"一定，一定。"

送过了客，杜月笙自己先沉思默想，李择一的话是真是假？有否不良的用心？日本人真想停火吗？还有，为什么要找上他？……他将这几点全想过了，有了几分把握，认为这件事情值得一试，于是邀集他的那几位好朋友、学生子，亦即他的高级智囊团，前来商议。通常，遇有任何重大政治、外交问题，他都要跟他们详细研讨过后，才自己下判断，做决定。

杜月笙向在座诸人叙述李择一来访的经过，其人的略历及其背景，然后，他说出自己深思长虑，所作的初步结论："至少对于我个人，这里面不至于有什么圈套，我认为这件事值得向官方一提，因为闸北、虹口几成一片瓦砾，中国百姓正遭日军的残暴屠杀，19路军未必能够尽歼日军，达成全面胜利。仗在中国地界打，多拖一天，就不知道要遭到多大的损失，最要紧的，中央可能不愿在此时此地，和日本付诸决战。"

一介平民杜月笙，居然能够侧身国际交涉，成为居间交流、打破僵局的重要角色。这件事情从侧面说明，杜月笙的地位的确非同凡响。而杜月笙在这件大事情上，的确处处表现得极为谨慎和小心，务必做到滴水不漏，故而能够承担两国交涉的重任。

这个消息使座中各人大为兴奋。于是，大家踊跃发言，贡献意见，大多数人赞成杜月笙的主张，有人说："先生应该尽量促成中日停火的实现。这样做不但对国家社会有重大的贡献，而且足以解民倒悬，对于先生个人声望与地位的增长与提高，这更是千载难逢的良机。"

不过也有人持相反的论调，反驳说："日军最不容易打交道，'一·二八'那天日本军方和外交当局分道扬镳，各行其是，脸上微笑，手下动刀，便是最好的例证。野村中将想找先生居间干旋，准定是不打好主意。"

正当持此论调的人反复陈词，侃侃而谈的时候，无意之间触发了灵感，有人猜中了日方的秘密，于是当即有人欢声大叫："对啦，东洋军这两天损失很大，这一定是他们要增援了，在用缓兵之计？"

"这，"杜月笙微微地笑，"我起先也曾料到，只不过后来我又在想，东洋人想缓兵，我们自己是不是也需要缓兵呢？还有一层，即使东洋人想缓兵待援，而我们却用不着缓它，那么，野村通过李择一跑来送秋波，这个消息，我们也需要通知吴市长和蔡军长，要请东洋人吃败仗，这不正是好机会吗？”

一番分析，说得头头是道，入情入理，智囊团诸人深感满意，而且一致赞成，打消异议，同意杜月笙提出过结论：“应该先把初步接触经过通知官方，请官方指示究将如何处理。”

第六十九回

秀聪慧巧换身份　正严词不让分毫

中国官方接到杜月笙以私人身份所作的报告和说明，他们没有理由不相信话是从杜月笙嘴里说出来的，自属千真万确，一丝不假。不过这件事情来得突然，而且蹊跷，他们需要经过长时期的研判和讨论，最后官方对此保持极为审慎的态度，绝不介入杜月笙和日方私人间的接触，以免又中日方的诡计。

吴铁城的答复是朋友式的忠告：“必须谨慎小心，步步为营，自己先立定脚根；需不需要和日本军方人员会晤，这个问题应该由杜月笙自己决定。”

心领神会，杜月笙懂了，他不再请示官方，私下部署会晤日本军方的事。

但是，杜月笙没有冒然行动，他先到法国总领事馆，跟驻沪总领事甘格林接席密谈，甘格林慨然答应：“一定充分合作。”

得了甘格林的承诺，杜月笙不打电话，他派人去把李择一请来，当面告诉他说：“你上次所谈的事情，我考虑过了，你的话说得很对，我想不妨一试。只不过有一点，会面的地点可否就在法国总领事馆，并且由我去邀约甘格林总领事到场参加？”

“这个，”李择一顿了顿，然后陪着笑脸问：“杜先生可不可以告诉敝人，你为什么要做这样地安排呢？”

杜月笙笑吟吟的反问：“是你要问，还是东洋人必须晓得？”

“是我在请问，”李择一忙说：“杜先生你不要忘记，我李某也是中国人啊。”

打了个哈哈，杜月笙答道：“这个道理很简单，我有我的立场，我的名誉地位必须有所保障。甘格林和我公谊私交都够得上。他答应过我：万一将来事情弄僵，对于我有不好的影响，甘格林可以挺身而出，代我洗雪。”

“但是，”李择一困惑不解地问：“甘格林是法国人呀，他怎么能够……”

“大概是你忘记了吧，”杜月笙莞尔一笑：“甘格林兼任法租界公董局总董。我呢，从1927年起，承蒙法界各位朋友的错爱，直到今天，我担任公董局华董，和华人纳税会会长，已经有5年了。”

李择一这才恍然，杜月笙实在不愧黄金荣交口赞誉他的“聪明绝顶”：野村中将想利用他“上海抗敌后援会”负责人的地位，但是杜月笙却具有多种不同的身份，他和日本军方代表在法国领事馆见面，请甘格林以法租界总董身份参加，那么，必要的时候，他可以请甘格林出而证明，杜月笙在某月某日某时，确系以法租界华董，华人纳税会长的立场，与日本军官某人晤谈，某日本军官意图试探向华方谋取暂时停火的可能。

日方并不是向“上海抗敌后援会”常委分子的杜月笙威协恫吓，面致最后通牒，而是在吁求第三国的外交官员（甘格林又是总领事），代为向中国传达意愿。

换言之，照杜月笙的安排，野村中将的代表，届时便算是在请求第三国出面，向华方提出停火要求。

李择一毕竟还是个中国人，他深信日本人情报工作做得再好，也搞不清楚杜月笙的多重身份可以巧妙运用，“拔一根毫毛又变出一个孙悟空来”，他毫不犹豫地去还报野村，同时更下了点“功夫”，说服野村派遣代表赴法国总领事馆，会晤杜月笙与甘格林，为暂时停火的可能性初步交换意见。

到了约定时间，杜月笙一袭狐裘，两部包车，满载保镖、秘书和自备日文翻译，准时驶抵法国总领事馆，进入甘格林的大办公室，两人略一寒暄。不久，李择一便陪着几位身着便服、西装大衣的日本军官来到，由李择一负责逐一介绍。

谈话开始，日军代表趾高气扬，板成面孔，一开口便用中国话训杜月笙：“‘一·二八’战争的爆发，完全是你们的19路军不遵守撤退命令，因而引起。由此可见，你们是一个没有组织、没有纪律的国家！”

杜月笙并不是一个心浮气盛，睚眦必报的人，相反的，他一生最大的长处之一，便是“忍人之所不能忍”，从而才能“相忍为安，任重道远”。

但是，当着甘格林的面，这位日军代表声势汹汹，摆出“严词厉责”的姿态，却使杜月笙火冒三千丈，他气涌如山，勃然大怒，他抗声而答：“19路军该不该撤退，我是老百姓，我不清楚！不过你们的关东军司令本庄繁，不得你们政府的准许，就下命令炮轰北大营，占领中国的沈阳和东三省，倒是各国报纸上都登得有的，日本有这么乱七八糟的关东军，难道也算是有组织、有纪律的国家？”

杜月笙在原则问题上，一贯不会做半点让步，这既是他的性格使然，也是他的处世哲学。

这一席话不但说得慷慨激昂，义正词严，而且，针对日本海军方面的心理弱点，用关东军的备受指责，直捣日军的要害部位。

总而言之，此语一出，使日军代表为之语塞气阻。李择一连忙出来打圆场，他赔着笑脸向杜月笙说：“杜先生，今天谈的事情很多，让我们坐下来，从长计议，好吗？”

杜月笙却仍然不假辞色，避而不答，他注视日军代表的反应，直等那几名便衣军官全都面现尴尬，无可奈何地先坐下去，他才傍着法国总领事甘格林，和日军代表隔一张长会议桌面对面坐着。

日本军官的脸色好像岛国多变的气候，他们疾颜厉色唬不倒杜月笙，反被杜月笙抹下脸来训斥一顿，随即变为谦逊恭顺，杜月笙不是初次与东洋人交手，他懂得他们的心理，李择一是土肥原系下的角色，他比杜月笙更为了然。

于是，他不吝越俎代庖，借助为筹，站在中间人的立场，说了一大堆话，用意在弥补一碰即僵的局面，重新挑成话题。

双方以缄默表示同意。

“杜先生是以上海市民生命财产为重，勉为其难，当仁不让，到法国领事馆来会晤日军代表，听一听日方停战的意向，然后以私人友谊，代为转知上海军政当局，‘试探’一下可否借此重开恢复谈判之门。”

李择一长篇大论，侃侃然说完了这一大段话，顿一顿，见日军代表并无不怿的反应和驳斥的表示。杜月笙方面他不必考虑，因为这一席话正是为了杜月笙所说的。于是，李择一先请杜月笙发表意见。

“我今天只带了耳朵来，”杜月笙语惊四座，不疾不徐地说，“我既跟李先生说的一样，我是来听听日方有没有诚心停火的。”

李择一抢着回答：“当然有，当然有，否则的话，他们这几位代表就不会来了。”

日军首席代表又赶紧补充一句：“不过，日方停火是有条件的。”

杜月笙机警地一语不发，他仿佛没有听见。

甘格林眼看场面又要闹僵，他命翻译为他传言：“杜先生方才说过，他今天来此，就是为了听取日方的意见，贵方如有条件，请提出来，让杜先生衡量一下，可否代为向华方转达。”

于是日军代表又施展他们惯用的伎俩，极尽威胁利诱之能事，一连串的提出许多停火方案。首先，日军代表要求华方“遵照”日本海军司令部，在1月28日深夜11时20分，向市政府和公安局所致送的最后通牒，请19路军撤出上海，以免肇致两国军事冲突。

杜月笙听了，哈哈大笑，他说：“冲突老早造成了，结果是日本军队伤亡不小，飞机被打下来，铁甲车也被19路军活捉，现在要避免冲突，照说应该是日本海军撤出上海吧。”

日军代表老羞成怒，怫然色变，悍然地说：“日本海军陆战队的行动完全合法，我们在事先曾经获得上海各国防军的谅解，进驻闸北，保护经常受到攻击的日本侨民！”

杜月笙别转脸去问甘格林：“这倒是新鲜事了，闸北是中国地界，各国防军有权准许日本军队进驻？”

甘格林笑着摇了摇头。

于是，杜月笙冷冷地说：“这就是了，依我说，还是日本军队开回公共租界去算了。”

“华方也要撤兵，”日军代表强词夺理，“否则，那就不公平。”

“华方撤兵，”杜月笙高声地问：“闸北地方秩序，由啥人来维持？”

日军代表抗声答复：“可以商请中立国家，如法国、英国、美国派军警暂时驻防。”

杜月笙再进一步地问：“包括那些地区呀？”

“包括日本皇军现已占领的华界地区，和19路军驻守的防线。”

“这便是日方的条件吗？”

“最低限度的条件。”

日军代表回答得斩钉截铁，这使杜月笙很生气，他站起来以手作势地说：“日本人强占了中国的地方，立刻撤退是应该的，中国军队在自己的地方上驻防，为什么也要撤退呢？再说，日本军队在打仗之前已经进驻越界筑路区域，再加上战后占的华界，拿这一大块地方请法、英、美军队暂时维护秩序，把中国和日本的军队分开，难道还嫌不够呀？为啥还要把19路军的防线也让出来？”

李择一不等日军代表开口，插嘴进来说：“杜先生，今天会见日军代表，主要是为了传达日方的愿望，方才日军代表已经把这一点说得很清楚了。”他委婉地提醒杜月笙：“杜先生是否可以跟有关方面商量过后，再由官方采取外交途径解决？”

与此同时，甘格林也附和地说：“李先生说得不错，正式的交涉，原应由官方办理。”

至此，杜月笙无话可说，只得应允。日军代表辞去，他匆匆回到家里，耿嘉基和王长春已在客厅里等候，他很详尽地把交涉经过告诉了他们，耿、王二人回枫林桥市政府向吴铁城复命。

第七十回

获情报速达政府　提抗议首当其冲

就在杜月笙与日军交涉回来的当天，吴铁城采取两项行动，其中的一条行动，便是下午在英国领事馆召开调停战事的会议，他改变初衷派员出席。

市政府代表当着各国领事的面，质问日本领事：“日军进攻闸北，是否获得上海租界各国防军委员会的谅解？而且是根据这一个委员会的防务会议拟订计划而为的？”

日本领事不防有此一问，众目睽睽，无法抵赖也不能撒谎，他只能坦白承认：“日军进入华界，并非防务会议的原议，而是日方为了保护闸北地区的侨民安全所采取的自由行动。”

上海市政府代表根据日本领事的答复，立即质问：“对于日本军队的此一自由行动，日本政府是否愿负完全责任。”

这时日本领事三浦板下脸来，大喝一声：“当然负责！”

由于这一段对答，日方蓄意侵略，昭然若揭，在道理上先已站不住脚，这是外交战上的一大胜利，中方代表回市政府，将经过一一陈明。吴铁城非常高兴，他立刻打限30分钟到的急电给南京外交部，请外交部电知中国驻国际联盟代表颜惠庆向国联提出陈述。

当日的会议席上，市府代表曾经根据杜月笙所提供的情报，正式提请日军退入租界范围，至于他们所让出的越界筑路及其附近地带则交由英、法、美军暂时维持。

日本领事这时对于军方试探停火已有所闻，只是不晓得内容，再加上法，英、美领事一片附议之声，他不便擅作主张，答应请示村井仓松总领事以后再作定夺。

杜月笙事后听到消息，欢声大叫：“好哇！捉牢他们一条小辫子了！”

吴铁城以情理猜测，认为日方确有谋和诚意，至少谈判之门已经敞开，所以便采取第二项行动，通知杜月笙，转请法国驻沪总领事甘格林，劝促英、美总领事迅即召开第二次会议。吴铁城并且透露：他将邀同19路军的高级将领出席，因此极可能借这一次谈判停止战火。

各国总领事最怕的便是战火蔓延，波及租界，同时也深远地影响各国在华利益。由于本身的利害关系，列强中没有一个愿意见到日本并吞中国。所以，甘格林的意见马上得到支持。

2月1日傍晚，英国领事馆又有盛会，吴铁城、19路军78师师长区寿年、日本总领事村井仓松、海军第一先遣舰队司令官盐泽少将一体出席，英、美、法防军司令、公共租界工部局和法租界公董局总董列席参加，在这个中日代表面对面谈的会议席上，最初拟议日军退回租界线内，我军撤到维持日军占领地区的两千码后，日本人先表示反对，接着又扬言电呈日本政府请示。但是，会议终于决定，自2月2日起，双方互不攻击，停火3天。

这3天之内，双方只有小规模的接触，吴淞炮台和日本军舰炮战两小时，有12架日机轰炸南北炮台。闸北、虹口风平浪静，也就在这休战的3天，战区百姓得以搬迁一空，他们有的逃进租界，有的流浪异乡。但是无论如何，有这3天从容撤退的机会，却救了不少生灵。

停战届满的前几个钟头，日本皇军又罔顾信用提前开火，下午3点钟向闸北开炮，飞机更在青云路、宝兴路、新疆路、宝通路等处投掷炸弹。

双方协议，于是又被日军片面撕毁，即将赴援的一师陆军已奉日本内阁批准正在登轮驶沪途中。中日大战，至此面临新的高潮。淞沪浩劫又是难免。

不过，也就在这停火的3天之内，国军精锐第87师王敬久部和第88师孙元良也已顺利开抵战场。另外，国民政府更调集了兵精械足的税警总团和中央教导队担任江湾、庙行，大场一线的防务，奠定了往后苦战30余天，誓死不退，大举歼灭日军的胜利基础。

日本人的援军第9师团，混成第27旅团则到2月7日才开始投入战场，自2月4日至24日，是为“一·二八”之役第二阶段，日方的司令官也换了陆军第9师团长植田谦吉中将。

2月24日以后，国军屡挫敌锋，日方迫不得已，再换白川义则大将出任司令官，又增派第11和第14两个师团，这上海淞沪之战的第三阶段，一直打到3月3日双方进入半休战状态，然后延展到5月5日。

就在中日淞沪之战第二阶级，杜月笙以其强大的群众力量为后盾，又得着机会，使他在外交场合作狮子吼，碰台拍桌，霹雳一声，大大地出了一次风头。

日本军队攻击中方阵地，自始至终都以公共租界为基地，公共租界也有日本人的一份，租界当局似乎无话可说。但是中国外交当局却仍一再的向英美公使提出措词强硬的抗议。

2月22、23两日。国军对于日军以租界为庇护所，深感忍无可忍，于是发炮攻击逃入租界的日军，当英、美、德等领事馆向中方提抗议的照会，外交当局立即不假辞色，堂堂正正地回答他们："请即采取必要步骤，防止日军在公共租界登陆，并利用该租界为军事行为之根据地点，使此一状态不再存在。因为，公共租界附近流血之争斗，正由于该项状态而使然！"

然而，2月24日以后，日军新任司令官白川义则大将亲自指挥，以江湾跑马厅为炮兵阵地，集中兵力，包围19路军第61师的江湾阵地，展开最猛烈的攻击。

自江湾阵地一线到庙行小镇，接连打了9天，中国军誓死不退，寸土必争，19路军名将，一位旅长翁照垣喊出了口号："没有枪，用刀；没有刀，用牙齿咬！"

在部署这一次大规模的攻击以前，日本皇军的计划，原想假道法租界，由真如和彭浦，侧击大场，直捣江湾、庙行一线19路军的后路。这个计划果若成功，中方就要吃大亏。

这时，杜月笙及时侦悉在2月24、25、26日那3天，前后共有好几千名日军，乘黑夜登岸，潜往法租界的辣斐德路、祁齐路一带。他们分散开来，住进日本侨民开设的商店及其所有的住宅。杜月笙并且得到消息，这数千日军企图由法租界冲入沪西，抄袭江湾、庙行，进犯我军的右翼。

他马上通知吴铁城和蔡廷锴，19路军紧急加强江湾、庙行后侧的防务，吴铁城则十万火急呈报外交部。2月27日，外交部便照会法国公使，请他转告驻沪总领事和法租界当局"严重注意"，"迅将潜伏界内的日军立予驱逐"，"嗣后务须严密防范，勿使潜入，以免肇成祸端"。

杜月笙不等外交部的照会抵达，他先跑去跟甘格林办交涉，当面质问："有没有这个事情？"

甘格林明晓得杜月笙已有所闻，说不定还掌握着证据，否则他便不会无的放矢，跑来大兴问罪之师。所以他坦然承认确有其事，不过接下来他又婉转解释："日本军人素称横蛮，尤其近来气焰高涨，不可一世，潜入法租界的日军有数千人之多，而且武器装备一应俱全，倘若租界当局采取强硬行动，因激生变，那么，日本皇军固然驱逐不了，说不定法租界这弹丸之地，可能为之糜烂。"

杜月笙听了，气愤填膺，他正色地告诉甘格林说："中日之战，国际联盟已经在谴责日本。法国政府的立场，即使跟国际联盟不一样，最低限度也要守中立！如今你听任日本军队混入法租界，而且我听说他们还要利用法租界做攻击中国军队的根据地。中国军队为了自卫，假使跟前几天公共租界发生的炮轰事件，照样的'上'你一当，试问总领事，你对法租界居民的生命财产又那能够保障法?"

甘格林被他质问得无词以应，只好支吾其词地回答："我想，中国军队不至于这样冒昧地从事炮轰法租界，同时，日本军队在租界上也不会耽搁得太久!"

杜月笙一挺胸说："我是法租界公董局的华董，又是华人纳税会会长，保护居民生命财产的安全，我也有一份儿。日军混入法界，要出大事体了，不能再拖，我请你明天一早，邀请各国领事和中日双方的高级代表，开一次会，大家商量商量，并且彻底解决这一大问题。"

甘格林发急了，大声地问："你一定要把这件事情全部公开?"

"公开了好得多。"杜月笙再进忠告，"否则一定会出大事体啊!"

甘格林这时意识到，纸包不住火，杜月笙已经侦知日军潜入法界，他必定已经通知了中国军政当局，迫于无奈，点了点头，答应召集会议。

第七十一回

镇狂吠一怒冲冠　硬碰硬得胜而还

第二日，法国总领事馆冠盖云集，各国驻沪总领事全体到齐，中国方面因为情势紧急，问题严重，特由上海市府秘书长俞鸿钧亲自出席，杜月笙是法租界华界的首脑，他准时赶来参加。

时间一到，甘格林宣告开会。以主人身份，他首先说明召集这次会议的目的，日方认为他们有权在租外驻军，中国政府则指控日军利用租界庇护，向华军发动攻击，因此租界当局变成了助纣为恶。

接着，甘格林坦白地指出："这一个问题必须澄清，租界可否任由日军驻扎或通过，领事团应该有所决断，免得徒滋纠纷。"

甘格林将领事团讳疾忌医的一大问题予以直接揭发，公开提付讨论，并且促使领事团表明态度。对于中国来说，他是帮了大忙。

然而，日本总领事村井仓松却不胜愤怒，他抢先起立，大放厥词，威胁恫吓的语句从他"愤怒"的声调中像湍流急瀑般喷溅出来，他那种凶横野蛮的态度使在座各国领事为之愕然。

但是，这是很严重的一个问题，没有人敢于保证村并的恫吓威胁不会成为事实，会议席上的情势对于中方相当不利，甘格林提议将之公开化的重大问题，倘若即刻加以表决，可能会达成相反的结果，使日军利用租界为军事根据地变为公开、合法。

村井在厉声咆哮，各国领事噤若寒蝉，大家暗暗的在担心。

谁也没有料到这时杜月笙发了大火，他猛地一拍桌子。20年来杜月笙历经磨炼，炉火纯青，几乎就不会有人看见他当众发过脾气，惟独这一次，他在各国领事之前，扬臂挥拳，高声喝道："好，东洋兵可以进租界，住租界，利用租界打中国人，你们尽管通过这个议案，不过，我杜月笙要说一句话：只要议案通过，我请日本军队尽量的开来，外国朋友一个也不要走，我杜月笙要在两个钟头以内，将租界全部毁灭！我们大家一道死在这里！"

晴天霹雳，震得与会各国领事目瞪口呆！日本外交官可以讨价还价，杜月笙却以"闲话一句"为其金字招牌。租界面积不大，人口密度至少冠于亚细亚。杜月笙在上海能掌握多少群众，在座的人没有一个心里不明白，只要他一声令下，自有为他拼命效死的人毁灭租界，从杜月笙的嘴里说出来那就不是泛泛狂言，空口白话。

杜月笙在跟租界当局就难民问题谈判

正在这时，杜月笙便在全场震惊，一时无从反应的那一瞬间，一个转身，大踏步离开了会场。

杜月笙动了真火，吓得高高在上，趾高气扬的各国领事，一个个就像泥塑木雕的菩萨，开不了口也动弹不得。杜月笙带来等在外面的一帮弟兄，连同保镖、司机和司机助手，此刻仍在台湾开车的钟锡良也在内，得意洋洋，欢天喜地，簇拥着杜月笙回家了。

听说了租界开会这事，芮庆荣毛焦火躁，说声风便是雨，他一路大谈其如何邀集各路人马，甩炸弹纵火放手枪，要把寸土寸金的租界搞成断垣残瓦，尸山血海。

高鑫宝在笑他憨，顾嘉棠心直口快，啐了芮庆荣一口说："呸！月笙哥摆得下千斤重担，你怕外国赤佬真的敢挑？说说罢了，你们放心，外国亦佬绝对不会再提东洋兵利用租界的事啦。"

这一点倒是给他料中了，当天领事团开会的结果虽然是不了了之，可是日本军队从此以后就不会借道租界，同时白川大将两路夹攻庙行、江湾国军的计划宣告胎死腹中。当夜，潜伏在法租界的数千日军，"怎么来，怎么去"，他们趁夜摸黑，悄然撤离。

3 月 6 日，中日双方开始休战，5 月 5 日，经过国际联盟的调处，中日双方正式签订停战，淞沪之战于是宣告结束了。

俗话说："马善被人骑，人善被人欺。"当自己的竞争对手想采取对自己不利的行动，而自己不想为对手所制时，则可以采取以强对强的办法，使对手感到强大的压力，继续执行他的方案得不到任何好处，最后不得不放弃。杜月笙本身就谙熟江湖上弱肉强食的竞争法则，所以这次他就这样用以强对强的策略，未用一枪一弹，便取得了一次不小的胜利。

第十章　谋势

做任何事情都能把握住时势，紧跟住主流步伐，是杜月笙一惯的风格。他先跟随黄金荣，后来跟随蒋介石，这些都是占据当时权势的主要力量，在杜月笙看来，是永远也不会错的。杜月笙亦是一个聪明绝顶的人，他在面对日本外交人士的纠缠时，始终采取虚晃一枪、避实就虚的策略，巧妙地与对方周旋，既顾全大局，又能做到进可攻，退可守。

第七十二回

陷愁苦不知举步 据理争意决明除

1936年底，中日关系空前紧张，华北华中，两军严阵以待，大战一触即发。

此时的杜月笙正因事业扩充水涨而船高，他的声誉日盛，交游的范围也越来越广，朋友和学生越来越多。但是，这时中国的时局急转直下，进入了另一个时期。

面对日本人的蛮横，蒋介石大肆叫嚣："和平未到完全绝望时期，绝不放弃和平；牺牲未到最后关头，绝不轻言牺牲！"因此，这时的国策是"力谋以外交方式调整中日两国帮交，冀弭战祸"。

然而，日本方面却并不管这些，1936年，外相广田弘毅提出了举世闻名的广田三原则，作为日本侵略中国所应采取的路线，所谓的"广田三原则"，简言之为：一、中国政府彻底拒绝反日。二、中、日、"满"合作，华北特殊化。三、中、日、"满"共同反共。

揭开广田三原则的虚伪面具，实际上，广田给中国人下的毒药是"经济提携"的诱饵，即利用经济提携方式，来推进它的"大陆政策"，完成"日满支集团"的迷梦。

抗战爆发的前一两年里，大多数国人都被这美丽的糖衣所迷惑，以为中日大战在短暂时期可以避免，借外交途径可以解决中日问题。

1936年10月，日方派遣其外务省东亚局局长桑岛来华，协助他们的川越大使进行中、日谈判。

1937年初日本“经济提携”运动又形成高潮。日本新外相佐藤在众议院发表演说，声明日本对华政策是仍然坚守广田三原则，不放弃既得利益。

两天后，日本又派出了一个大规模的“经济考察团”，以日本国家银行总裁儿玉谦次为团长，重要团员中有大日本制糖株式会社社长、政坛要角、战后曾任外相的藤山爱一郎。

这一个“经济考察团”来华，在战云弥漫、低气压笼罩下的远东，可谓举世瞩目，很多人都对此寄予厚望，因为，它的成功，至少可以暂保东方的和平，它若失败，战火恐怕就要接踵而爆发。

中日双方对此一和战关键的“考察团”，事先有周密妥善的安排。有关方面同意，以日本经济考察团为骨干，配合中国的金融工商界有力人士合组一个“中日贸易协会”负责推进“日支经济提携事项”。

拟议中的“中日贸易协会”，分设筹备主任两人，华方主任委员为华北金融巨子周作民，日方则系日本银行总裁儿玉谦次。这样安排，日方又恐周作民不能代表南方的金融工商界，于是他们透过外交途径，表示希望杜月笙能参加。于是，蒋介石又指定杜月笙为该协会的常务委员，同时，中日双方都要求他负起“经济考察团”抵达上海时的一系列联系招待工作。

这一项重要的任务确使杜月笙的声望为之增进，地位也又提高了许多，然而，这也给他带来了难以出口的极大痛苦。

因为在基本立场上，他是不折不扣的爱国反日主义者，为此他曾有一鸣惊人的表现，另一方面，他更是上海金融工商业者的义务保镖，大家寄望于他利用地方势力抵拒外来入侵力量，日本经济考察团分明是挂着侵略者的招牌而来，政府方面也在战备不够充分之际，有意委曲求全，在这种情形之下，全国金融工商业者以至各地民众都得准备牺牲，“以空间换取胜利”，

“以最后牺牲之决心为和平最大努力”，任何人都不能违反既定的国策。

但是，杜月笙有多大的权限能够代表全体商民，在蚕食鲸吞贪得无厌的日本“经济考察团”对面作迫不得已的让步？这就是杜月笙莫大的为难之处。

但是，当儿玉谦次一行抵达上海时，周作民、杜月笙等还是热烈地欢迎了代表团一行，杜月笙正强颜欢笑，满腹愁闷。日本“经济考察团”3月14日抵沪，当天接到了南京蒋委员长的请柬，于是，次日便由周、杜等人，陪同他们晋京，参加蒋委员长的招待茶会。

在茶会上，蒋委员长说了一通欢迎词后，强调说：“己所不欲，勿施于人!”

杜月笙听到蒋委员长正告“日本经济考察团”，义正词严的这句话，让他感到兴奋鼓舞，这时，他冷眼旁观“日本经济考察团”众人，儿玉、藤山等听了蒋介石的这一句训斥，顿时脸色大变，仿佛有不胜感慨，敢怒而不敢言，这时，杜月笙感到非常之痛快，从此内心中也就暗暗的有了决定：他应设法抵制日本人的经济侵略。

一句话能够让杜月笙作出决定，可见他见风使舵的功夫如何了得。

当日本经济考察团回到了上海，杜月笙便开始采取不合作态度，在各项谈判中当仁不让，据理力争。除此以外，他还请上海大佬，前任总商会长虞洽卿，趁“日本考察团”在沪时期，出席日本商工会议所的一次集会，即席发表演说。

虞洽老深明杜月笙之意，在演说中满口都是经济提携必须立于平行互惠的立场的论调，日方大失所望。因为中国政府和人民立场坚定，不容动摇，一致表示“政治问题不获解决，谈不上经济提携”。

日本人经此碰壁，所能采取的途径只有诉诸武力，于是图穷匕见，7月7日，发动了震惊世界的卢沟桥事变。

第七十三回

担责任自告奋勇 募铜钿一马当先

抗战一揭开序幕，吉星文坚守宛平的消息传来上海，杜月笙同仇敌忾，奋袂而起。

这时，杜月笙是中国红十字会副总会长，上海市地方协会会长，又兼上海市临时参议会议会长，然而他却并非中国民党党员。

因此，上海地方协会秘书长黄炎培，来到杜月笙跟前，建议说："上海地方协会的前身，便是抗日后援会。现在全面抗战已起，前方将士需要上海人民协助很多，后援会应该立刻恢复。"

史量才事件之后，黄炎培的表现越来越左倾，杜月笙对他早有戒心，如今听他这么一说，当下进一步地加以试探，于是他问："怎么样的恢复法呢?"

黄炎培头头是道地说："求速效，利用原有班底，只消把机关名称改过来。求扩大影响，发挥力量，一定要容纳各党各派，各方面人士参加。抗战是全民的战争，不是任何党派所能单独应付得了的，譬如杜先生，还有我黄某人，就不属于任何党派呀。"

心里有数了，杜月笙莞尔一笑，淡淡然地答道："卢沟桥刚刚开火，还不晓得等会又要讲和，这件事非同小可，歇两日看看风色再谈吧。”

他支开了黄炎培，隔不多久，第二位客人到了，这是上海市党部常务委员兼组织部长吴开先。

杜月笙一见名片，连声请进，两人分宾主坐定，吴开先约略分析了一下当前形势，他认为七七的枪声已为全面抗战揭开序幕，中、日问题惟有付之一战，因此，他向杜月笙请教，应该如何发动民众组织，支援前线将士。

杜月笙静静地听他把话说完，马上流露出兴奋的神色说：“我认为这件事应该由上海市党部出面领导，发动全上海民众团体，组织上海市抗敌后援会。”

顿一顿，他又果决地说：“全上海只许有这一个抗敌后援会，市党部只管积极领导进行，我一定尽全力协助。”

杜月笙和吴开先商定原则以后，他一再强调绝不允许任何人另起炉灶，分散力量，他的表示不但提高了吴开先的警觉，而且使他衷心感激，认为杜月笙能够摒弃黄炎培这个几十年的同乡、老友，而凡事以国民党的利害为前提，此一情谊对于他个人以至国民党都是极可珍贵，令人感动的。

为了争取时间，杜、吴两人立即采取行动，两人就在华格臬路杜公馆客厅里，拟出了一纸名单，并且登时命人善写请帖，分头投送。这份请柬由杜、吴两人具名，邀集上海市声望最高、潜力最厚的大好佬们，第二日上午，在爱多亚路中汇银行开会，商讨重要问题。

第二天早晨，黄炎培还在筹思如何说服杜月笙，中汇银行的会议室早已冠盖云集，高谈阔论，迅即顺利无阻的正式成立“上海市抗敌后援会筹备会”，当场推定杜月笙、潘公展、钱新之、虞洽卿、徐寄庼、黄涵之为主席团，尚且议决在3天以后，召开大会。

等到黄炎培那边得到消息，木已成舟，左派人物在抗敌后援会中一概榜上无名，被拒之门外了。

3天以后举行成立大会，到了各界代表好几百人，当场选出了121位委员，再由委员复选常务委员35名，说来也是凑巧，“一·二八”事变时的抗战后援会者秘书长陶百川刚好学成归国，如今又正好当选，秘书长之职又正好原璧归“陶”。

大会决定设立筹募、供应、救护、宣传等各委员会，大家七嘴八舌，闹哄哄地在推举负责人选，杜月笙不耐烦，站起身来高声说：“抗敌后援的事体要自告奋勇，让我杜某人先来自告奋勇，各个委员会里头，最难做的大概是筹募委员会了，这一个就由我来！”

等一会儿，不曾看见有第二位自告奋勇者，于是杜月笙又在喊：“第二难的就要算供应委员会了吧，新之兄，你来做这个，好吗？”

钱新之只好笑着点头，表示接受。

大会组成，人员推定，杜月笙说：“支援前方，等于救火，不能耽搁一刻，我们要立刻开始办公。但是，问题来了，办公所需要的经费呢，市党部没有这笔预算，即使有，数目太大也难以负担。杜月笙说要铜钿容易，成立初期的一切开支，由我杜某人一个人负责垫出。”

不久，上海各界一致热烈支持抗战，掀起比“一·二八”事变时期更为盛大壮阔的捐献浪潮，捐款之势如风起云涌。秘书长陶百川查查账目，发现杜月笙私人垫付的经费数值已不在少，因此遵照前议，从捐款中提出一部分拨还。

杜月笙一看那张支票，顿时退还，他说：“市民捐款是为了抗敌劳军的，我杜某人哪能可以在这里面扣账？”

说得大家都笑了，告诉他说：“那杜先生也不能白垫这些钱呀？杜先生既不肯收，账上也不便处理，要不然，就移作杜先生的捐款吧！”

杜月笙这才点点头说：“做捐款可以，不过，不必写我的名字。”

“不写杜先生捐的，写谁呢？”

想了想，杜月笙决断地答道：“就写常务委员会捐助！”

打仗需要钱，而且要花大钱。正当杜月笙在为抗敌后援会的事，忙碌紧张，席不暇暖，一日，华格臬路到了贵客，财政部长宋子文来找杜月笙商量，政府决定发行50000万元救国公债，财政部已经组成一个“劝募委员会”，办公地点，必须设在上海。

“宋部长，”杜月笙脱口而出地说，“要办公地点，不晓得我杜美路那幢新房子够不够用?”

“足够了。”

“那么，我立刻腾出米，捐给劝募委员会用。不管用多久，杜某人分文租金不收。”

接下来，宋子文和杜月笙商谈一个更重要的问题，上海一地公债应该如何劝募?

杜月笙深思熟虑，他建议：“募公债，当然是越多越好，这一次，最好方面广点，工商界的朋友，希望他们尽量认购，上海市民也要普遍的买。”

宋子文对他的建议表示赞许。于是，杜月笙便一口气成立了两个劝募队，上海市民劝募总队长由他自己担任，上海商界劝募总队长则推上海总商会长王晓籁，后来王晓籁说他一个人“抗不住”，向杜月笙请救兵，杜月笙便一脚跨过去，兼了商界劝募队的副总队长。

七七事变以前，中国驻日大使杜月笙的老朋友许世英回国述职，不久他生了病，正在就医时期，大战爆发，中、日交涉剑拔弩张，7月13日他奉命带病返任。

杜月笙闻讯，马上赶到北站迎接，然后一直送他到驶赴日本的海轮上。这时，江上风清，微波不兴，悬太阳旗的军舰就在附近停泊，许世英绝口不提他赴日交涉有否成立和议的可能，只是意味深长地说：“恐怕你又要大忙特忙一阵了。”

杜月笙明白许世英的暗示，他不禁慷慨动容，眉飞色舞地答道：“我今年刚50岁，年富力壮，身体对付得过去，只要国家有用得着我的地方，我杜某人必定万死不辞!”

第七十四回

华格臬路会雨浓 上海滩中组雄兵

沪战的第三天——8月15日，日本军机全面出动，猛炸京沪沿线，闸北虹口战况空前激烈。正在这一天的晚上，华格臬路杜公馆，到了一位神秘而又极不寻常的贵宾，使杜月笙欣喜莫名，矍然而起，一叠声地在喊："戴先生，请进，请进!"

于是，这位贵宾笑容可掬地被请进客厅，他中等身材，一举一动充满活力，高额，两道剑眉，有一对炯炯有神的眼睛，诚挚而热情，马脸上鼻大、嘴阔，天庭特别的饱满。他便是戴笠，字雨农。

从那一天他和杜月笙紧紧地握手以后，成为杜月笙最亲密的战友，如手足般的至交。戴、杜的结合，并肩作战，使他们两人对于抗战贡献出莫大的力量。

戴笠，原名春风，又字征兰，浙江江山仙霞乡人。抗战前夕，戴笠所领导的军统规模已很庞大，军统人员的活动范围从都市大城市直到边陲村镇，乃至海外各地。日本军方特意给他们起个名字，叫"蓝衣社"。

杜月笙和戴笠肝胆相照，都是至性中人，他俩之间结识甚早，早在上海滩，杜月笙对与戴笠便有过交往。现在，他和戴笠分宾主坐定，数语寒暄，

军统特务头子戴笠

戴笠直截了当地说明来意，然而，这却使杜月笙大为犹豫。

因为戴笠指手画脚，侃侃而谈，他所提出的请求和计划，使做了半辈子太平绅士、社会领袖的杜月笙听来，太疯狂、太大胆了，几乎是疯人所为的事情。

原来，就在不到半月之前，戴笠在天津凭几则电令，无中生有，组成了一支2000余人的军队，拥有长短枪700多枝。抗战爆发后，戴笠也电令军统天津站长王新衡设法组织“便衣队”，在敌军占领地区从事袭击敌军。

由于爱国青年的同仇敌忾，纷纷自动投效，不数日间便成立了两千多人的劲旅，这一次的成就激发了戴笠的雄心壮志，他亲赴上海拜访杜月笙，想用“别动队”的名义，在上海扩大范围，建立一支人数更多、力量更强的新军。

戴笠极其兴奋，滔滔不绝地向杜月笙透露他的惊人计划，他希望这支新军能有足够的兵力，分布于沪西、浦东和苏州河一带，正式协助盟军作战。

杜月笙知道这一地区是如此的繁复和辽阔，忍不住打断了戴笠的话，他试探地问："戴先生所讲的足够兵力，大致需要多少人呢？"

戴笠回答简洁而干脆，断然地说："最低限度，要1万人。"

杜月笙听了，不禁倒抽一口冷气，一下子要组成1万大军，谈何容易？如果是打归打，呐喊助威、聚众滋事，凭杜月笙在上海工、商两界的庞大势力，白相人地界的无上权威，莫说万儿八千，便要十万、八万的人马，也是可以办到的。

然而戴笠却是要编组军队，在顽强敌人的大炮机枪飞机炸弹之下，叫上海滩上吃油着绸、纸醉金迷的少年儿郎脱下便服，着上军装，长期离开家庭，别妻离子，不经训练就上火线去打仗。

杜月笙就是自己能豪情气慨不改，脱得下这件长衫，再去当一名中将少将，可是，他能拖得动上万儿郎不惜抛头颅洒热血为国牺牲吗？

戴笠看他沉吟不语，迟疑了一下，又更加重语气地说："这是一件很重要的事情，抗战前途，与此大有关联，所以，我离开南京以前，已经跟蒋委员长请示过了。委员长认为事在必行，他并且答应，所有的番号、军械、弹药、粮饷，都可以由中央颁发。"

一听中央，一听蒋委员长，杜月笙眼前一亮，与此同时，心中也做了决定。既然戴笠极力主张，蒋委员长也认为事在必行。那么，不管成功与否，结局如何，就惟有尽量的朝这个目标去做才行。

但是，他还不敢肯定地答复，先说道："既然这是一件大事，那我们就得多找几位朋友，分头设法去让大家帮忙。"

"杜先生这个话说得很对。"戴笠行动敏捷，答话时便已掏出了纸笔，"我们彼此商量，开一个筹备者的名单出来。"

两个人凑在一起，有商有量，不多一会儿，便开出了一张洋洋大观的名单，政界的要人，有上海市长俞鸿钧、新任广东省主席吴铁城、金融工商界的贝祖贻、钱新之，军警两界的则有吉章简、蔡劲军，杜月笙、戴笠都是当然委员，此外再拉上了一位杜月笙的老朋友，精通战略、擅长指挥大军作战的刘军长——刘志陆。

名单拟好了，戴笠很高兴地搓搓手说：“准备的地点，暂时就设在三极无线电学校。”

三极无线电学校便在法租界辣斐德路，距离杜月笙、姚夫人的住处不远，这个安排对杜月笙来说当然是很方便的了。

谈到行动队的编制和人员的募集，戴笠条分缕析，轻松地说：“杜先生，募集1万人马，其实并不太难。我说的5个支队和1个特务大队，把在京沪一带负责情报和行动工作的人员集中起来，编一支队一特务大队，绰绰有余。还有正在受训的高中以上学生，要他们投笔从戎，自动参加，我想得个两三千人，应该没有问题。照这样算起来，杜先生你这边只要号召个六七千人，编成3个支队，就尽够了。”

这说得杜月笙也兴奋起来，他马上答道：“刚才我也想到了的，上海各区的保卫团，有人，也有枪，而且多少受过一点训练。他们的团长，多半是我的学生，譬如说闸北保卫团团长洪雁宾，吴淞保卫团团长唐承宗……叫他们去问问保卫团的弟兄，愿不愿意参加？我想，找个千把人或许不是问题。”

“对呀！”戴笠欢喜得一拍掌，又提醒他说，“杜先生，你莫忘了，你还有两员大将。”

“哪两个？”

“陆京士和朱学范。”

“啊！”杜月笙恍然大悟，当下便说，“戴先生的意思是到工人中间去征集？”

“当然了！”戴笠说得很有把握，“上海工人有100多万，他们大都是爱国不肯后人的，请陆京士他们站出来一号召，集合几千人，那还不是言话一句。”

杜月笙与戴笠的一席长谈，便这么奠立了“苏浙行动总队”、“忠义救国军”的成立基础，同时也缔结了杜、戴两人生死不渝的真交情，使戴笠成为杜月笙一生之中最亲密挚切的好朋友。

其实，做任何事情把握住时势，紧跟住主流步伐，是杜月笙一惯的风格。他先是跟随黄金荣，后来跟随蒋介石，这些都是占据当时权势的主要力量，在杜月笙看来，是永远也不会错的。帮助戴笠组织军队也是如此。

但更重要的是，由于这一次会，竟使行年半百的杜月笙，在他往后的14年生命中，命运与前程，全部为之截然改变。

经过杜月笙、戴笠的一致努力，他们在短暂的一两个月中，完成了中国历史上破天荒的奇迹，组成了一支出生入死、百炼雄师的部队，人数1万还超过了800人。随后这一新编劲旅，分别由蒋介石颁给“苏浙行动委员会”，和“苏浙行动委员会别动队”的番号。

行动委员会设3位常务委员：杜月笙、戴笠、刘志陆，15位委员，杜、戴、刘和负责筹备诸人之外，又加上了财政部长宋子文，军方的俞作柏、张治中，此外，还有杜月笙硬拖进去的啸林哥——张啸林。

由于张啸林在抗战初起时便不断的发出颓废悲观论调，使杜月笙对他更为关切，防患未然，杜月笙的想法是先把他的名字列入委员名单，免得他果真落水当了汉奸。

第七十五回

会大将惊讶不已　耍太极避实就虚

正当杜月笙毁家纾难，参加抗战，把支援前线、推销公债、编组新军的工作干得有声有色，劲头十足时，日本军要、特务头脑、亲日人士和准备刀口舔血、混水摸鱼的汉奸却依然想得出法子，找得到空档，对杜月笙施以威胁、利诱。

他们百计纠缠，想尽一切方法，不惜一切代价，想拉笼杜月笙，从而利用他在上海滩深厚的力量，帮助他们早日占领上海，彻底有效地统治并运用遍地黄金的上海滩。

拉拢正在一心抗日的杜月笙，乍听起来，这简直是痴人说梦，与虎谋皮，像个不近情理的笑话奇谈。但若认真分析起来，大风起于萍末，每一件事情的发生必定有其背景与起因。

日本人侵略中国，有如水银泻地，无孔不入，上海滩上有一个路路皆通、无往不利的杜月笙，日本人早就百计笼络，希望拉他过去大加利用，上海的日本总领事馆，日本陆军部、海军部的特务机关，甚至于都每月列出经费预算专做杜月笙的工作，派人窥伺刺探、跟踪调查，将杜月笙的交往情形、生活状况列成专案，经常分析研判，向上级提出报告，作为争取杜月笙的参考资料。

日本对外侵略的主张分为三大派系，文人政客认为对中国应自经济侵略入手，进而掌握一切的人力、物力资源以及庞大的市场。

海军觉得中国已是日本的囊中之物，不必浪掷兵力，挑起战火，他们主张向南洋和美国进军，认为日本陆军应该专为对付苏联而用。陆军以少壮军人和关东军系为中心，坚决主张先解决中国问题，取得广大的人力、物力资源，充作侵略全球的基础。

因此，日本海军对于挑起中日之战并不热衷。就在抗战前夕，日本海军军令部长永野修身，从日内瓦回日本时途经上海，他曾由翻译官和日本驻沪总领事陪同，到法租界华格臬路，登门拜访杜月笙。

当时，杜月笙非常惊讶，因为这位日本海军大将竟是专程前来跟他谈生意。永野修身推崇杜月笙在金融工商业方面的"长才"，"推心置腹"地说："以杜先生的声望和才能，应该放开手来做大买卖。"

杜月笙逊谢地说："一来自己眼高手低，不是经营大事业的材料，二来做大买卖需要大本钱，我没有这个能力。"

于是，永野修身便立刻提出实际方案，他这个方案是足以令人疑信参半、惊喜交集的，他说："日方准备投资日币3000万元，和杜先生开一家'中日建设银公司'，我们所以这么做的目的，就是要把宋子文所办的'中国建设银公司'的生意抢过来。"

永野修身的提议大胆已极，但也非常切合实际，他为杜月笙描绘美好的远景：上海有日本海军的机关，驻军也是海军陆战队，倘使说得更明白一点，日本陆军的势力在东北与华北、华中、华南则属于海军的，以日本海军舰只与陆战队，加上受他们操纵指挥的侨商和浪人，配合杜月笙在上海的广泛人缘，深厚潜力，莫说"中国建设银行"不足为惧，甚至他们能够掌握整个华中和华南的资源和贸易，倘若以发财而论，这一个机会实在是空前难有的。

尽管永野修身说得舌翩莲花，天花乱坠，杜月笙也晓得他有诚意，而且所说的话也是真的，但是他始终保持礼貌的态度，微微而笑，凝神倾听。

等到永野修身把所有的话说完，杜月笙非答复不可了，他却是眉头微皱，连声苦笑地摇着头说："我是中国老百姓，无钱无势，永野部长先生未免太抬举我了。"

于是，永野修身赶紧声明，他所说的都是由衷之言，希望杜月笙不要祷词推托，说两句客气话敷衍了事。这样，岂不是辜负他一片诚心了吗？

逼着要摊牌，杜月笙只好这么说了："一个中国老百姓，去跟外国的政府机关合资开办公司，这恐怕有点不合体制吧。"

谁知连这个说法都不能使永野修身知难而退，因为他还备有十分迁就杜月笙的第二套方案，那便是由杜月笙自己出面组建一家规模宏大的银行公司，其所需资金，则全部由日方供给，银行公司经营方法和日本海军方面的暗中助力全部按照刚才所说的办。

杜月笙简直无词推诿了，只好虚晃一枪，暂且避过这事，他说："这是一件大事，请永野部长给我一段时间，容我详加考虑。"

在生活学会虚晃一枪、避实就虚其实是一种谋略，一般在面对自己难以回答的事情时，正面拒绝通常会引起对方的反感，于是便故意推诿，避开眼前敏感的话题，暂时打打哈哈，并不做出明确具体的答复。

同时，做人应如一潭秋水，不能一眼见底，要深藏不露，这样才能使对手捉摸不透，无法算计你。现实中，不乏有才高八斗之人，但即使你的能耐再高，也不可全部显露出来，尤其是在与对手对峙时，更应该学会隐而不发，为自己留一手，让对手捉摸不透你的深浅，切不可轻举妄动。

杜月笙就是这样的厚黑高手，在尔虞我诈中混了几十年的杜月笙装糊涂的功夫无人能敌，他善于以这种大智若愚的方式明哲保身，更善于用这种方法搪塞任何他不想接受的观点。其实他的立场很明确，只有七个字：我是一个中国人。

几日之后，他派人去拜见日本海军验沪武官，请他转告永野修身："前此谈，极感盛意，惟碍于国家民族主义，未敢从命，歉仄之处，伏祈鉴谅。"

第七十六回

善周旋不信贼言 应威胁有惊无险

“八·一三”沪战既起，日本特务人员千方百计地游说劝促杜月笙，甚至对他纠缠不休，利诱不行，又进行恫吓威胁，小角色施尽解数，无计可施，则更派出一等一的高级军政要人出面。日本人仿佛已下定决心让杜月笙留在上海，帮助他们统治这即将陷落的中国第一大都市。

但是，他们低估了杜月笙的爱国热诚，并且又将杜月笙对他安身立命所

杜月笙的二太太姚玉兰（右）

在的大上海之恋估计太高，他们认为杜月笙绝不会离开他的根据地——上海，舍不得放弃他在上海拥有的“庞大”事业。

更重要的日本人根据情报资料显示：杜月笙经济拮拘，债台高筑，1937年8月间，他积欠各银行和私人的款项，业已高达300余万元。

于是，日本人对杜月笙“绝对走不了”的判断深信不疑，同时多方面的下功夫，游说杜月笙投日。由于许多二等脚色游说失败，曾经当过张作霖的顾问，日本关东军重要角色板西利八郎，居然高轩莅止，光临杜寓。

板西一连拜访杜月笙好几次，利用他在日本军部的崇高地位和显赫声势，他当面对杜月笙等许诺：一旦皇军完成占领上海，他将给予杜月笙许多重大的政治、经济利益。

杜月笙起先和板西利八郎虚与委蛇，凡事避免正面答复，渐渐的，杜月笙的太极拳越打越不着边际，于是板西一怒而去。

利诱失败，再继之以威迫，紧接着板西不断登门拜访的是换穿便装、相貌堂堂的土肥原贤二。这个日本侵华的急先锋，心黑手辣，杀人如麻，他是日本特务的开山祖师，从东北而热河，而冀察——天津，丰台、冀东和香河，凡是他所到的地方，要不了多久必有重大灾祸。

在华北一带，土肥原这个名字，大有止小儿夜啼之威。土肥原绰号亚洲的劳伦斯，他当过日本驻东北特务机关长、第5师团旅团长，1937年7月中日之战爆发，他高升为日本大本营特务部长，军阶是中将，土肥原中将随着沪战南下，他鉴于板西利八郎的软功失败，因而在杜月笙面前唱起大花脸角色来。

土肥原一进门，开头便指出杜月笙没有离开上海的可能，他声势汹汹地说，即有可能他也断然不会允许，他将竭尽一切努力，截断杜月笙离开上海的出路，打消他远行的企图，因此，他指出：“杜先生你既已失去离开上海的一切希望，你就应该彻底而充分地和皇军合作。”

除此以外，土肥原还气势汹汹，严词指责杜月笙不该出钱出力，奔走呼号，并且如此热心诚恳、废寝忘食的支援国民政府，鼓励国军与皇军对敌，造成皇军的重大伤亡。他极力威胁地说："如果杜先生不肯为皇军效力，我们要列举你对皇军的敌意行为，然后施以膺惩。"

面对着如此强横霸道，无理可喻的土肥原，杜月笙怒火中烧却又拿他无可奈何。杜月笙住在法租界，土肥原有权扬长来去，旁若无人；并且，他是日本大本营的特务部长，诡谲狡诈，神鬼莫测，杜月笙明明知道土肥原必然有备，断乎不容杜月笙命人将他抓下杀了。

杜月笙为了抗日人士联络方便，这时一度在辣斐德路辣斐坊 16 号姚玉兰夫人的香闺里见客。

土肥原拜访杜月笙大放厥词的第二天下午，杜月笙正跟弟子徐懋棠促膝密谈，轧轧的飞机声，一阵阵地吵扰了他们的谈话。

正感到烦躁，姚玉兰一脚踏进客厅来，清脆悦耳地京片子，却是在说："今儿个可怪啦，这架飞机怎么直在咱们的头顶上转呀!"

一句话，蓦地兜起杜月笙的一桩心事，眉头一皱，侧耳细听——越听越不对了，杜月笙虎地跳了起来，夺门而出，到了天井里面，他以手遮阳，仰起了脸，朝天空眺望，可不是有一架东洋军机涂漆着红色膏药在辣斐坊杜公馆的附近，绕过来又兜过去，仅在顶空低飞盘回。杜月笙骤然脸色都变，莫不是土肥原的大言不惭，真要兑现?

大事不好，杜月笙满面惊慌，忧心忡忡，折转身又匆匆地跑回客厅，往沙发上沉沉一坐，他两眼发直，谁也不理，定定时坐在椅上出神。

杜月笙见过无数的大场面，对生死也见得多了。但这一次，他确实感到了前所未有的恐惧，他不是为了自己，而是为了身边的姚玉兰以及公馆里的其他人的安危。

徐懋棠刚听说了土肥原口出狂言，出言威胁；此刻便就明白，杜月笙为什么会突然之间，跑到天井里去看飞机，而且看过以后立即神色大变。于是，这时他便低声地喊："先生，先生!"

"嗯?"杜月笙像是猛地被他惊醒，眼睛望着徐懋棠，茫然地问："啥事体?"

"先生，土肥原无非是逞逞威风，"徐懋棠忙道，"表示他能调动得了飞机，飞到这里来兜几个圈子，用意是吓吓我们。"

姚玉兰插嘴说道："说不定他们也真的来侦察什么的，自从闸北江湾开了仗，咱们这儿，大门口天天车水马龙，达官要人，出出进进。"

杜月笙依然不置一词，只是望了姚玉兰一下，做个无言的苦笑。

客厅里静了些时，飞机还在盘旋不去，三个人都在深思长考，默不做声。终于，徐懋棠灵机一动，双手一拍，欢声地喊了起来："先生，我有个对付他们的好办法!"

杜月笙望着他说："你且说来听听看。"

"先生，最近我在浦石路买了一幢公寓，18 层楼的洋房。地点适中，房子也很讲究。先生跟太太何不搬到那边去住，一来避人耳目，二来 18 层楼公寓房子，先生住在中间，日本飞机即使再来，也是什么情形都看不出来的呀。"

杜月笙一想，这个主意确实不错，问声姚玉兰，她说毫无意见，于是一声决定，说搬就搬，姚玉兰就从辣斐穗路搬到捕石路，住进 18 层楼的公寓大厦，时间一久，上海人便改口称她为"18 层楼太太"。

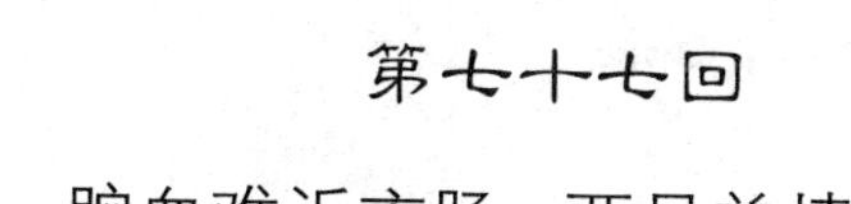

一腔血难诉衷肠 两兄弟情断洋场

张啸林在浙江避暑圣地莫干山，置有一座别墅，修竹万竿，一色青碧，号称“林海”。“八·一三”沪战一起，他却闲情逸致，百事不问，哪管上海滩上打得天翻地覆，尸山血海，他却一个人悄悄地上山歇夏享他的清福。

但当沪战一打三个月，日军精锐齐出，立体作战，国军寸土必争，渐渐地也支不住了，眼见即将转移阵地，日本人便更加积极地加紧进行投水策反的准备。

对于杜月笙他们争取得更急，定下千万条计，一面严密监视他的行动，一面稳住上海“三大亨”之二，劝黄金荣一动不如一静，保证他的生命和财产，再派人潜往莫干山，跟他密谈，叫他如此这般讨日本大老的喜欢。

张啸林开门山中坐，贵宾远道来，日本人一邀，当下不禁大喜，立即匆匆准备，急急返回了上海。

一到上海，杜月笙便得到了消息，他很欢喜，兴冲冲地穿过中分杜、张两家的那扇月洞门，一进张啸林的客厅，便亲亲热热地喊了声：“啸林哥，回来啦!”

张啸林把鸦片烟枪一放，身子抬也不抬，他侧过脸来，望杜月笙一瞥，十分冷淡地回一句："月笙，这一晌你大忙啊。"

一听这话，杜月笙便知"大帅"有点不对劲，马上陪小心，装出一脸地笑，走过去，就在张啸林的对面一靠，于是两者兄弟并排躺着，隔盏烟灯，杜月笙搭讪地说："倒是越忙精神越好。"

张啸林不答也不理他，引枪就火猛抽，他故意将那极品云土光喷出不吸，一口口的烟喷过去，把杜月笙那张脸紧裹在云雾之中。

老弟兄别后重逢，怎可以不搭腔的呢？杜月笙忍不住了，便又开了口道："啸林哥，最近前方的消息不太好。"

直等到那一筒烟抽完了，张啸林才一声冷笑地答道："干我屁事！"

"啸林哥，"杜月笙喊一声，又顿一顿，语调明显表示他的关切是出于内心的，"难道说，东洋人打来了，你还留在上海？"

把烟枪重重地放下，张啸林豹眼一睁，咄咄逼人地说："那能怎么样？东洋人要打进法租界呀？"

杜月笙勉强保持笑容说："进租界，我看一时还不至于，不过……"

杜月笙（右一）与张啸林（右二）

一语未尽，张啸林便已抢着打断了他的话说："东洋人既然不会进租界，你喊我跑个啥？"

"不过，"杜月笙着急地说，"东洋人占了上海，这租界就成了孤岛，我们总不能困在这里，十年、八年出不了这几条大街呀？"

张啸林一个欠身，虎地坐了起来，目光闪闪，直盯着杜月笙，于是杜月笙也坐直了，两兄弟面面相对，一问一答，却是越问越快也就越答越快。

"到时候你出了租界又怎么样？"

"只怕东洋人不肯放过我。"

随后，杜月笙提出想去香港躲一躲。而张啸林却不停提到东洋人的好处。

接着，张啸林说："你所爱的那些调调儿，什么声望呀、名气呀、地位呀，现在你大约都有了，这个，你有你的本事，做老哥的不能不说一声佩服你。但是，你可曾想到？除了一个名，这些年来你究竟得了些个什么！社会公职担任了几十处，一只角子不拿，还要倒贴开销。银行开了好几家，各有各的后台老板，董事长、理事长挂了十七八个，说句不好听的，月笙你数给我看看，有哪一家真正是你杜月笙的财产？民国十六年我陪你玩枪，打共产党，那一年里你便欠了 300 万大洋的账，替你还清债务的是烟土。这一次到了民国二十六年，十年以来，你哪一年不是挖东墙补西墙，我替你算算你身上背的债，最低限度也有个三五百万。你人在上海，还可以通融商量，你踏出上海一步，声望地位扳了个庄，就不晓得有多少只手向你伸过来！到那时候，你拿什么钱去还？"

提起这个恼人的大问题，张啸林以为杜月笙必将黯然无语，垂头丧气，不料，杜月笙却哈哈大笑，一开口便这样说道："啸林哥，承你指教，不过呢，对于钱财，我有我的看法，我不说什么'生不带来，死不带去'，'钱财是身外之物'一类的话。我只是抱定一个主张，钱财用得完，交情吃不光！所以别人存钱，我存交情，存钱再多不过金山银海，交情用起来好比天地难量！"

张啸林是个大老粗说不过杜月笙，怔了半天，才缓和语气，换个题目来谈："月笙，你倒给我说说着，东洋人有哪点不好？"

"啸林哥，你不必考我，"杜月笙深沉地笑笑，"你要我说东洋人的坏处，只有一桩，那就是自古以来，我们中国人从不曾跑到东洋去杀人放火，到处开枪！"

"我再问你一句，月笙，东洋人对于我们，会不会有什么好处？"

杜月笙答得斩钉截铁："就算有好处，那也是毒药！"

"即使是毒药，终归是好处！"张啸林却把话倒转来说，他又振振有词地道，"月笙，你可曾想到，东洋人来了，可能把全中国都变成从前的法兰西租界，到了那个时候，你、我、金荣哥还有无数的老弟兄，也许可以再开一个比大公司大十倍、百倍、千倍的大公司。"

杜月笙闭上眼睛，严肃地说："这些种种诱话，都是噩梦！"

"我看你要坐禅入定了哩！"张啸林非常遗憾地说，"好了，月笙，我们不必再往下谈，人各有志，无法相强。归根结底，我只问你一句：你以为我把心中的话，都跟你说过了吗？"

"说了。"

"那么，我也告诉你，"张啸林一脸苦笑地道，"我要对你说的，就只剩几句俗话了。你'两眼不观井中水，一心只想跳龙门'，谨防'物离乡贵，人离乡贱'，'剃头担子一头热'，我只巴望你不要有朝一日懊悔起来，'热面孔贴了冷屁股！'"

"啸林哥，不会的。"

"但愿如此。"张啸林叹口气，又扮出笑容来说，"月笙你几时启程？让我为你饯个行吧？"

杜月笙笑笑道："八字没有一撇呢，还早。"

"你我的话都说尽了。"张啸林不惜重复一遍，"从今以后，不论你我的遭遇如何，我们就算是问心无愧，彼此都很对得起了。"

"啸林哥！"

"你去忙吧，月笙，"张啸林忽又和蔼可亲地说，"我没有事，还想香两口。”

杜月笙又捱了一会儿，黯然辞出，回到家里，他像有了心事，悒悒不乐，久久不语。

在杜月笙眼里，钱财用得完，交情却吃不光，所以别人存钱，杜月笙存交情。这是杜月笙的大器和一生不愁钱花的地方。要知道，再多的钱，也是人挣来的。钱有花光的时候，可通过交情，却可以把钱再重新挣回来。对于人生来说，挣钱毕竟不是目的，而是手段，杜月笙早已深谙了这一点。

他虽然是个厚黑高手，但却重情重义。张啸林曾经帮过他，他们之间已经成为了生死兄弟。但在民族大义面前，兄弟两人已经貌合神离，杜月笙看到自己的兄弟在不忠的道路上越走越远，他心中的苦楚可想而知。但他在国家面前，他选择了国家，他选择了大忠大义，这也正是他和张啸林两个人最大的不同，也决定了他俩不同的结局。

杜月笙一直在等候最稳妥、有利的出行时机。

就这样直等到 11 月 25 日晚上，宋子文一个电话打到杜公馆，简单明了，他只是通知杜月笙说：“船票买好，法国的‘阿拉密司’号，停在法界码头，明天晚上上船。”

当日，杜公馆家人亲信议论纷纷，惟恐日本人派兵或是暗中便衣劫持拦阻，于是，有的人建议杜月笙化了装再溜上船去；有的人主张多派弟兄沿途布置，还有的主张出现紧急状况拼死保护，突围登轮，甚至有人建议宴借重捕房和英法军队的力量，请他们在杜月笙登轮前后派兵守卫，宣布戒严。

“算了吧。”杜月笙却一挥右手，不耐烦地说，“我杜某人一不化装，二不要保护，到了时候，我一个人走。至于戒严，最好请你们戒戒隔壁头的严，现在只要‘张大帅’听见你们哇哩哇啦地喊，那我才真的走不成咧。”

杜月笙的这话吓得众人不敢言语了。于是他先和妻子儿女道过了别，又对他们陆续赴港做了安排。临到最后，杜月笙才说出他的苦衷：“明天我走，上船前后难免要冒三分险，所以我谁也不带。”

第二天，行前，他又召见了万墨林、黄国栋，他先问黄国栋：“你算清楚了没有？我的负债额一共是多少？”

“老早算好了，只是爷叔很忙，不曾问起。”黄国栋报了一笔数目，人欠、欠人两抵，杜月笙的亏空数超过200万元。

万墨林暗地里一吐舌头，却不料被杜月笙一眼瞥见，他带笑地说：“这笔数目很大啊？”

万墨林声音洪亮地答道：“当然了，爷叔，200多万咧！”

但是，杜月笙却出人意外地扬声大笑，他站起来，一拍万墨林的肩，朗声地说：“墨林，你不必担心。你看好了，这趟我出门，到抗战胜利了回来，最多换掉一只金痰盂，就可以把这200多万的债还清。”

杜门中人将杜月笙的这几句话反复咀嚼，私下频频讨论，大家都弄不懂他这是什么意思，以为杜月笙其他地方还有金窖。他们哪里知道，杜月笙终其一生既乏经济眼光，也无数值观念。可是他这一次作个预言，8年之后果真兑现，抗战8年，胜利还沪，币值一贬再贬，胜利后伪币兑法币是两千对一，旋不久改金圆券，杜月笙还清8年前200余万巨额债务，拿金圆券折算，真是轻而易举。

这时，他再问万墨林一句：“墨林，这些天来，我陆陆续续关照你的事情，你都记牢了没有？”

“记牢了，爷叔。”

“那么我就不必再说一遍了。”杜月笙宽慰地笑笑，又道，“还有许多我一时想不起来、不曾关照你的事件，我也不必多提，总而言之，我在上海的时候，一切事体应该怎么办，我不说你也晓得，我离开了上海，不妨照旧办理便是。”

“晓得啦，爷叔。”

晚上，夜幕降临了，杜月笙轻装简从，微服成行，他只带一名随身仆役，一部汽车开到法界码头，一路顺利无阻。“阿拉密司”号法国客轮灯光烁烁，倒映在黄浦江里，像有无数银蛇乱闪乱窜。

杜月笙平安无事上了法国豪华邮船，洋茶房鞠躬如也，导引杜月笙到大

餐间，里面灯光莹莹，暗香浮动，正当中有一张大圆桌，围坐一群高冠峨服，雍容华贵的中国大佬要人，他们之间有人偶一回头，看见杜月笙翩然驾到，于是欣喜万分地发出一声欢呼："好啊，杜先生来了！"

杜月笙一眼扫去，宋子文、钱新之、胡笔江、徐新六……都是极熟极要好的朋友，于是一一握手寒暄，谦让入座。一群老友虽然还不曾逃出虎口，却都是兴致很高，不停地发出欢声笑语。

一会儿，又由杜月笙领头发出一阵欢呼，大餐间里更热闹了，因为上海市长俞鸿钧虽姗姗来迟，但仍及时赶到。

在法国邮轮大餐间里，在中国大佬要人分别归房就寝，成千上万的日本"皇军"，正在餐风露宿，披星戴月，荷枪实弹地在十六铺、杨树浦，沿黄浦江两岸紧密布岗，虎视眈眈，准备随时截拦劫持中国留在租界的那几位大佬，只是他们徒劳无功，非常失望。

第二天早晨"阿拉密司"号启碇，万千"皇军"也只好眼睁睁地望着法国邮船徐徐通过黄浦江，辞离吴淞口，驶入万顷烟波，驶在浩翰无际的中国东海，直航香港。

虽然杜月笙开始了客居香港的日子，但是他依然凭借着自己的江湖地位和社会影响力继续为中国的抗战事业贡献着自己的力量。

黑道教父 杜月笙

第十一章 用势

杜月笙行侠仗义，一言九鼎，他的“闲话一句”，在众人心中，具有极其重要的份量。在处理事情的时候，杜月笙可谓八面玲珑，看得远，甩得开，下得狠……他手腕强劲，屈伸随心。而情急之下的他，往往逆理出牌，最后竟然出奇意外地大获全胜，这不能不让人佩服他的大胆与果敢。

第七十八回

高宗武逃日反正　徐采丞带信回程

1938年12月29日，汪精卫从重庆出走，经昆明、潜抵河内，发表通敌求和的艳电，主张停止抗战，对日谋和。

1939年元旦，国民党中常会举行临时会议，决议：汪兆铭危害党国，永远开除党籍，并撤除其一切职务。5月3日，汪精卫在日本人的严密保护之下，由河内直赴上海。他起先住在虹口日本军区，而当时的上海，有一句口号，那便是“不过四川路桥！”因为一过四川路桥便就离开了租界，到了日本人占领的区域，亦即上海人鄙夷的“歹土”。

汪精卫在四川路桥那边住了几天，随后就搬过桥来，住进了千极斯斐尔路76号，这是一幢宽大幽深的花园住宅，原来是陈调元的产业，日本人将它侵占，拨给汪精卫充作举行伪“国民党全国代表大会”的会场，后来便改作汪伪政府的特务机关大本营。

汪精卫所召集的“代表大会”，决议了所谓“和平大计”，“改选总裁及中央委员案”，他们甘冒天下之大不韪，沐猴而冠，拿日本人“发还”的关税余金，每个月4000万元作为经费，收买党羽，招兵买马，积极布置成立为虎作伥的傀儡汉奸政权。

伪国民政府主席 汪精卫

这时，由于汪精卫在国民党内地位甚高，许多忠于国民党的上海市党部人员和工商金融界人士受了他们的蛊惑，不明真相，贸然附从，这使得敌伪势力因以变大，而国民党在上海的组织几乎为之整个动摇。

于是，在国民政府军事委员会第6部任职的前上海市党部主任委员吴开先奉命赶赴上海，他身边携有国民党蒋介石致沪上耆彦虞洽卿等5人的问候函件，行政院长孔祥熙写给上海银行界领袖李馥荪、秦润卿等的私函十余封；吴开先单枪匹马，空手亦拳，他悄然地由重庆经昆明、河内而香港，先去探访杜月笙。

这时，徐采丞充分利用其天时地利与“人和”，已成为杜月笙在上海的方面大将。为了许多机密任务，他经常往来于上海、香港间。

1939年10月，徐采丞香港回了上海。不到两天，杜月笙照例下午过海去告罗士打会客办公，他正和翁左青、胡叙五商议事情，猛一抬头，看见徐采丞神色匆匆地推门进来，愕一愕，便问：“你不是刚刚回去的吗？怎么又……”

“有一件紧急大事，”徐采丞坐定下来回答，“不得不原船赶来香港。”

“什么紧急大事?”杜月笙急急地问。

徐采丞先不答，从怀中掏出一张字条，递给杜月笙。杜月笙接过来看时，见字条上只有九个字：“高决反正速向渝洽。”

“高——是否高宗武?”

“是的。”

“这张字条是谁写的?”

“是黄溯初先生请徐寄顾写的。”

“黄溯初是哪一位?”

“他是进步党梁启超财政经济方面的智囊，又是老日本留学生，跟东洋人关系很深，从前当过国会议员，抗战之前做过生意，因为经营失败，跑到日本去隐居。他是高宗武的老长辈，高宗武从读书到做官，得到黄溯初的帮助很多。”

“采丞兄，可是你认得这位黄先生吗?”

“不，黄先生是徐寄顾的同乡友好。”

杜月笙大惑不解地问：“这件大事，怎么会落到我们头上来的?”

于是，徐采丞一五一十，原原本本地说了。原来，此次他一回上海，刚刚到家，徐寄顾便登门拜访，告诉他说：高宗武以外交部亚洲司长的身份，起先驻港从事情报工作，他一向抱着“和平救国”的大愿，又因为日本前首相犬养毅的儿子犬养健，跟他是日本帝大时代的同学。

犬养健在日本情报“梅”机关非常活跃，因此种种缘故，高宗武才成了汪精卫与日方之间的穿针引线人。

“这个人我晓得，”杜月笙打断了他的话说，“前些时香港华侨日报登过一条消息，隐隐的指高宗武来往上海香港，是在秘密从事谋和。高宗武看了很不开心，扬言要告华侨日报。华侨日报的朋友托我出面解释，我叫人去跟高宗武说了，这位朋友很义气，马上答应了看我面子打消原意。”

“杜先生和高宗武之间还有这一层关系，那就更好了，”徐采丞欣然地说，又道：“高宗武后来跟汪精卫到了上海，一直都是负责办交涉的重要人物，但是不久他到东京，近卫首相把‘中日密约’开出来，他一谈之下，发现东洋人所谓的‘和约’要比21条还狠。假使签订了这项‘和约’的话，那么整个国家民族的命运都要断送，为此他觉得彷徨苦闷，于是他跑到长崎晓滨村，找到了他敬重的黄溯初，向他讨教。”

“是黄溯初教高宗武反正的?”

“高宗武自己早有这个意思，”徐采丞答道，“据黄先生说：高宗武认为他所从事的是和平救国工作，绝不是卖国求荣。黄先生不过鼓励他，点醒他，答应帮他的忙，代他设法向重庆方面接洽。”

但是，黄溯初因为自己是进步党人的关系，他对国民党不无偏见，他在长崎和高宗武相约，高宗武回沪不久也到了上海。

徐寄庼和黄溯初是同乡好友，黄溯初便去找到了徐寄庼，一席密谈，最后提起如何安排高宗武反正，要使他平安逃出上海，又得保证国民政府不咎既往，许他将功折罪。徐寄庼一听之下，当即说道：“你要找这么样的一个人，要么只有杜月笙。”

黄溯初说杜月笙我虽然并不认得，但是这个人行侠仗义，一言九鼎，却是有口皆碑，无人不知。他能答应承揽这一件事，我便放心。

杜月笙听徐采丞说到这里，岔嘴问道：“高宗武是负责办理日汪交涉的人，他若反正，那么，汪精卫跟日本人订的密约内容，是不是可以带得出来，公诸于世呢?”

徐采丞断然地说：“那当然没有问题。”

于是，杜月笙翌然而起，双手一拍，眉飞色舞地高声说道：“采丞兄，这件事情关系抗战前途，国家大局，确实值得一试。你便在香港住两天，我乘最近一班飞机到重庆，我要去见蒋委员长，当面向他报告。”

诚信是最好的招牌，杜月笙一向言出必行，对朋友仗义相助，故而积累起了不少的人脉，也获得了无人可与之相背的地位。当然，他的诚信是建立在“为己所用”的基础上，当年他骗汪寿华赴鸿门宴正好说明了这一点。

第七十九回

遇敌机空中惊魂 捡余命病患埋根

1939年11月5日，杜月笙自香港直飞重庆，进谒蒋介石，请示高宗武反正事宜，应该如何处理？

杜月笙谒见蒋介石，结果他得到委员长的指示："从速反港，秘密进行。"

杜月笙十分振奋，搭中国航空公司的飞机，兴冲冲地离开重庆回香港去。

然而，他所搭乘的这一架飞机飞到半路，竟碰到日本军机扫射追逐，飞机师为了保全飞机和旅客的生命，拼命盘旋攀高逃脱敌机的轰击。

民航飞机逃，敌机则紧随不舍，这时民航飞机既没有空气调节，又缺乏舒适安全的各种设备，杜月笙在飞机上，一时感到天旋地转，金星四迸，身子猛烈的摇来晃去，时上时下，鹘起翻飞，这转得他头昏眼花，几乎昏厥，最后飞机爬升到8000公尺的高度，机上不备氧气，而高空空气稀薄，杜月笙呼吸艰难，几度窒息，撑到后来实在受不了，他便眼睛一闭，爽性等死。

幸好，敌机追逐到了8000公尺以上的高度，眼看民航飞机驾驶员翻腾揉升，技术高明得很，再追下去，也是徒劳无功，枉费心机，于是便一个转弯，飞开去了。

敌机放弃了目标，这一飞机人才算是拣回了性命，然而，杜月笙却特别的惨，他喘息不止，坐不下去，惟有躺在飞机上一路到香港。

香港杜公馆的家人、亲友、门生、弟子，都在香港启德机场，伫望杜月笙自重庆归来，大家谈谈笑笑，时间在不知不觉中过去，蓦地，有人高声地一喊："不对呀，辰光已经过了，怎么飞机还没有到呢?"

一句话提醒了大家，派人到航空公司去问。结果航空公司回答："我们也不知道。"事实上，他们已得到客机遭日本军机攻击的消息，但为免得引起骚动与不安，他们奉命向接机者保守秘密。

时间越过越久，翘首北望，依然不见飞机的影踪，杜门中人更着急了，有人议论纷纭，有人窃窃私语，终于，机场中人纷纷口耳相传，说客机受到敌机的袭击，却是苍天庇佑，赖驾驶员的技术高明，已摆脱敌机，毫发无伤正向启德机场飞航。

杜公馆接机的人才额手称庆，喊声："阿弥陀佛!"航空公司的职员又是神情严肃，紧张仓惶地来寻接杜月笙的人，劈头便说："杜月笙先生在高

高宗武

空体力不支，据飞机师的通知，需要准备担架。”

众人刚刚欢喜的一颗心又齐齐地往下一沉，连忙找到机场医护室，寻了两个抬担架的工友，飞机一到便抢先冲上飞机，把急喘咻咻，无法起立的杜月笙抬下了飞机。

这便是使杜月笙烦恼痛苦12年，严重损及他的健康，最后终于使他难免一死的气喘病的由来。他在这次敌机袭击中逃出了性命，却换来一副百病丛生、经常不适的身体。

在担架上被抬回家中，庞京周给他打针吃药，紧急救治。亲友、弟子忙得团团乱转，好不容易使杜月笙喘过气来了，他脸色苍白，挥挥手说：“你们都出去，请采丞留下来。”

在病榻上，杜月笙欠起身躯，跟徐采丞说：“请你立即回上海，代我办到两件事体，第一，请黄溯初先生火速来香港，跟我当面接洽。第二，转告万墨林他们，只要高宗武说声走，便不惜一切代价，务必把他和他的家眷平安无事地先送到香港来。”

杜月笙在自己的性命刚刚保全的时候，居然能够临危不乱，岿然不动，心中所想的还是国家大事，这也许就是他的历史地位能够超越一切黑道头目，成为中国黑道教父的重要原因。他具备一个领袖的气质，他具备干大事的能力，所以，他才在中国历史上留下了大名。

徐采丞是在第二天动的身，他回上海，不上十天，黄溯初首先飘然南来，杜月笙大病方愈，亲自去迎接。为了安全保密，他又请黄溯初在杜公馆下榻。

高宗武的一笔账都在黄溯初的肚皮里。于是，黄溯初和杜月笙促膝密谈，他把高宗武三度赴日的种种经过、中日密约的要点，逐条逐项向杜月笙一一细说。杜月笙咬文嚼字，坦率地说，“这实在太多了，一下子难以记得住。”

于是，黄溯初哈哈大笑，亲笔给他写了一份报告要略，杜月笙欢欢喜喜地双手接过，他眉飞色舞地说：“我明天再搭飞机到重庆去。”

姚夫人见杜月笙连日忙碌紧张，飞重庆又飞出了气喘毛病，心中灼急，又不晓得他究竟忙的是什么事情？听说杜月笙才隔了10天又要飞重庆，她心里担心得很，便向杜月笙苦劝：“坐飞机未免太危险了，这一回，您就走河内、昆明，走陆路去，好吗？”

“不好！”杜月笙打着戏腔，告诉她说，“我此刻恨不能身插双翅，破空而去！走陆路，那又得十天半个月，怎么来得及啊！”

但是，杜月笙冒险再次飞往重庆，这次却带了庞北周医生同行，以防万一。这一趟总算托天之福，安安稳稳，到了重庆，蒋委员长即刻传见，杜月笙报告完毕，蒋介石便写了一封亲笔信交给杜月笙，请他设法转交高宗武。

杜月笙得了蒋介石的亲笔函件，心知大事已成，当前最要紧的还是迅速采取行动，免得贻误时机，一着错，满盘输。

第二天他又飞回香港。然后把委员长亲笔信交给稳妥可靠的人，秘密携往上海。接下来，他便是整日引颈翘望，苦等高宗武安然南来。黄溯初也住在杜公馆苦苦等候，杜月笙长日陪伴佳宾，好在黄溯初见多识广，为人又很风趣，天大的事搁在心上，他也是从容自在，谈笑风生。

杜月笙从黄溯初那边获益不少，杜公馆上下虽然不清楚黄先生的身份，却是人人对他尊重而又亲近。谁都喜欢听他聊天，畅谈国家前途、天下大事。

第八十回

助功臣逃离虎穴 演双簧打破僵局

由于敌伪方面戒备森严，防范紧密，徐采丞发动杜门中留在上海的人要想营救高宗武安然脱险，却不是一件简单的事。

由于日、汪之间的“日支新关系调整要纲”谈判已完成，签字仪式订在1939年12月31日举行，高宗武决心等到密约签订过后，再盗出原本，献诸中央，揭破汪精卫等卖国的勾当。所以，他到1月4日才成行，行前，他又救出了正有生命危险的陶希圣。

汪精卫举行伪“国民党全国代表大会”，新成立的伪中央党部，先行设置的机构只有外交，宣传和警卫三个“部”，“外交部长”由汪精卫自兼，“警卫主任”是周佛海，副主任李士群、丁默邨，宣传“部长”即由陶希圣充任。

“日支新关系调整要纲”开始谈判，陶希圣一看日方提出的条件，日本全面控制中国的野心昭然若揭，他们把中国划分为“满州国”、“蒙疆自治政府”、“华北”、“华中”和“华南”5个地带，而把海南岛和台湾一般列为日本的军事基地。

5大地带还不包括外蒙、新疆、西甫和西北以及西藏，那便是说，日本要瓜分中国。陶希圣认为，像这样“白纸写上黑字”，要借中国人之手去签署，这件事是“断不可能的”，因此他拒绝在中日密约上签字，一面称病不出，一面暗中策划如何出走。

陶希圣的态度已使汪精卫、周佛海等大起疑忌，1940年元旦前后，便有人秘密通知陶希圣，说是李士群、丁默邨主持的汪伪特务机关极斯斐尔路76号正在计划刺杀他，陶希圣两夫妇当时就决定：“如果不能逃出上海，只有自杀一个办法。”

在这千钧一发之际，1940年元旦，高宗武忽然在法租界环龙路陶希圣住宅出现，他来探病，并且拜年，陶希圣告诉高宗武说：“他们有阴谋不利于你，你怎样?”

高宗武便说：“走了吧。”

事实上，徐采丞、万墨林已经遵照杜月笙的吩咐，替高宗武预备好了船票，同时严密制定了保护他顺利成行的计划，临时加上陶希圣同行，当然不致发生什么困难。

1940年1月4日上午，高宗武按照预定计划登上了美国轮船“胡佛总统号”。陶希圣则独自一人，乘车到南京路固泰饭店前门，下车后，进入大厦，马上赴后门口，换乘一辆出租汽车，直奔上海滩码头，果然他也告顺利成行。

1940年1月5日下午，高陶抵达香港，杜月笙、黄溯初等人心头悬着的一方巨石才轻轻落下。

顶要紧的人到了，日、汪密约原经高宗武的内弟沈惟泰摄成底片，交给高宗武夫人秘密收藏，也携来香港。

“日汪密约”经由沈惟泰所拍的底片一共冲洗了两份，一份送呈重庆中央，一份由高宗武夫妇共同署名，交给杜月笙，转至中央通讯社发表。

但是发表之前又生了波折，中央社方面因为高宗武在“密约全文”前面加了几百字的叙言，说明当时经过，他们认为不妥，便指出高宗武不曾亲自盖章而不足以信，而且手续不全。

高宗武夫妇解释说：“图章当然该盖，但是仓促离沪，不及随手携带。”

于是便为了图章的问题，双方相持不下，即将功德圆满的一件大事几乎就要闹僵。

急起来，杜月笙便悄悄关照他的手下，说道："我此刻到吴铁老公馆去，你等好在这里，等到11点钟，你再赶到吴家指明找我。你不妨质问我，到底是全文照发，还是一定要删去前言？你若见我尴尬，你就高声发话说你受高宗武之托，要立刻将全部文件收回。"

吴铁城这时已卸任广东省主席，小住香港，是中央在港最高级人员，当晚11点钟杜月笙导演的这一出戏，让他助手声势汹汹、装模作样，以强硬姿态演出。

果然使吴铁老着起急来，他亲自嘱咐中央社，序言密约，一概照发。于是，1940年1月20日，《日支新关系调整要纲》及其附件之原文摄影皆发表，这一重大新闻轰动世界。

"小事情有小心计，大形势有大策略。"杜月笙已经成分掌握了利用小心计实现大策略的目的，可见他的诡诈。

第八十一回

遭暗刺临危不惧　寻人脉破解危机

轰动一时的高、陶事件接近尾声，高宗武想出国留美，继续深造，由杜月笙经手替他办好了护照。当他知道杜月笙因为他们的事高空遇险得了气喘重症时，非常不安，后来，在美国为杜月笙遍访名医，请教病因及治疗方法，而且经常寄回药品。

但是，为此“高陶事件”，汪精卫对杜月笙恨之入骨，他恨声不绝地说：“我跟他有什么过不去？他竟这么样来对付我！”

当时，他就令伪政府特务头脑李士群专程到广州指挥，派遣凶手到香港去解决杜月笙。然而杜月笙早就防范严密，刺客没有下手的机会。但是，汪精卫仍不甘心，他再派人去香港警署，借口有人密告杜月笙是“流氓”，要把他驱逐出境。

戴笠的中统特务王新衡首先侦得消息，十万火急地去通知杜月笙。但是杜月笙不肯相信，他付之以淡然一笑，反过来安慰王新衡说：“不会有这种事情的，新衡兄，你放心好了。”

然而，没过几天，柯士甸道杜公馆和告罗士打的房间，居然有警署的人跑来说是奉命搜查。这一下，杜月笙才知事态严重，于是他便去找王新衡商量。

王新衡说：“为了正本清源，彻底消除汪精卫的阴谋诡计，应该把事体闹到香港总督那边去。”

这时，俞鸿钧正任中央信托局局长，住在香港，而俞鸿钧在他担任上海市长时期招待过香港总督，他和港督私交很深。

因而王又建议杜月笙找到俞鸿钧，结果，俞鸿钧以非正式的国民政府代表身份，向港督送上一份备忘录，说明杜月笙是中国的高级官员，社会领袖，他是国民政府正式委派的赈济委员会常务委员，又是中国红十字会副会长，此外还兼任国家行局交通银行的常务董事，以及国家资本占50%以上的中国通商银行董事长，他指出港警搜查中国官员的住宅及其办公会客的地点，完全是非法而无礼的行动。

港督接到了俞鸿钧的备忘录后，当即表示道歉，同时保证此后不会再有类似的事情发生。一桩公案就此了结，汪精卫的报复也因他后来病逝东京而一直无法得逞。

人际关系是一笔财富，善于营造和利用它，将使我们在生命中如鱼得水，如虎添翼。好人缘是一个人的巨大财富，也是构筑关系网的基石。有了良好的人际关系，事业就会顺利发展，生活也会如意。杜月笙就是靠着人脉网络才化解了一次又一次诸如此类的危机。

在国人交相詈骂声中，汪精卫等一些汉奸，在南京成立伪政权，他邀约在上海的德、意、日三国驻上海的外交官、侨领、使馆人员，由日、伪军数百人随车保护，自上海开一列专车到南京，参加他的“还都典礼”。

这当，一列车驶近浒墅关，便由忠义救国军潜伏上海的地下工作者，预埋炸弹，轰然一声，列车全毁，死伤汪伪贵宾和日伪军数百人，酿成重大惨案。

杜月笙在香港得到捷报，不禁颔首微笑，频频说道：“我们送的这一串鞭炮，着实不少！”

第八十二回

除汉奸以毒攻毒　荐门人立下大功

黑与毒，可谓同根同源；不黑无以用毒，不毒无以显黑。为了达到目的，常以“黑”来发挥“毒”的致命威力。杜月笙出家于黑道，所以在此次除奸活动中，表现得心狠手辣，他采用以黑制黑、以毒攻毒的办法，制对方于死地。

军统在上海设有工作站，站长是周道三，它直属军事调查统计局，情报工作“行动”一环是由戴笠亲自指挥。杜、戴一家亲，在上海成立“行动小组”时，戴笠便请杜月笙介绍一位负得起责的人，担起这个出生入死、冒险犯难的要紧任务。

杜月笙向戴笠介绍了陈默。陈默，字冰思，中等身材，精神抖擞，他是杜月笙的得意门生，在军校高校班受过训，抗战之前在做上海警备司令部稽察处经济组长。陈默是杜门中后起之秀的狠脚色，辣起手来几乎不下于顾嘉棠，论头脑精细，胸中学问却还在顾嘉棠之上，更理想的是他有军事训练基础，条件非常适合。

陈默奉杜月笙之命，加入军统后，结果，上海行动小组和忠义救国军老干部严密配合，制裁敌伪的除奸工作自此轰轰烈烈的展开。

1938 年 1 月 14 日，正在活动上海两特区法院院长职务的范罡，是在上海滩上享誉十多年，专替强盗开脱的所谓“强盗律师”，这一天他走到威海卫路155 弄 20 号他家门口，迎面飞来一颗枪弹，他猝不及防，当即倒地毙命。

次日各报登载这一消息，轰动一时，暗杀的手法干净利落。这是为陈默接事的第一件得意工作。

紧接下来，“上海市民协会”负责人尤菊荪，“市民协会委员”杨福源、“上海市政督办公署秘书长”任保安，“市民协会主党”顾馨一，还有日本人伪绥靖第三区特派员中本达雄，都先后遇刺，饮弹毙命。随后，范耆生和郑月波又陆续被刺。

在这些被暗盯的汉奸中，大有杜月笙的老朋友在。在 8 月 18 日，在自营的中央饭店被杀的陆连奎，便是公共租界跟黄金荣地位相埒的青帮弟兄、捕房头脑。

当杜月笙势力打进大英地界时，陆连奎一向跟月笙哥交谊密切，合作无间。法捕房的副探长曹炳生在马路上中枪，他等于是杜月笙的部下。

当年与杜月笙一起同心协力开公司的知己心腹俞叶封，也因为参加了张啸林所组织的“新亚和平促进会”，主持棉花资敌工作，被杜月笙的弟子大义灭亲，用机关枪扫死在更新舞台的包厢里面。

从 1938 年元月到 1939 年底，陈默领导的行动小组一共制裁了 62 名日本人、大汉奸，在上海工作站的指挥之下，他们从事过 22 次造成敌人重大损失的破坏工作。

这些忠肝义胆，慷慨激烈的热血男儿，斗起东洋人来，胆子大得吓人，炸仓库，烧机房，在他们当成了家常便饭，即连重重戒备、停泊江心的日本军舰，他们也敢摸上去破坏爆炸，杀人放火，如入无人之境。

日本运输舰卢山丸在杨树捕瑞熔造船厂修理，刚刚修好，便被他们放一把火烧掉，接下来给他们焚毁的日本运输舰，还有顺丸、沅江丸、南通丸、音户丸，至于作为水上运输工具的军用小汽艇，被他们烧毁 20 艘之多。

持续的暗杀，持续的爆炸，不断的纵火，不断的破坏，造成日军重大的损失不算，军统人员和杜门子弟的英勇，简直吓破了皇军的胆，他们在占领大上海后，时时被袭击，处处遭暗害。

一名宪兵补充队长高荚三郎生病住进自己的野战医院，居然被杜门中人下了毒药，毒发身死。两个日本间谍、“上海市政府”顾问池田正治和喜多昭次，大白天里在四马路望平里熙来攘往的人丛中散步，突然之间，“砰砰”两枪，立即倒卧于血泊之中。

由于上海行动队的神出鬼没，种种英勇大胆的表现，使得上海敌伪风声鹤唳，草木皆兵，一天到晚，坐卧不宁。日本人终于发现，他们损失数万精兵，激战整三个月，将上海占领以后，反而寸步难移，行动不得自由，无数日本军民反而落入了阴风凄凄的死亡陷阱。

以毒攻毒在厚黑处世中是常见的，也是非常有效的。因为，两个奉行厚黑之道的对手竞争时，双方都不是善男信女，只有你黑，我更黑；你毒，我更毒，才能击败对方。杜月笙无疑是以毒攻毒的高手，况且谁又能比这位黑道教父更加毒辣呢?

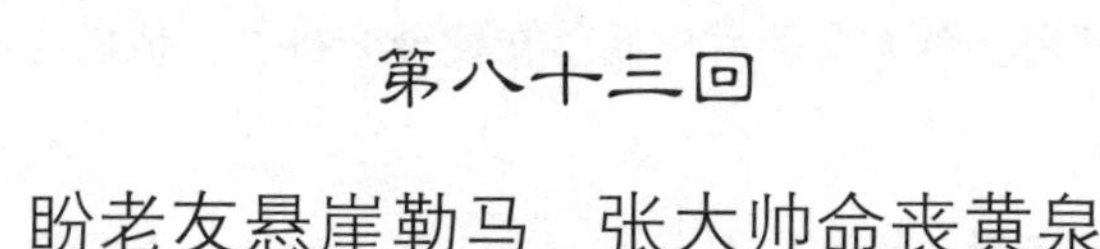

第八十三回

盼老友悬崖勒马 张大帅命丧黄泉

上海滩上雷霆万钧，铁与血俱，使得民心大快，同仇敌忾之心更加增涨，可是，杜月笙内心之中的矛盾、挣扎、激烈交战，也与日俱深。俞叶封被杀之后不久，他开始为张啸林担心。

这时，张啸林早已决定当汉奸，过过他一生当中独缺一门的官瘾，1939年夏，他组织了什么“新亚和平促进会”，公然为敌张目，帮东洋人办事。这时陈老八当了维新政府内政部长，张啸林便一心一意想当一任“上海市长”或者是浙江“省政府主席”。

当时机逐渐成熟时，杜月笙弟子的枪口开始奉命瞄准了他——张啸林。杜月笙在香港日夜焦灼，绕室彷徨，他无法阻止戴笠的执行命令，他更不忍老把兄死在他的爱徒之手，无可奈何的两难之中，他曾想尽办法，辗转请朋友去劝他保住晚节，悬崖勒马。

可是，“张大帅”一语不合，立刻豹眼一翻，破口大骂，“妈特个××”声声不绝，谁又敢去惹他的怒火，捋他的虎须，而自讨没趣?

张啸林的性格和杜月笙完全相反，他一生一世都想做官，但是，他却不爱做国民政府底下“奉公守法”的公务员，他的官瘾是要像戏台子上或那些北洋军阀那样为所欲为，抖尽威风的那一种。

但是自从 1928 年北伐成功，军阀从此连根割除，在张啸林的心目中，只有当当“汉奸官”才可以逞逞威风了。

杜月笙晓得他这位老把兄的心理，因此一直为他暗地着急，惟恐他一捞上了汉奸官，将来会受到国法和民意的制裁。但是奇怪得很，上海沦陷 3 年多，一直想当汉奸的“张大帅”居然官星不动。

后来，杜月笙根据陆陆续续得来的消息才知道，东洋人自杜月笙“月夜走脱”之后，利用上海大亨的目标便落在黄金荣身上，他们曾不断派人上漕河泾拜望黄老板。

黄老板虽然爱财，爱心却有，他对付东洋人的法宝是一个“病”字，无论是谁上门，黄老板必定是“抱病在身，不好见面”为由，然后由他的家人、学生连声“抱歉、抱歉”，日本人晓得拖黄金荣出山绝无可能，只好退而求其再次，转而瞄向张啸林。

但是张啸林目高于顶，满口三字经，噱头又来得个多。日本人要找他的时候，他便故意往莫干山一躲。

日方派一名驻杭州领事登山拜访，“张大帅”谈起生意经来口气大得吓坏人，他说：“妈的个！要弄个浙江省主席给我玩玩，倒还可以商量！”

日本人一听，不禁倒抽一口冷气，当时便说张先生这个职位恐怕有点困难，张啸林倒也干脆，他回答说：“既有难处，那就不必再往下谈！”

后来张啸林又回了上海，在大新公司五楼再开了一个“俱乐部”，内容无非是鸦片烟和赌，整天和他混在一起的是老朋友高鑫宝、俞叶封、程效沂等人。

这时，共产党的游击队控制乡村，袭击敌伪物资，使上海的补给供应极为困难。于是又有日本人去找张啸林，叫他负责设法向外地采购必需物品，张啸林认为这种独门生意有钱可赚，他便组织了一个“新亚和平促进会”，召集他的弟子和手下一起统统参加，到乡下去替东洋人办货。

结果，他包办了从上海运煤到华中的“贸易”，又担当食米的搜刮和搜

购，他给老弟兄俞叶封一项优差，请他专门搜购棉花。

在日本人的迫切需要之下，张啸林的生意越做越大。他从安南购煤运到上海转销华中一带，后来，风行中国各大都市20余年的三轮车，曾是安南河内特有的交通工具，这便是张啸林瞧着好玩，命人带了一辆到上海，随后被顾四老板顾竹轩借去做样子，依式仿制，结果，三轮车从上海慢慢盛行起来。

张啸林不曾做成汉奸官，却是着着实实发了汉奸财。这时，他跟杜月笙相隔万里，但是，当年兄弟两人的习惯依然保留，每年夏天必定要上莫干山，住进他的“林海”，舒舒服服地享受一番。

1939年“秋老虎”过后，他下了莫干山，然而回到上海后他便发现事体不对，杜月笙的那一批狠角色弟子奉命征奸除害，在上海滩大开杀戒，“张大帅”扳着指头一数，汉奸搭档已经被暗杀了好几个。

“访旧半为鬼，惊呼热中肠”，这种血淋淋的实例不能不使他暗自着慌。尤其张啸林回沪不久，他的好朋友伪上海市财政局长周文瑞便在四马路望平街中被枪打成重伤，两星期后伪“和平运动促进会委员长”李金标又被行刺，侥幸保全了性命。

旧历年近，风声却越来越紧，都说重庆地下工作者枪口已经对准了张啸林。

从此以后，张啸林也吓怕了，他不再敢到公开场合露面。惟独一样，每天夜晚他出一趟门，到大新公司五楼的俱乐部玩一玩。

果不其然，1931年1月15日，新艳秋在更新舞台唱“玉堂春”，由于这时俞叶封正在力捧新艳秋，而那日又是新艳秋临去上海的最后一场演出，张啸林却拗不过俞叶封的苦请，他包了楼上正当中几个包厢，说好要亲自驾临，给新艳秋捧一次场。

偏巧那晚临时他有事，改变计划不曾上更新舞台，俞叶封和几个朋友高居楼中，喝彩声不绝。台上唱得正热闹，一阵机关枪响，全场秩序大乱，在场军警一查，只见俞叶封倒卧于血泊之中。

也就在这个时候，张啸林“搜刮物资资敌，为虎作伥，罪大恶极，应予迅即制裁”执行的命令，瞒着杜月笙，直接拍发到了上海。

经过了这一次惊险万分的刺杀事件，张啸林自此闭门不出，连俱乐部也不去赌了，与此同时，他加强警戒，一口气雇了二十几名身怀绝技、枪法奇准的保镖，华格臬路张公馆前后门都有日本宪兵守卫，日夜巡逻，如临大敌，就像铜墙铁壁的堡垒一般。

便这样，平静了一两年，一直到1941年夏天，张啸林照例上莫干山避署，很不凑巧，恰值忠义救国军的“苏嘉沪挺进总队”，以莫干山为根据地，通过吴兴，向金泽，章练塘一带频频出击，使敌军受到重大损伤。

日本人一怒之下，将附近丰草和数十里的参天修竹放一把火烧个精光，借口是使游击队不再有茂林修竹可以躲藏。莫干山上风声鹤唳，草木皆兵，张啸林心惊肉跳的住不下去了，他匆匆返回上海，仍旧深居简出，避风头。

这时，奉命执行暗杀张啸林的杜门弟子当然晓得“张大帅”的心情，忠义不可两全，公私哪得兼顾？第一次出动，情报的掌握相当准确，几时几分，“张大帅”要坐汽车出去赌铜钿，经过哪些条十字口，在哪一分秒，红灯一亮，汽车非停不可，一阵机关枪扫过去，便有十个张啸林也逃不脱半个。

铁血除奸行动队员把张啸林送到了地狱的门口。但是到了下手的那一瞬刻，时间分秒不差，路线完全正确，红灯亮时毫厘不爽，眼看“张大帅”的汽车已开到机关枪下，无需瞄准，即可将他射杀。

然而，负责开枪的十分不巧，偏偏早了那么秒把半秒钟，“嘟嘟……”打过来，“张大帅”的司机阿四是见过大阵仗的，当下将要踩刹车的右脚猛的将油门踩下，于是汽车一个冲锋，飞也似闯过了路口，闯红灯不犯死罪，这样“张大帅”在鬼门关口过了一过。

“大帅”差一点儿吃到了机关枪弹，尝到了重庆分子的厉害，却使他更死心塌地当汉奸，仍然不知幡然悔改。

于是又有那么一天，“张大帅”正和他的学生时任杭州锡箔局局长的吴静观，两个人在华格臬路三层楼上商量事情，他听见楼下天井有人高声争吵，探身窗口向下俯望，发现是他那二十几名保镖在那儿互相骂。

"张大帅"的脾气一向毛焦火躁，这一来难免又发作了，因此他上半身伸到窗户外，向楼下保镖们厉声喝骂："妈特个×！一天到晚吃饱了饭没事干，还要在我这里吵吵闹闹，简直是毫无体统！老子多叫点东洋宪兵来，用不着你们！快些，一个个的把枪给我缴下，统统滚蛋！"

要在平时，照说"大帅"一光火，哇哩哇啦一骂，挨骂的只要乖乖地走开，等一下"大帅"气平了，满天星斗必定一扫而空，像屁事也不曾发生。

谁知今日却不一样，保镖头脑，这位名唤林怀部的忠义之士，一面拔出手枪，一面抬头回话："他妈妈的，不干就不干！张啸林，你要当汉奸，待我送你上西天！"

骂声未停，枪声已响，林怀部的枪法一似百步穿杨，一枪射中了张啸林的咽喉，但见张啸林身子向前一仆，头颅向下垂着，上海"三大亨"中的老二，就此一命呜呼，得年 65 岁。

在世人看来，张啸林的死怎一个"活该"了得，但他曾经是杜月笙的"亲密战友"，两人与黄金荣一起并称为上海的三大亨。三人曾经辉煌一时，风流倜傥。对于张啸林的被杀，杜月笙或许会有几丝遗憾、惋惜和悲伤，但是大形势的背景下，谁又能抵抗得住历史的潮流呢？这正应证了孙中山先生的那句话："顺我则昌，逆我则亡"。

第八十四回

万管家深陷囹圄　总龙头忧心布局

由于全民一致支持抗战，使军统局长戴笠起了一个构想，他要促使海内海外所有的洪门、青帮、理教，全部纳入一个重要组织，使遍布各地、不计其数的帮会中人，都能屹立在抗战的大旗之下，团结奋斗，献出他们庞大无比的潜伏力量。

他把这一个构想，说给杜月笙听，获得杜月笙的热烈支持。但是，为了便于进行起见，杜月笙又建议戴笠先从洪门青帮在香港的关系入手。

于是，1940年夏，戴笠挽请吴铁城出面，在香港请过一次客，香港洪门领袖如梅光培、客地青帮首脑杜月笙攀的有头有脸的人物，一致出席，杯觞交错，一席尽饮，戴笠便以这一次漪欤盛哉的大宴会为基础，画出了中华民国人民行动委员会的蓝图。

为了成立“人民行动委员会”，杜月笙再度赴渝，这一回因为时间充裕，他没坐飞机，而是河内经昆明到达重庆。

这时，全国各地帮全领袖都已汇齐，山主、龙头、舵把子与大爷们齐集南温泉，成立大会，盛况空前，会中的洪门大爷们给杜月笙一份从所未有的殊荣，一致推举他为“一步登天”的总龙头。尽管杜月笙说他德薄能鲜，不敢接受，但是，最终还是坐上了第一把交椅。

由于帮会弟兄人多势壮，在全国每一角落里都有其影响，所以，自从杜月笙负实际领导责任以后，人民行动委员会确曾为国家民族做了不少事。

譬如说协助役政人员推行兵役，发动各地人民救济难胞，以及捐献金钱，打游击以及从事种种地下工作，其中表现最突出的一幕是捐款献机，一次捐献飞机 20 架，在重庆珊瑚坝机场举行的“献机典礼”曾构成 8 年抗战中一次情绪热烈、场面壮观的动人特写镜头。

当杜月笙在重庆干得轰轰烈烈，支持抗战工作，做来有声有色时，时间到了 1940 年 12 月下旬，渝沪间的秘密电台，突然传来一个坏消息，万墨林在沧洲饭店门前，被汪精卫特工总部极斯斐尔路 76 号的打手，横拖竖曳地捉了去，而且立即施以酷刑，老虎凳、辣椒水、烙铁板……打得他死去活来，体无完肤。

上海来的急电说：像敌伪这么样狠的“做”他，万墨林熬不熬得过，撑不撑得住，大有疑问。得到这个消息，杜月笙和戴笠大为震惊，极其焦灼。

因为问题不单是万墨林个人的生命安全，而是万墨林等于是重庆地下工作者在上海一地的总交通，倘使他一屈服，据实招供，中央在上海的各机构，大有一举摧毁之可能。

于是，杜月笙、戴笠得讯以后，立即电知吴开先等人从速逃离住处，变更联络方式。同时，杜月笙心急如焚的匆匆返港，竭力设法营救万墨林。重庆和敌伪之间的地下工作血斗中，杜月笙又步入了一个金戈铁马、短兵相接的阶段。

万墨林是如何被抓的呢？原来，1940 年后，11 月 19 日，日本正式承认汪精卫伪政权，发表日、“满”、“华”共同宣言。

这一天，汪记政府开张，群奸喜气洋洋，他们在上海邀了大批德义日轴心国家的外交使节、日军高级军官，乘“天马号”专车兴冲冲的赶赴南京捧场，参加签字典礼。

于是，消息立刻经由上海秘密电台报到重庆。戴笠当即时决定，把这列专车炸掉，造成重大死伤，给汪精卫一次迎头打击，使他面上无光。

这一次爆炸事件日方死了两名大佐、两名日本内阁的庆贺专员和情报员多人，还有德义使节及随车军队，死伤共达一百余人之多。爆炸消息传到南京，汪精卫大坍其台，狼狈万分，暗恨重庆地下工作人员过于辣手。

这一破坏行动不仅使他触足霉头，而且使他尤为生气，所以，当重庆特工胡兰成向汪精卫建议："特工除非将来废了，既不能废，便该直属'元首'，如今极司斐尔路76号的李士群归财政部长兼警政部长、兼特工委员会主席周佛海掌握，全世界各国都没有这样的先例。"

接着，他又进言撤销"特工委员会"，而且在"军事委员会"之下改设"调查统计局，"汪精卫在召见李士群后，不久扩充其机构，成立"调查统计部"。

汪精卫给李士群的第一项任务，便是取杜月笙的性命，同时打击并瓦解重庆地下工作人员在上海的活动。

在重庆和敌伪之间的地下工作血斗中，杜月笙由此步入了一个金戈铁马、短兵相接的阶段。但是，斗争是复杂的，你阴险来我也会狡诈，行走于"江湖"的杜月笙树敌太多，汪精卫特工队同样也希望致他于死地。但正如古话所说"水来土淹，兵来将挡"，面对种种困难，杜月笙自有他的解决办法。

李士群是一个狠角色，他豁达有胆略，跋扈而聪明，办事有条有理，他奉了汪精卫的密令，精神抖擞，双管齐下，他一面诱捕重庆和共产党派在上海的地下工作者，忠义救国军的干部和杜门相关人物都是他下手的重点对象。

于是，与汪伪政权做对的除奸勇士何行健、杨杰、林子江、王天木、苏成德、万里浪、唐惠民、朱文龙、马啸天等都相继落入他的陷阱，李士群对他们威逼利诱，无所不用其极，终于使其中的意志薄弱者摇身一变，又成为了为虎作伥76号的汉奸特工。

第二步，李士群决心东施效颦，他也要运用青帮力量，负责行动工作。

但是，上海滩上有头有脸的青帮大亨，惟杜月笙为首是瞻，李士群拉不动，他只能退而求其次，拉到杜月笙好朋友季云卿的司机、门徒吴四宝，他千方百计把吴四宝拖进76号，他和吴四宝结拜兄弟，派他当“警卫大队长”。

对于汪“主席”当面交代他的谋刺杜月笙的任务，李士群自然不敢怠慢。他在76号加强部署完成以后，设计先抓杜月笙的管家万墨林。

第八十五回

事曲折先放后押　通关节上令下达

万墨林中计被绑于1940年12月21日下午4点钟。

这时杜月笙正在重庆，惊悉万墨林被抓的消息，急忙匆匆返港，一面急电吴开先等迁移住处，改变联络方式，一面通知恒社在沪同仁，竭尽一切努力设法进行营救，他亲自电嘱徐采丞，要他从日本人方面下手，逼迫76号放人。

徐采丞原是史量才的重要干部，史量才被刺后才跟杜月笙、钱新之接近，曾以纺织业者参加上海地方协会，上海沦陷后，地方协会群龙无首，徐采丞于是在黄炎培下面做了秘书长，因此被人视为是杜月笙的驻沪代表。利用日本军政两方派系林立，又都喜欢跟中国大亨们勾勾搭搭的心理，纵横捭阖，执行杜月笙交代的任务，专讨东洋人的便宜。

万墨林被关进76号，辣椒水、老虎凳、雪里红诸般毒刑，统统用过，但是，他拼命咬紧牙关不招。否则，上海地下工作人员大有一网打尽的可能。然而，他能熬到什么时候，谁也不敢预料。

杜月笙忧急交并，他集中精力营救万墨林。然而汪精卫对他恨之入骨，他与李士群方面并无交情，于是，他暗渡陈仓，他和钱新之一道出面请李北涛前去南京，携带一份十分贵重的礼物。拜访周佛海，要他看在旧日交情份上保全万墨林，并且予以"优待"。

李北涛原先追随周作民，跟周佛海也有私交，他见到周佛海时，除了婉言请托外，也模拟杜月笙的口吻，软中透硬，叫他"识相"、"落槛"一点，杜月笙的势力这时依然弥漫大上海，甚至京沪沿线。临走之前，李北涛大言不惭地威胁说："杜月笙的这桩大事摆不平，必然会影响将来你们的'见面之情'。"

周佛海一生只忠于自己，利害得失一概只顾到自家为止，1927年他当共产党，被陈群捉住，险些送了性命，立即反水；往后他在南京做官，经常到上海吃喝玩乐，也曾身为杜门座上客。杜月笙的行情和潜力，他一向摸得很清楚。

现在碰上杜月笙派李北涛来痛陈利害，几句话甩过去，他便打定了主意：从万墨林身上找线索，摧破重庆地下工作者这桩大功劳他宁可不要，杜月笙的面子却不能不买。

李北清一走，他便一张条子飞到76号："万墨林性命保全，并予优待。"

3天后，万墨林从阴风凄凄的76号移转到四马路总巡捕房收押，总巡捕房的督察长刘绍奎不仅与杜门相关，而且归戴笠直接指挥。

得了"同志"刘绍奎的照顾，万墨林等于从地狱升入天堂，待遇极其优厚，而且多了脱逃的机会。李北涛顺利达成初步任务，他便留在上海，暗中策划买通日本人，把万墨林悄悄的送往香港。

但是，他处事机不密，李北涛的密谋被为周佛海获悉，他迅即采取行动，命76号提回万墨林，乘夜快车押到南京。

周佛海接见万墨林，先跟他开个玩笑，然后开门见山地说："万墨林，你所做的事情自己明白。76号的门进去容易出来难，使你释放很不简单。我此刻是买杜先生的面子，只要关节打通，我自会放你。我说话算数，你也要向我提出保证，从今以后莫再到处托人，增加我的困难，我请你安心地等好消息。"

万墨林拍胸脯答应了。从此，万墨林便南京关一阵，上海押一押，却是从来不拷、不打、不"骂"，不给他吃苦头。

徐采丞一直都在千方百计找路子，1941年5月间，终于被他找到了一条康庄大道，东北籍的国会议员金鼎勋跟日本人渊源甚深，杜月笙得讯以后，立即电告徐采丞从速进行。徐采丞邀同顾南群与朱东山，一同前往金家恳请金鼎勋设法帮忙放人，金鼎勋十分豪爽，一口答应帮忙。

金鼎勋走日本决策机构"兴亚院"这样高级路线，说服兴亚院的高等参谋冈田和一位相关巨商坂田，由坂田、冈田影响兴亚院，指使日本军方："皇军如需彻底统治上海，杜月笙有无法估计之利用价值，顷者犹在多方争取杜氏之际，汪政府特工羁押其亲戚既亲信万墨林，实为极其不智之举。"

至此，杜月笙长长地吁了一口气，在兴亚院和日本军方的重大压力之下，亦即周佛海所谓的"关节打通"，万墨林终于获得开释。

就这样，杜月笙一日又一日的耗尽着自己的心血，发挥着自己的能量，同日伪势力巧妙周旋，用自己的行动支持着中华民族反抗侵略者的斗争，直至抗战的最终胜利。

第十二章　失势

任何事物有高潮，也有终点。杜月笙的一生，可谓传奇的一生。他一身胆略和霸气，从年轻时的初出青帮，到后来独占上海滩的头把交椅，其间经历过无数的挫折与失败，面对这些，杜月笙利用各种谋略和心计，一步步巩固自己的地位，最后走向成功的辉煌。但他也要面对人生的规律，命运的规则。一切恍然如梦，只有留给后人去评说。

第八十六回

喜还沪冷水灌头　逆徒反悲愤难消

1945年8月5日，小日本终于抵抗不住了，于当天宣布投降。

当杜月笙听到大喜讯时，他正和戴笠在浙江西部的淳安。原来，杜月笙正和老朋友戴笠受蒋介石的委托在东南一带运送棉纱，准备接应盟军登陆，配合国军反攻。淳安成为光复上海的指挥部。

8月15日，戴笠和美国特工情报官员梅乐斯在联袂返回淳安，这时，戴笠和杜月笙部下混合编组而成的忠义救国军已经从上海近郊纷纷向市区推进。

8月20日，戴笠和杜月笙关门密商了几个小时，最后，房间一开，杜月笙便兴冲冲地宣布："上海方面，安全已无问题，从现在起，大家可以着手包雇船只，整理行装，以便早日登程。"

他这么一说，随行各人喜出望外，不觉拍手欢呼，雀跃起来。

23日，船雇好了，是一艘新下水的交通船，船名"健飞17号"，拖船三艘，两大一小。杜月笙一行一直等到8月29日，先后获悉已经先行的弟子吴绍澍、陆京士都已分别安抵上海滩，才从淳安西庙后的河边启碇。

杜月笙在淳安，一共住了46天，在胜利喜讯传来19日后。一行同行者共30人，除杜月笙一行，还有军统局人员8位和武装卫队，浩浩荡荡地向着上海出发了。

9月1日就可以到达一别八九年的杭州了。

杜月笙一行一路风光体面，热闹非凡地到达杭州。下午两点多钟过钱塘江大桥，大队船只正要过桥入杭，斜刺里钻出几个日本哨兵，叽哩瓜拉讲东洋话，拦住杜月笙等不许通过。这一意外使杜月笙大为不悦。抗战胜利，刚刚踏上新光复的国土，便触霉头，撞上蛮不讲理的敌军，他脸色铁青，挥挥手示意派人办交涉。

一会儿交涉办好了，日本军官亲自前来道歉，并且一路陪侍护送杜月笙一行通过警戒线，直抵南星第一码头，然后才作九十度的鞠躬而退，杜月笙一行舍舟登陆，西湖美景已经在望了。

杜月笙原定杭州一宿，便赴上海，可是西子之滨，应酬太多，尤其是上海滩远道来迎的人，诸如徐采丞，朱文德等都已先行抵达，还有许多要紧事商谈。

上海人听说杜先生凯旋归来了，欢欣鼓舞，兴高采烈，许多徒子、徒孙如痴如狂，要举行盛大热烈的欢迎会。

各界好友商量筹备了好多天，上海人将万人空巷，齐集上海北站目睹一别8年的杜先生风采，并且他们还要在通衢大道，北站附近，搭起一座座的七彩牌楼，表示对杜先生的衷心爱戴和拥护。

杜月笙虽然喜好颜面，但是他深知低调做人的重要性，尤其是在抗战刚刚胜利的时刻，更应该谨慎而行，不可张扬过市，以免遭人妒恨。

杜月笙一听就眉头紧皱，断然说："那怎么可以！我杜月笙不过区区一名老百姓，杜月笙回上海，大家要搭牌楼，那将来中央大员陆续地来，又如何欢迎去？"

为了表示他的心意坚决，杜月笙临时决定在杭州多留一天，改在9月3日动身才返回上海，一日之夜，由老朋友、大汉奸、伪浙江省主席，先已接洽投效军统的丁默邨为他接风洗尘。杜月笙一行人马全部投宿住在了西冷饭店又吃又喝。

自从抵达淳安以后，一直都是夏日艳阳大晴天，但是，9月1日在杭州，却下了一场阵雨，9月3日，杜月笙一行人搭乘沪杭甬铁路专车凯旋上海，偏偏又是个细雨纷纷的黄梅天。

然而，一上专车，杜月笙就获得准确消息，吴绍澍当了上海副市长、三青团书记、连社会局局长一席都被他兼任了，杜月笙心中难免起阵阵阴霾。

吴绍澍自返上海，音讯全无，连极普通的问候函也不一见，他升拜要职，杜月笙事先也一无所知，上海前来迎接他的众人之中也没有一个和吴绍澍有关系的。至于其他人则可能是太忙疏忽了，但是作为弟子，吴绍澍便绝不该是这样呀！

许多干大事业的人，都能够敏锐地捕捉到一些极其细微的信息，然后先知先觉地做一些准备工作，提前布局，这正是他们的优势所在，杜月笙也是如此。

凡此种种，使杜月笙在鼓轮疾进时，心惴惴然，而且越来越紧，在车中他显得神色不宁，心事重重。

不祥之感竟成为事实。正当同车众人兴冲冲，喜洋洋，准备跟着杜先生接受上海滩盛况空前的热烈欢迎场面时，专车驶入了上海市。

抵达梅陇镇时，专车忽然减速停车，随即先上来两位通信报讯的人。他们不及寒暄，向杜月笙附耳密语，一听之下，杜月笙不由脸色大变。

同车随行诸人见状，顿时就犹如“分开八片头顶骨，浇下一盆冷水来”，一个个惊诧错愕，面面相觑。然而发生了什么事，杜月笙却没有说，匆匆赶来报讯的人悄然落座，神情严肃，这更令人如丈二金刚摸不着头脑。

不久，车抵梵皇渡，然后停下来了，众人随着杜月笙下车，整个场面风雨凄凄，一片萧索，站上也有不少亲友迎接，但是强颜欢笑显然掩遮不了面容沉重——这是怎么一回事？

随行人员更是疑惑不解，在梵皇渡车站迎候的人很可能与梅陇上车的人一样事先晓得了什么秘密，否则的话，哪能这么凑巧？

盛大热烈的欢迎场面一变而为冷冷清清。本来杜月笙不上北站就在梵皇渡下车就令人迷惑不解了，更使人惊讶的是杜月笙到了上海竟不回家，他不去华格臬路，也不上18层楼，更不到杜美路大厦，出人意外的，他要先到爱文义路顾嘉棠家中先住一晚。

一切来得如此突然，一切又是这般诡秘，随行人员不敢多问，一个个心中却是惴惴不安。杜月笙面色不好，推说疲倦，先进了顾家客房休息。他刚一离开客厅，于是嗡嗡之声四起。

众人惊问究竟出了什么事体，经过在上海的人详细一说，他们无不瞠目结舌，然而接下来便怒目切齿，破口大骂。

原来是当今上海第一新贵，由杜月笙及杜门中人一手提拔，足足喊了十年“先生”、“夫子大人”、“师座”的吴绍澍捣鬼。他当上了上海副市长，于是眼珠子插上额骨头，“叛”性大发，杜月笙8年抗战还不曾回到上海，他已将师门列为第一个要打倒的对象。

上海的名流闻人和杜月笙的徒子、徒孙被吴绍澍弄得莫名其妙。正当他们欢天喜地的搭牌楼，换衣裳，筹备大会，安排酒席，打算齐赴上海北站欢迎期盼已久的杜先生时，忽然在北站附近，贴出了匿名传单和大字标语。

传单对杜月笙大肆攻击。标语千篇一律为“三段论”，诸如“打倒恶势力!”“杜月笙是恶势力的代表!”因而再喊出“打倒杜月笙!”

8年抗战，杜月笙立尽了功劳，现在抗战胜利了他满怀兴奋，一团欢喜地回乡，却落成这般凄凉光景!

这个打击太意外了，杜月笙深深地思考，想把这突然的变化摸它一个来龙去脉。牌楼之拆，标语之贴，加上副市长、学生子吴绍澍始终没来迎接，杜月笙怀疑的箭头直接指向这位曾经投共后又反水惯于“翻手为云、覆手为雨”的新贵。

但是，现在他为什么要这样做？杜月笙百思不得其解。

杜月笙很想借在顾嘉棠的家里清静一下的时间，细细找到问题的症结；但是至亲好友，8年离别，渴望一见，因此爱文义路顾公馆门前依旧冠盖云集，人潮如涌。杜月笙便不得不打点精神，强扮笑脸，一一接待应酬。

白天，有接收人员、各界友好登门拜访；夜晚，一些落过水的汉奸国贼自知国法尊严，罪无可逃，在走投无路时，或者自己亲来，或派遣家眷代表，深夜求访，恳求杜先生为他们出出主意，想个办法。于是顾家门前来人络绎不绝。这样杜月笙没有思考的闲暇，而且弄得精神体力应付不来，只好叫几名得力的弟子，代为迎宾送客。

访客电话一天到晚走马灯似的响个不停，接起这个刚放下，那个又响起；其实，杜月笙最想见的，还是吴绍澍的名片，最想听的是吴绍澍的电话。因为他想不出吴绍澍打击他的道理，便只有巴望由吴绍澍来亲自解释，略加说明。

然而，自9月3日往后到4日、5日，吴绍澍却始终不曾出现。

9月7号，一方面是门庭如市，诸般寒暄；一方面则满腹愁苦，焦灼紧张。正当座上客已满时，外间来报，吴绍澍、吴副市长亲自来拜访，杜月笙一听，大喜过望，马上起身迎接吴绍澍。

谁知吴绍澍像是变了一个人，他态度倨傲，不苟言笑，跟杜月笙敷衍了三言两语门面话，不等杜月笙吐露心曲，一探口音，他便昂昂然说是还有公事要办理，也不容杜月笙有留客的机会，立即告辞而去。

吴绍澍公然向杜月笙挑战，又当众给杜月笙难堪，杜门中人一个个气愤填膺，人人破口大骂，都说吴绍澍欺师灭祖，忘恩负义。

“小人得志发癫狂，实在是欺人太甚！”

顾嘉棠、叶焯山、高兰生等人莫不怒眦几裂，揎拳掳臂，扬言不怕上刀山，下油锅，非跟吴绍澍拼命，出了这口恶气不可。恒社子弟、各界友好也无不气愤难平，口口声声要找吴绍澍理论，他若再狂妄下去，恒社弟兄也要跟他别别苗头，轧足出个输赢。

但是杜月笙除了苦笑之外，再三阻止左右亲信，不要情绪冲动，他告诉大家说：“不忙，我自有应付的办法。”

顾嘉棠却握拳挥爪，愤愤地说：“吴绍澍这个赤佬，是给月笙哥磕过头拜先生的，欺师灭祖，照江湖规矩就该处死！月笙哥，该把他的拜师帖子寻出来，让我拿去跟他算账！”

这一句话提醒了杜月笙，他回答说算账不必，帖子是该找出来，那上面开得有吴绍澍的祖宗三代，还有“永遵训诲”的誓言，寻出拜师帖，必要时可以向吴绍澍摊牌，这是杜月笙一大自卫武器。

因此，他立刻命人打开保存拜师帖的保险箱，一包包的大红帖取来，可是越找越心慌，上千份拜帅帖一份不缺，独独少了吴绍澍的那一张。

这一下，杜月笙瞠目结舌，百思不得其解，顾嘉棠却雷霆大发，暴跳如雷，他怒不可抑，高声咆哮：“这一定是吴绍澍买通内线，将他那份拜师帖偷出去了。”

于是，杜月笙也气得脸孔铁青，簌簌发抖，杜门出了内奸，这是从所未有之事。在场的人，无不咬牙切齿，顿足大骂，顾嘉棠跳起来厉声地说：“三天之内，我非杀了这个吃里扒外的内贼不可！”

他这话一出，势将有人要人头落地，于是杜公馆人心惶惶，风声鹤唳，气氛之恐怖紧张，空前绝后。

然而，两三天后，杜月笙又不忍看见他的左右一个个惊慌失措，惴惴自危，便亲自去对顾嘉棠说：“家丑不可外扬，纵有小吊码子也只好放他一马，免却全家不得安宁，传出去反而给吴绍澍幸灾乐祸。”

依顾嘉棠的性子他如何肯依，于是杜月笙百般劝他，说到最后，顾嘉棠不忍违了月笙哥大事化小、小事化了的心愿，只好罢休了。

杜月笙的忍耐性超出常人，他能忍他人所不能忍。忍耐使他具有了深厚的城府与处事智慧。这一次，他也选择了忍耐，因为此时还不是时候。

第八十七回

避风头韬光养晦　求安稳低调慎行

家里的一场风波总算平息下来了。杜月笙沉思默想，吴绍澍苦苦与自己作对，理由究竟何在？他是否有背景，受人指使？在做他人的工具？

他所得的结论是：吴绍澍志大才疏，野心勃勃，抗战胜利，列强间的不平等条约一概取消，租界不复存在，整个上海滩都飘扬着青天白日满地红国旗，上海金融工商的极大潜力，吴绍澍掌握了上海滩党、政、团多方面的权力，他要在上海滩趾高气扬，君临一切，必须要把上海滩上势力最大的杜月笙打倒。

有了对吴绍澍的认识，杜月笙于是决定了自己应付的方针。吴绍澍在上海滩上欲与天齐，杜月笙便韬光养晦，甘愿回避，他连自己的家都不回去，躲在顾嘉棠家长期作客。不仅如此，杜月笙还做到在公开场合绝不抛头露面。

为了表示他有退让归隐的决心，他还在上海各报大登广告，不惜将自己在抗战8年期间，放弃一切，冒险逃出上海，出钱出力的许许多多功勋劳绩一字不提，反而谦冲自抑地说："天河洗甲，故土遄归，自维无补时艰，转觉近乡情怯！"

最后，上海市民在北站的盛大欢迎，他躲过了，各界人士争相筹办的欢迎之宴，他一一谢绝。他不问世事做得非常彻底，连上海市商会的聚餐，他也托故不去参加。

尤其难能可贵的是，不论是什么人，在杜月笙面前提起吴绍澍，他不但绝无怨言，反而声声赞誉，满口推许。

这时，杜月笙对吴绍澍的做法是：你要进取，我便退让，你要风光，我便隐晦，你要君临上海滩，我便乐为在你统治之下的顺民，杜月笙的做法可以说是无懈可击了。

因为杜月笙之道，避其锋芒才能寻机制敌。这暂时的屈辱最多只能成为别人的茶滋，而成不了我杜某人的麦城。

然而，吴绍澍也不是傻瓜，知道杜月笙也不是轻易就会服输的人，于是蛇打七寸，要对杜月笙下狠手，直到置他死地为止。

于是，杜月笙越让，吴绍澍越凶，散散传单，贴贴标语意还不行，吴绍澍更进一步插足新闻界，创办《正言报》，用《正言报》这一大众传播工具发动舆论，对杜月笙展开持续不断、愈演愈烈的攻击。以“打倒恶势力”为主题的社论，开始有计划的逐日发表，传播，一时间《正言报》成为吴绍澍最有力的武器，他似乎抱定了决心，一定要打倒杜月笙。

是可忍，孰不可忍？这个问题开始在杜月笙的左右引起了极大的争论。但是，杜月笙并不理会它。

结果，戴笠又来到了上海，他听说吴绍澍气焰万丈，翻脸不认师门，而且明里暗底以杜月笙为假想敌，对杜月笙横施打击，他义愤填膺，懑忿不平，发了一次大脾气。

但是，吴绍澍自以为他已在上海滩地位牢靠，莫说是戴笠，就是一些党国元老、院部首长，他也不放在眼睛骨里。因此，他对戴笠冷眼睥睨，爱理不理。

第八十八回

戴老板打抱不平　吴市长罪责难清

吴绍澍集中全力攻击杜月笙，杜月笙深居简出，杜月笙的势力在上海滩上暂时销声匿迹。

吴绍澍自以为得计，但是，他却忽略了大上海五方杂处，派系林立，从上海开埠以来，自古到今从没一人能把上海统一起来，杜月笙和大上海血脉互通，息息相关，他从“河滨里的泥鳅熬到跳龙门的鲤鱼”，数十年奋斗努力，广结人缘，他在上海滩的地位不可能毁之于一夕一朝。

终于，不可一世的吴绍澍作茧自缚，他的一项罪证确凿的贪污巨案，犯在杜月笙的至友、心狠手辣的戴笠手里。

抗战胜利后，上海滩上第一件疑案是邵式军弃家潜逃，通过封锁跑到中共的新四军那里去了。邵式军在爱棠路的那幢华宅是由吴绍澍接收，而且便成为“中国国民党上海市特别执行委员会”的办公处所，国民党上海执委会的主任委员就是吴绍澍。

邵式军曾任汪伪上海税统局局长，一下子跑到了新四军那去了，军统却发了急，他们好不容易找到了邵式军的发妻，请她出来提供资料与线索。邵式军太太先是说不出个所以然，只是交代说她家里满载金银财宝和各种钞票的巨型保险箱有4只。

军统局人员问她："可否记得4只保险箱里所有宝藏的品类和数目？"

邵式军太太说："这有何难，请给我纸笔，我可以立时立刻开出各保险箱里的明细清单。"

纸与笔取来，邵式军太太便不假思索，振笔直书，她马上开出了各保险箱里的明细清单，根据她所开的单子，4只巨型保险箱，第一只放的是黄金若干条，第二只则为美钞多少万，第三只装钻石珠宝各多少，价值几亿，第四只装的是如今几同废纸的日本国家债券。

办案人员接下来，逼问邵式军太太："邵式军是如何逃到新四军那边去的？"

邵式军太太开始不说，军统人员掏出黑溜溜的手枪往桌上一摆，她马上坦白："那是有'交换条件'的……"

原来，吴绍澍自前门进来接收，却把邵式军从后门悄悄放走。条件是什么呢？邵式军绝不泄漏财产被吴绍澍"劫收"了多少的真相。

戴笠获报大喜，他不惜采取"打老虎"的激烈行动，当夜派出大批忠义救国军，封锁爱棠路，并且饬令亲信毛森等彻底搜查上海特别市执行委员会。

这一搜的结果，是4只巨型保险箱，其中已有3只箱门破坏，内中空空如也，邵式军太太所开列的财物清单，大批的金条、美钞、钻石珠宝荡然无存，第4只经邵式军太太列明贮有日本老头票、公债券若干万元的保险箱则牢牢锁住，完好如新。

搜查人员先把邵式军太太所开的第四张消单，遍示众人，予以公开，然后通电流，炸开保险箱门，取出内中一叠叠的老头票和日本国家债券，一一清点，竟和邵式军太太的清单丝毫不差。

仅这一点就可以证明，三只巨型保险箱里的亿万资财全被吴绍澍阴谋窃占，据为己有了！

敌伪财产之整理与处置，是戴笠职务范围的，于是，他马上列举证据，呈报蒋介石。最高当局的批示即来到："严予查办。"

吴绍澍高高地置身云端，一个跟头倒栽下来，他心慌意乱，情急无奈，于是满面愁容，一改常态，他的保险汽车不再绕杜美路而过，天天降下身份到杜美路求见戴笠。

这时，戴笠则以其人之道还治其人之身，对他置之不理，不屑一见，直到听说吴绍澍急得没办法，想飞往重庆上下打点，戴笠才让吴绍澍堆满一脸的谄笑、奴颜屈膝地走进他的会客厅。

当着好些军统局重要人员的面，戴笠捺住性子，听着吴绍澍的苦苦求情："只求保全颜面，请戴先生免予究办。"

最后，戴笠脸色一沉，大声叱喝："像你这种人，我为什么不办?"

于是吴绍澍再求戴笠法外施仁，准许他由上海飞重庆，向他的上司自行请罪。

戴笠断然拒绝，他吩咐左右："通知各航空公司，不许卖票给吴绍澍。"

至此，吴绍澍求告无望，面如土灰，他搭讪辞出，静候法办。

不久，重庆的中央电令就来了，先是免了吴绍澍副市长的职务，接着，又罢黜了他上海市社会局局长，而以接近杜月笙的中央委员吴开先继任。杜月笙闻讯，终于放下了心头上的一块巨石，对好友戴笠充满了感激之情。

有时候，暂时的屈节让步，往往能赢得对手的高抬贵手，保存着让自己走向强盛的机会，再反过来使对手屈服。而忍辱负重能使弱者变为强者，能使失败转为成功。胜不骄，败不馁的本质是战胜自己。杜月笙起初深居简出，处世低调，使吴绍澍自以为是，然后瞅准机会，给对方致命一击，最后获得成功。当然，这一切，与他平时的广结人缘有着密切的联系，所以在关键时刻，才有好朋友站出来全力帮助他。

生活中，也许你的才华的确非常出众，但如果丝毫不懂得收敛，在社会上也是很难立足的，而且还有可能给自己带来负面的影响，吴绍澍就是失败在这里。一个人在适当的地方和时间，展露锋芒是正常的，但应该认真形势，不要不分场合和地点，要懂得适时隐藏，而且要知道山外有山的道理。

第八十九回

闻实言晴天霹雳　失挚友痛不欲生

1946 年 3 月 17 日，一件沉重的打击临到了杜月笙的头上。

原来，抗战胜利后，戴笠风尘仆仆，往返奔走于新光复的各大都市，指挥缉捕汉奸工作，紧张忙碌得不得了。

戴笠

3月初，军统局在北平设立特警部，举办特警班第7期，招收学员753人，戴笠自兼主任。

北平班开训，戴笠亲自到北平主持典礼，这时，他接到了军委会的命令：把军统局掌管的忠义救国军、别动军、中美训练班的教导营，以及交通巡察处所属的各交通巡察部队合并编为17个交通警察总队、一个直属大队，并且成立交通警察总局，各名上直隶交通部，实际则仍由军统局督导，派往全国各交通路线，负责阻挠共军侵袭，维护交通安全。

这是一件繁杂艰巨的大事，戴笠发出指示，派吉章简为交通警察总局局长，马志超、徐志道为副局长。几支部队的人马达到64402人，戴笠做了初步的计划，准备回重庆去加以部署，3月17日便由北平起飞，先到上海，然后转飞重庆。

戴笠坐的是航委会222号专机，随行者有军统局处长龚仙舫、专员金玉坡、翻译官马佩衡、译电员周在鸿、副官徐燊、卫士曹纪华、何启义。从上到下，都是杜公馆的常客，杜月笙都很熟识，甚至非常要好。

戴笠的专机飞到青岛，降落休息，这时驾驶员接获气象报告，上海附近气候恶劣，能见度太差，无法飞往。戴笠听后眉头一皱，说是：“我今天一定要到上海，我们还是先飞过去再讲。”

“戴老板”的话从来不曾有人驳回，他坚持起飞，青岛机场人员和驾驶员谁都不敢劝阻，只好让专机续往南航。

到达上海上空，因为实在无法降陆，只有折向南京，下午1点整，穿云下降，不料驾驶员视界模糊，误触南京东郊板桥镇的岱山，机毁人亡。自戴笠以次，连同机员17人无一幸存。

噩耗传出，国民党军政界内一片震惊。戴笠的死讯传到上海，杜月笙左右的人都大吃一惊，他们迅速决定：“这个打击对杜先生来说，太大了，暂时瞒他一瞒。”

然而纸包不住火，接连3天，杜月笙发觉随从人员脸色仓惶，神情不定，他一再地追问：“究竟是发生了什么事情？”

众人见他催问得紧，知道是瞒不过，经过一番商量，大家推陆京士向杜月笙说出了戴笠坠机遇难的消息。

晴天一声霹雳，震得杜月笙如中雷电，呆若木鸡，他定定的坐着不动、不哭、不说话，连眼睛眨都没眨。

他的神情模样把家中人都吓坏了，大家大声地喊他，轻轻地摇他，人多口杂，乱糟糟的一片喧哗。终于，杜月笙恍如大梦初觉，他回过神来便放声大哭，直哭得热泪滂沱，咽不成声。时届 59 岁的杜月笙，这是他平生最最伤心悲切的一次大号啕。

哭过以后，杜月笙又剧烈地咳嗽起来，一时他青筋直暴，泪与汗下，脸孔涨得发紫，家人和随从高声惊呼。熏烟、灌药，都不生效，不停地急喘与剧咳使得杜月笙死去活来，坐卧不得，沉重深切的悲哀，压倒了胜利以后饱受打击的杜月笙。

杜月笙生了这一场大病，开始了日日咳、夜夜喘。

纵观杜月笙的一生，他是一个极重感情、亲友情的人，所以，许多朋友对他都特别的忠诚。戴笠曾经为了帮助杜月笙打倒吴绍澍，可谓煞费苦心，而在撤离香港的时候，他的夫人姚玉兰也对他忠心耿耿，丝毫没有半点不二之心。

其实，以你心换我心，人心何尝不是如此，你对我好，我才会对你更好。杜月笙的人生中，有着许多非常铁的哥们，正是有了他们的帮助、支持和大力拥护，才使得杜月笙成就了后来的辉煌事业。

戴笠的死对杜月笙打击甚大，他不但失去了一位挚友，更重要的是还失去了一个靠山。所以他行事开始低调起来。

第九十回

蓄势发东山再起　扶门生尽心竭力

吴绍澍自戴笠猝死，他所涉及的“纵放巨奸、吞没逆产”案虽然雷声大，雨点小，但是他身上所系的案子毕竟还没有终结。

于是，也有朋友向他恳切陈词，苦口婆心地劝：“绍澍兄，你在上海身兼六要职时，事必躬亲，气势冲天，可是呢，在政治上你不能与钱慕尹——

晚年杜月笙

钱市长合作，在特工上你不能与已死的戴笠合作，在社会上你又不能与杜月笙合作，你的失败现在还只不过开始，从今而后，你要改变作风才好。”

吴绍澍听后，默然无语。

杜月笙因吴绍澍的“欺师灭祖”，横施打击而心灰意冷，遇事退避三舍。

然而，经过一年多的养精蓄锐，休养生息，以他交游之广，声望之隆，上海滩依然还是少不了他。加上恒社弟子多已成了有权有势的人物，杜月笙有这么完整的班底，优秀的干部，事业当然大有可为。

因此，杜月笙经过审慎考虑，多方试探，又有了东山再起、卷土重来的迹象。

杜月笙在重庆时收了一名忠心耿耿、干劲十足的得意门生。他就是一向从事棉纺工业的袁国梁。胜利后，袁国梁做麦粉和棉纱，大来大往，气魄很大，面粉大王荣德生曾经开玩笑地对他说：“我办工厂，就像吸海洛因，不过你也不错，可以算得上吃香烟的。”

1946 年袁国梁投资设在江阴的福澄公司联营纺织厂。他投下的股本很多，预定当年 7 月开工，公司成立规模很大，于是引起江阴“三大亨”黄善青、祝林等插足其间的雄心，袁国梁惟恐董事长一席落在他们之手，带领公司股东群起反对，结果双方闹得股东大会几乎流产。

袁国梁无可奈何，只好拖着同为福澄公司常务董事之一的王先肯，到 18 层楼杜公馆谒见杜月笙，打算请老夫子出来担任福澄公司的董事长，把事体摆平。

王先青、袁国梁两人去见到了杜月笙，却是“老夫子”正发气喘，卧病在床，他在床上听完了袁国梁的报告，为替学生子撑腰，他没有思索，一口答应，随即问袁国梁说：“我做福澄的董事长，该入多少钱的股子呢?”

袁国梁喜不自胜，于是便答：“老夫子加 5000 万元的股子好了，这笔钱由我替老夫子垫。”

杜月笙连忙摇摇手说：“笑话，笑话。”

他马上命人喊徐懋棠来，徐懋棠的父亲原是汇丰银行的买办，徐懋棠得了乃父徐蔺很多钱，他参加恒社甚早，战前就已担任杜月笙的中汇银行总经理，抗战8年，他替杜月笙在中汇银行看家，胜利以后仍然担任旧职，但是却又添了一项替杜月笙理财的工作。

因此，杜月笙决定投资福澄公司，便命徐懋棠当场开了一张法币5000万元的支票，交给袁国梁，由袁国梁写一张临时收据，手续便告完成。

袁国梁和王先青对福澄公司的事部署完毕后，两人又双双进拜师门，请杜月笙定一个召开股东大会的日期，杜月笙却望望袁国梁，回答他说："这个企业是你的，我们大家不过捧捧你的场，你自己要怎么做就怎么做，不能事事依靠我们啊。"

这几句叮嘱似乎有点多余，然而，袁国梁细细玩味，杜月笙这样交代一声，其实，他是借此声明他投资福澄，答应担任董事长，完全是为了支持袁国梁，他挂名义当董事长，自己却不过问福澄的业务，好叫袁国梁放心大胆办事。

但是，在口头上，开会日期这件小事，还是得请杜月笙做决定，袁国梁继续请示，杜月笙便面带微笑地向王先青说："先青，你来定个日期。"

王先青想了想，方说："下星期日如何？"

杜月笙点点头，答道："好，就定下星期日，在丽都开会。"

开会结果，由于江阴"三大亨"听说福澄股东们要推选杜月笙为董事长，自忖"亨"不过，知难而退，于是杜月笙顺利当选。

第九十一回

挺民营与官争位 搞选举谁与争锋

杜月笙从事纺织工业，始于抗战时期。一家颇具规模的“沙市纱厂”，自湖北沙市，西迁重庆，因为股东意见不合内部发生纠纷，几乎关门大吉，杜月笙鉴于出资收购股权，将沙市纱厂接过来经营，后来，他又应聘担任过公营的中国纺织公司董事长。

胜利返沪后，在福澄公司联营纱厂之后，杜月笙又发起创办了荣丰一厂、二厂，两厂拥有工人2026名；此外，他也是拥有777名工人的恒大纱厂以及远在西安的利秦纺织厂董事长，这样一来，杜月笙也算得上是纺织业巨子。

1946年秋，“中华民国机器棉纺织工业同业公会联合会”在上海举行第一次大会，从全国各地搭乘飞机出席会议的代表多达100多人。各地代表纷纷抵达上海时，正值杜月笙缠绵病榻，轻易不出大门一步。

一日，忽有7位纺织业代表联袂来访，杜月笙勉力起床待客，7位客访之中有6区公会的秘书长奚玉书、无锡荣家纺织业的主持人荣尔仁，还有唐星海，恒社弟子袁国梁等人。

寒暄之后，这7位纺织代表表明来意。原来他们是代表中的代表，因为这时国内公管纱厂厂家很多，代表票数占多数，民营纺织代表业已获得消息，公营纱厂集中选票，打算把“联合会理事长”这个重要职位，由公营纱厂代表担任。

唐星海、荣尔仁等向杜月笙反覆陈词，公营纱厂是官办的，他们平时就已得到官府给予的若干便利，假若联合会理事长一席再被官方代表所获，民营厂商越加少了一个有力的发言地位。

7位纺织代表恳请杜月笙出马，角逐联合会理事长一席，他们针对杜月笙的爱国心理，一个个以大义相劝，说：“纺织事业非特关系国计民生，对于国家民族也有很重大的影响，试看日本人在民治维新以后之能够富强，便是由于他们纺织工业的发达。”

杜月笙何尝不晓得这些大道理，对于全国纺织公会联合会理事长一席又何尝不想坐坐？但是他信心还没恢复，自忖并无把握，于是不管7位代表怎么说，他都是婉言推辞，他说他大病未愈，身体不好，就是选上了也实在是难以担当重任。

7位代表费尽唇舌，结果是大失所望，怏怏而去。他们走后，杜月笙绕室彷徨，深思熟虑，他心知担任这一个全国性工业团体理事长地位的重要性，忍不住又怦然心动，他在极短暂的时间里，迅速地做了决定：不妨借此一次竞争，测度一下自己卷土重来的机会，是否已经到临？

于是，他想到就办，立刻命人打电话到袁国梁家里，请他即来18层楼。当袁国梁奉召匆匆赶到，袁国梁一坐下，他劈头第一句话便问：“刚才你们各位来讲的那件事情，究竟是不是诚心的啊？”

“是诚心的。”袁国梁肃然回答，“不但诚心，而且很急。”

“怎么会很急的呢？”

“因为我们得到消息，公营纱厂不论大小，都由公家出飞机票钱。叫所有的代表务必出席，由此可知，公营纱厂对于这理事长一席势在必得。”

接下来，袁国梁又向杜月笙分析个中利害：“公营纱厂代表当了理事长，一定不会为民营厂商尽心出力，所以，民营厂商对于这理事长一席，自是非争取到手不可。"

沉吟半晌，杜月笙已下定决心，冒险一试，但是他仍关照袁国梁说："这个理事长，我做不做倒是无所谓，就怕万一选不上，坍不起这个台。这么样吧，你去替我各方面摸摸看，早些给我回音。"

杜月笙一项注重对细节的敏锐辨析。办大事情前进行周密的分析和摸底，做为到心中有数，这一点，是杜月笙一惯的风格，也是他事业之所以能够取得成功的坚厚基础。

袁国梁应声而退，把杜先生有点意思活动了的消息，通知几位核心人士，唐星海、荣尔仁等人听时喜出望外，立刻分头展开活动，民营厂商代表清一色态度坚决：除了都投杜月笙的票，其他人的票一概用钱买也不投！甚至还有不少人士自告奋勇，志愿代杜月笙去拉公营厂家代表的票子。

民营厂商一致热烈拥护杜月笙，6区工会秘书长奚玉书，慷慨动容地说："西北方面的票子，我拉过来！"

经过多次密议筹商，民营代表们决定两项策略，头一项是大家要袁国梁设法劝驾，大会选举的那一天一定要请杜月笙到场，其次，他们又推袁国梁择一个最好的机会当着全国代表致词，强调联合会理事长不应由官方代表担任。

事情有了相当的眉目，袁国梁再去报告杜月笙，他简略地说："我四处摸过一遍，大约有六七分苗头。"

杜月笙的答复更简洁，他只说了一个"好"字。

其实，这时，杜月笙已细细分析了自己的优势，心中已是成竹在胸：第一，这时已有公营纺织事业逐渐开放民营的消息，公营厂家不久以后还是要变成民营厂商，代表之中多的是主持业务之人，他们很可能要为自己的将来打算，利害关系和民营厂商实趋于一致。第二，6区工会实力雄厚，民营代表和官营代表之间颇多私人情谊，可予充分利用。第三，凭杜月笙的私人交游和个人声望，他是担任全国纺织工业公会联合会理事长的最佳人选，因此，光靠杜月笙三个字，也能争取得到一部分的选票。

“不过代为奔走的各位代表一致要求，”袁国梁于是乘机提出，“进行选举的那一天，无论如何要请老夫子到一到。”

“好。”

袁国梁公开提出官方代表不宜出任“理事长”的主张，他为“老夫子”卖力，一共开了两次炮。

第一次是在永安公司七楼，6区纺织公会开会，奚玉书请他发言，他立起来便大声疾呼地说：“我有一件事情，要提请大家注意，中华民国机器棉纺织工业同业公会联合会，一向是民营厂商的公会组织，我们邀请公营厂家代表参加会议，他们应该投票选举民营厂商代表，才能符合体制与实际。公营厂家平时得到政府的助力很多，他们无法了解商家的困难，所以就需要而论，联合会理事长必须民营代表出来做！”

第二次则是在投票前二日，拥有7450名工人的申新九厂，上午招待全体代表参观，中午设宴欢叙，当时宴开十余桌，杯觥交错，宾主尽欢中，忽然杀出一个杜门先锋袁国梁，他站起来高声宣布：“后天我们就要选举联合会理事长了，我特别提请大家注意……”

袁国梁的炮声隆隆，使官方代表相顾失色，民营代表团则面露会心微笑。袁国梁的这一攻心战术相当有力，因为他口口声声说官方代表是被邀参加，万一真有官方代表当选下理事长，说不定民营代表不肯善甘罢休，就会闹出法律纠纷。

选举之日，全国纺织公会联合会的会场设在上海市商会，袁国梁先到杜公馆接杜月笙，杜月笙到时，被众人簇拥到会客室里坐下休息，这时，便不知道有多少人在会场左右，欢呼雀跃，高声嚷叫：“杜先生来了！杜先生来了！”

大病初愈的杜月笙在上海市商会出现，引起兴奋高潮，一百余名来自全国各地的纺织业代表，排着队进会客室和杜月笙握手寒暄，杜月笙接见这帮老朋友，面露真挚诚恳的笑容，说几句关切慰问的话，寥寥几句也使代表兴奋，觉得脸上增光。

皆大欢喜的安排，对于选举居然有奇功，杜月笙终以最高票数，荣获当选。

这一次全国性人民团体的选举，对于杜月笙来说，确实相当的重要，全国纺织业代表对他的衷诚拥护，使他的信心得到了恢复。

杜月笙开始步步为营地在向大社会进军。

第九十二回

选议长心灰意冷　择退路复踏征程

1946年8月，上海临时参议会改为民主选举参议会，举行参议长选举。

这仅仅是个民意机关，即使当上参议长，也只是"参议参议"，并没有什么实质性的权力。杜月笙此时已逐步恢复元气，他一向热衷于社会此类活动，即使没有实权，也想显示一下自家的实力以扩大影响。既然是公开选举，以他的"群众基础"，完全有把握获胜。

参议员人选系由各区及社会团体推选，当时上海市划分为31个行政区，31个行政区中杜系的人占了很大比例，而且多人位居要津，如杜月笙的第三个儿子杜维垣就是嵩山区区长。而在社会团体的选举中，杜月笙拥有更大的实力，他本身便兼了不少会长。因此，在黄浦滩举行投票选举，杜月笙的势力便大得惊人。

蒋介石

最后选举结果，杜月笙以最高票数获选参议员，杜系人物如万墨林也榜上有名，杜氏系统当选参议员的多30多人，使杜月笙坐在市参议会里，都有亲信心腹相随。

议员竞选的初步胜利，使杜月笙感到胜券在握，杜门中人也都积极活动，为杜月笙当选议长制造舆论。此时上海市长已由钱大钧换成了吴国桢，吴国桢与杜月笙关系相当热络，初步定为上海市参议会的成立大会在杜月笙所创办的正始中学大礼堂举行。

但出乎意料的是，蒋介石就连这个没有任何实际权力的参议会议长的职务都不肯给杜月笙。在即将选举之前，蒋介石公开表示：希望潘公展当选议长。

这对杜月笙来说，无异于兜头一盆冷水。声势已经造大，竞选拉票已经搞得热火朝天，倘若无法当选议长，岂不大塌其台！杜系人物更是愤愤不平，说的是公开竞选，为什么高层又要出来指派？杜门中人在其所控制的报纸上为杜月笙鸣冤叫屈，声称：

“杜先生众望所归，是议长最适当的人选！”

但这些舆论对蒋介石来说毫无作用。杜月笙只好退而求其次，给自家找个台阶下，即风风光光当选，客客气气让贤。即当选议长后，再以身体欠佳为由让位于潘公展。

当杜月笙宣布了他的决定，杜门弟子以及恒社子弟奔走拉票，联络活动比原先更加起劲。他们要他们的“老夫子”让贤让得体体面面，风风光光，最好180位市参议员的票全部都投给杜月笙，让他“光荣全票获选”。

杜月笙的这个打算，蒋介石自然无法干涉，想干涉也鞭长莫及。但是有人能够阻止，那个人就是吴绍澍。

吴绍澍的副市长、社会局长业已垮台，但他仍是市党部与市团部的负责人。吴绍澍听说杜月笙的打算后，为报杜月笙与戴笠将他从副市长即社会局长位子上拉下来的一箭之仇，立刻召集属于他这一系列的几个心腹商量对策。只是他们能左右的票数有限，阻止杜月笙高票当选不可能，但起码可以阻止杜月笙得全票，给杜月笙面子上一个难堪。

恒社弟子王先青已经想到吴绍澍可能从中作梗，他仗着多年为吴绍澍出生入死，帮过吴绍澍的大忙，主动去做吴绍澍的工作，希望他不要与老夫子作对。

王先青说明来意后，吴绍澍竟十分爽快：

“你的意思就是让大家都投杜先生的票?”

“对的。”

“这有什么问题呢?”吴绍澍反问一句。

“这么说你那方面的人，都可以投杜先生的票?”

“是的。”吴绍澍答应得十分爽快。

“你果真会这么做?”王先青不放心，又追问一句。

“是的!”吴绍澍斩钉截铁地回答，然后又说，“先青兄，我既然答应你，就定然会做到。”

王先青以为交涉顺利，兴冲冲赶到杜公馆，向老夫子报告大功告成。岂料，杜月笙听了连连摇头。

“先青，我看没那么简单。”

“不会吧，吴绍澍亲口答应全投老夫子的票。”王先青着急地分辨。

“不信等着看。”杜月笙笑笑说。

上海市参议会选举的那一天，大雪纷飞，杜月笙身穿狐裘前往正始中学大礼堂。大会开始，先举行当选市议员宣誓就职典礼，然后由吴国桢做报告，紧接着进入主题——选举议长。

唱票开始，到会的180人屏息静听，杜氏门人更是等着唱票的人将“杜月笙”的名字一路唱到底。不料，一开始便是一连串“空白!”“空白!”的唱票声，使得在座的人面面相觑，杜门中人更是焦躁万分。大家都晓得这是吴绍澍在捣鬼，王先青更是怒不可遏，很不得当场大骂吴绍澍伪君子。

好在杜月笙有思想准备，虽颇为尴尬，但表现还算镇定自若。好在吴绍澍能控制的票数只占一小部分，接下来再唱票便全是“杜月笙”三字了。最后计票，180张选票中，有40余张空白选票。

当市长吴国桢宣布杜月笙当选上海市第一任参议会议长，请杜月笙讲话时，杜月笙已经没有了高谈阔论的兴趣。他连事先请秘书写好的讲稿都不曾拿出来，简单地讲了几句身体不适，请求辞职，请大会另选贤能。

杜月笙简单讲完几句话，他的表弟参议员朱文德便将事先拟好辞职送交吴国桢。但当吴国桢宣读了杜月笙的辞呈后，在场的杜氏系统参议员纷纷起立，集体挽留杜月笙，坚决要求杜月笙留任议长，更有人要求集体表决。

吴国桢一听集体表决，那还了得！他晓得杜系在参议员中的势力，若举手表决，毫无疑问会通过，那样他将对蒋介石无法交代！当然，杜月笙也不想公开和蒋介石作对，更不想让吴国桢为难。他只好再次站出来讲话，这次讲话似乎有了些兴致，声音也提高了许多，明显地有了些气势：

“承蒙各位厚爱，杜某不胜感激。惟我国正向民主之途迈进，上海又系通都大邑，议长责任异常重大，杜某多病之躯，实难担此重任，辜负诸公厚意，敬请原谅！杜某再次向诸公表示歉意！再次感谢诸公厚爱！”

杜月笙的最后两句特地提高了声调，坐在台下的王先青、万墨林等人立刻带头猛烈鼓掌，顿时全场掌声如雷，总算将这一场不尽人如意的选举推向了高潮，让杜月笙挽回了丢票的尴尬。

接下来再投票，按预先内定选出了潘公展、徐寄庼两位上海市正副议长。选举结束后，潘公展、徐寄庼二位正副议长特地拉着杜月笙一起合影留念。潘公展对杜月笙说：

“往后还要烦劳杜先生多多指教，多多帮忙。”

“不客气，应该的。”

潘公展的话也算给杜月笙留足了面子。

虽然杜月笙未能如愿以偿担任议长，但在上海市参议会内仍然起着举足轻重的作用，在议会中的势力也远远高于潘、徐二人。同时，他在杜系原有的 30 多人的基础上，又陆续拉拢收买了一些杜系之外的议员加盟到杜系中来，例如他将汪志奎介绍到浦东银行当挂名稽核，将费树声介绍到大东书局当挂名专员，使他们额外多拿了一份薪水，这两人对杜月笙自然也就言听计从了。民政局局长张晓松为了保证民政局一些议案能在市参议会顺利通过，也拜到杜氏门下。

如此一来，杜月笙在市参议会中的势力越来越大，其能量也远远超过了潘公展。以致市政府的不少议案，吴国桢与潘公展都要事先征求杜月笙的同意，参议会上才能顺利通过。1948 年，市财政局提出增加水电房捐费的议案。但这一议案在给一般老百姓增加负担的同时，也损害了一些阔佬的利益，因而在参议会上不少议员持反对意见，引起激烈争论，以致该议案难以通过。吴国桢、潘公展、徐寄庼三人束手无策，只好去请杜月笙。当时杜月笙气喘病发，正在卧床养病，见吴国桢亲自来请，只好带病前往会场，作为房捐水电费提价的提案人参加此次参议会。

但当时杜月笙气喘严重，无法站立行走，下汽车后只好由人用藤椅抬着进入会场。当杜月笙坐在藤椅中出现在主席台上时，全场先是一片肃静，继而是一片掌声。杜月笙用沙哑的声音，气喘吁吁地断断续续地说了一段话：

"……大家要顾全大局，体谅政府困难，协助政府共度时艰……"

杜月笙讲话结束后，此项议案一致通过，再也没有任何人提出异议。

经历了这次颇具耻辱性的选举之后，杜月笙已经感到，自己在蒋介石及国民政府眼里已经成为了一个无用之人，甚至是绊脚石。后来发生的蒋经国奉蒋介石之命到上海整顿金融市场拘押杜月笙之子，借力打压杜月笙的事件更使他清楚地认识到，似乎上海这片土地已经不在属于他这个上海王了。

想起当年为抗战，为蒋家江山费劲心血的情形，再想起现在处处受气，屡遭打压的悲凉境地，杜月笙心中的酸楚可想而知。

在经过了一段时间心灵上的漫长煎熬后，他萌生了退意。

解放前夕，战争的火焰再一次燃烧在这片久经沧桑的土地上。杜月笙决定举家逃往香港。

于是他再一次毗邻香江，但他不知道的是，他以后再也没有机会踏上那片曾经属于他的十里洋场了。

大结局

看生死凄凉离世　论成败恶名难消

1949年5月1日，杜月笙带着几房太太、子女、保镳、佣人一大群，和一大帮亲戚朋友，包括金廷荪一家，万墨林一家、顾嘉棠一家、朱文德一家，乘坐一万多吨的荷兰渣华公司客轮“宝树云”号，逃往香港。

5月3日，“宝树云”号客轮抵达香港，闻讯赶来迎接的只有在港的少数家人和亲友。来到预先顶下的坚尼地台18号，杜家上上下下颇感意外。

坚尼地台18号是一楼一底的房子，杜公馆在一楼，楼上住的就是杜月笙浦东同乡、多年好友陆根泉一家。陆根泉是陆根记营造厂的老板，是举国闻名的营造业巨子。一楼杜公馆就是陆根泉通过香港房地产业的朋友，用6万港币顶下来的。

但在杜公馆的人看来，这一层楼的房子无论怎样都无法和杜家在上海的任何一处住宅相比。楼下杜公馆既无庭园又无围墙，外面的人朝里看，可谓“开门见山，一目了然”。

全屋精华所在唯有一间半圆半方的大客厅，看上去还够宽敞，够气派。正房只有三间，其余小房间都是将就走廊空隙隔出来的。

但是杜公馆到香港的人实在不少，杜月笙以次，二太太陈帼英带着老五杜维翰、老六杜维宁暂时去了台湾，除开不算，有三太太孙佩豪，四太太姚玉兰和孟小冬，长儿长媳杜维藩夫妇已经有四名儿女，老二杜维垣、老三杜维屏、老四维新，都已建立小家庭，老七维善、老八维嵩还在读书，外加大小姐杜美如，孟小冬的义女杜美娟，光是家中的眷口便有 20 多人。

此外还有跟出来的随从徐道生、司机小阿三钟锡良、大司务“小鸭子”及其下手、男仆陆圆、解子信，女佣阿妹、小妹等 4 人，佣人就有 10 多个。

这一层楼的杜公馆怎么装下这一大群人，实在是伤透了脑筋。后来安排姚玉兰和孟小冬的两间房分别附在杜月笙的大房间外面，劈面相对，而且声息相通。其余房间，一间做了秘书胡叙五的办公室，另外几间分别住了杜美如、杜美娟和老七杜维善、老八杜维嵩。

一大家子落户香港，吃穿用度如原来模样，但此时的杜月笙已经快山穷水尽了。

说来也是可悲，杜月笙挥金如土几十年，1949 年离开上海的时候，他的全部财产只有两笔。一笔是 10 万美金，是当年为预储子女教育费，交给好友宋子良带到美国代营“生意”的。另一笔约有美金 30 万。

能留下这 30 万，杜月笙此时发自肺腑的感谢两个人。第一个人是金廷荪。当年成立大运公司经营航空奖券，金廷荪担心杜月笙手里存不住铜钿，自作主张把他应得的利润在杜美路 70 号买下一块地皮，造了一幢美轮美奂的大厦。如今这 30 万，便是出售那幢大厦的钱。

第二个要感谢的人是杨管北。1947 年杜月笙便有意出售杜美路 70 号大厦，起先准备卖给中纺公司，中纺出价 30 万美金。后来经杜维垣的美国朋友介绍，以 45 万美金的价格卖给了美国驻华大使馆。拿到这笔钱后，幸亏有杨管北的一句话，提出将这笔钱预存在香港，说不定以后会用得着。当时这笔钱已经用去一小部分，剩余部分 30 万元便按杨管北的意思存在了香港。

如今这 30 万美金便成为杜月笙一大家人逃难香港的全部生活费用。当时杜公馆的开销已经十分节俭，但每月的生活费最少也需要 6 万港币，有时还需要姚玉兰自掏腰包作为补贴。

杜月笙眼看洋钿只出不进，坐吃山空，心里难免着急上火，如此下去，手里这有数的铜钿不知能支撑几时。

杜月笙几十年呼风唤雨，用钱一掷万金了无吝色，得到过杜月笙经济援助以致吃过杜月笙所属公司俸禄的各界人士特别是文人墨客不在少数，杜月笙自家有银行，有企业，不算那些挂名董事长的企业，有股份的企业也不在少数，怎么会落得没有积蓄呢?

主要有两个原因：第一，杜月笙花钱从来不计得失，从未认真理财。第二，逃亡香港太过匆忙，此时他还不忘救济那些向他提出请求的朋友。以上两种原因使得曾经一日动不动就几千万支出的杜老板感受到了床头金尽的窘迫。再加上他自己又不想放下面子，去求助友人，就造成了如今的局面。

杜月笙的身体在这种窘迫境地下愈发的脆弱，已是一天不如一天，医生整天出入杜月笙在香港的公馆。在此期间，他又得知他的老大哥黄金荣由于

杜月笙在台北的墓地

不肯离开上海而落魄不堪，最后居然在上海的大街上扫起了马路。而他那生命中的贵人林桂生也因病去世的消息后，他的病情再一次加重。

虽然如此，杜月笙还是度过了他人生中最为幸福的一段时间，那是因为他与他的红颜知己孟小冬终于成婚了，他俩的爱情故事也成了历史上的一段佳话。

虽然幸福的滋味可以暂缓病情，但却阻止不了生命的终结。

杜月笙在离他的生辰不到 24 小时的 1951 年 8 月 16 日下午 4 时 50 分，终于咽下最后一口气，走完了自己 63 年的人生旅程。

令人唏嘘的是这位曾经的上海王，中国黑道的教父，拥有亿万家财的杜月笙杜先生，最后留给家人的遗产不过是十万美金。

也许这就是他的宿命——他作为黑道教父最终理所应得的结局。

他从一个父母双亡的孤儿，凭借着自己的双手在大上海打拼出了属于自己的黑道帝国。获得了前所未有的地位与荣耀。

杜月笙一生最鼎盛的时期，显赫的职衔有 70 个，如果将全部职衔都印在名片上，即使字体缩小 7 号，也得比普遍名片加大 4 倍才印得下。其中计董事长 34 个，理事长 10 个，常务董事 3 个，董事 9 个等等。

如："行宪国民大会"代表（曾当选主席团）、中华职业教育社董事、复旦大学校董、申报董事长、中央日报常务董事、上海市银行公会理事、中国银行董事、全国轮船业公会理事长、全国棉纺织业公会理事长、全国面粉业公会理事长、华丰造纸厂董事长、上海鱼市场理事长、上海证券交易所理事长、中华贸易公司董事长、华商电气公司董事长兼总经理、大中华橡胶厂董事长、中国茶业公司董事长、上海水果业公会理事长……

这些头衔与名号虽然让杜月笙成为了一个具有传奇般色彩的人物，但归根结底这些头衔只不过是这位黑道教父追求利益、金钱与地位而获得的虚荣而已，丝毫也掩盖不了他为了获得这些虚妄的追求而犯下的那些无法原谅的罪行。

他倒卖鸦片获得了巨大的财富，多少中国人因为吸食这些鸦片而家破人亡；他虚与委蛇于各种势力，使自己获得更大的利益。他心狠手辣、残忍至极，为了取悦蒋介石这座靠山，他向上海的工人群众举起了屠刀，致使成千上万的共产党人付出了宝贵的生命，使中国人民的无产阶级革命事业蒙受了巨大损失。他投身实业，开设企业，却利用自己的势力打压工商界，为了满足自己的一时贪欲而不惜费尽心机，用尽权谋手段。他虽然对朋友与社会各界人士大方相助，可是他终究是为了让这些人为己所用。

他虽然在抗战时做出了自己的努力，但那也无法使他穿上正义的外衣，他的结局跟他当初选择的道路一样，注定要被历史所遗弃，注定被是非公道所排斥。他从一个底层流氓拼搏到了上海滩黑帮势力中数一数二的大亨级人物，但他至始至终走的都是一条毫无光明可言的歪门邪道，也注定了他悲凉而凄惨的人生结局。

所以，杜月笙这个名字将带着那段血雨腥风的历史，渐渐地离我们远去，他那精彩绝伦的传奇故事也将随着历史车轮的不断前行而慢慢消逝。

今天，当我们走在上海外滩的街道上，看着那些民国时期保存下来的建筑，再远望着黄浦江那漫漫清波，我们的耳边似乎仍然回荡着杜月笙，这位中国黑道教父的呼声——“我的箭指向上海滩，我的疆界要越过十里洋场!”……